KB060598

『다시개벽』 2023 제12호 · 가을호

사물이 마음으로 말한다

다시 얼다

권두언

사물이 마음으로 말한다

홍박승진

〈다시열다〉 꼭지에는 우석영의 「지구시학」 두 번째 글과 박길수의 「인류세시대의 삼경」을 담았다. 먼저 우석영의 이번 글은 한국인이 교과서에서 마주할 법한 한국 현대 시를 예로 들어서, 언어를 표현하는 방식과 세계 또는 지구를 바라보는 방식이 얼마나 끈끈하게 맞물려 있는지를 재미나고도 아찔하게 캐묻는다. 그에 따르면, 시에서 인간을 비인간 사물에 비유하거나 비인간 사물을 인간에 비유하는 언어는 세계가 인간을 중심으로 돌아간다고 여기는 사고방식과 한통속이라고 한다. 이 지적을 듣고 나서 생각해 보니, 시 언어뿐만 아니라 현재의 일상 언어도 인간중심주의에 물들어 있다. 시인의 세계관뿐만 아니라 서구적 근대 문명을 연장하고 있는 많은 이들의 세계관도 인간중심주의에 물들어 있다. 그리하여 우석영은 인간이 비인간에게 저지르는 착취를 막아주고 모든 사물이 절대적으로 경이롭고 존귀함을 일깨울 수 있는 새 언어 표현 방식과 새 지구관을 시 속에서 찾는다. 이 글을 읽노라면, 자연 만물이 피어오르고 서로 엮이는 방식 자체가 참으로 시적인 것임을 느낄 수 있다. 오늘날 인간에게 강요되는 느낌과 말과 삶은 그와 동떨어진 상태, 즉 시적이지 않은 상태에 있다. 우리는 다시 시적으로 지구를 느끼고 말하며 살 수 있으면 좋겠다.

다음으로 박길수의 이번 글은 두 가지 측면에서 놀랍다. 첫째는 인류세와 포스트휴머니즘에 관한 서구의 논의를 동학-천도교 사상으로써 보충한다는 점이다. 둘째는 지금까지 대개 '도덕관'이나 '윤리관'으로 여겨진 해월 최시형의 삼경(세 가지 공경) 사상이 사실 새로운 역사관이자 새로운 세계관임을 밝힌다는 점이다. 이에 따르면, 삼경 가운데 하늘 공경은 하늘, 즉 감각이나 개념으로 완전히 인식할 수 없지만(가물가물하지만) 신성을 느끼게 하며 공경심을 일으키는 것(하늘님다운 것)이 곧 (절대자, 유일자, 초월자가 아니라) 나의 마음임을 알려준다. 내 마음을 하늘로 공경하면 다른 사람들도 하늘이며 만물도 하늘임을 알 수 있다는 것이다. 이 대목에서 마음이란 내 몸과 분리되어 내 몸을 통제하는 개인적 정신이 아니라 만인 만물과 관계 맺는 자리임을 독자는 깨달을 수 있을 것이다. 이러한 박길수의 숙고는 마음을 제대로 말하지 않는 서구 이론에 중요한 통찰을 제공한다. 또한 서구 문명사 속에서 왜곡된 하늘 공경(신-인간-비인간의 위계질서, 남자를 하늘로 높이고 여자를 낮추거나 어른을 하늘로 높이고 어린이를 낮추는 것과 같은 억압-피억압의 위계질서), 왜곡된 사람 공경(인간중심주의), 왜곡된 사물 공경(물신숭배)을 뿌리째 전환하는 역사철학이자 개벽사상이 삼경임을 이 글은 잘 보여준다.

매호 중요한 화두를 던지고 붙드는 꼭지인 〈새글모심〉의 이번 호 화두는 '기술주의 비판'이다. 일본 정부가 한·미·일의 정치경제학적 '동맹'에 힘입어 핵 오염수를 바다에 흘려 버리기 시작한 사태는 한국을 이중의 저항적 주체로 불러 세운다. 이웃 나라의 잘못에 맞서야 할 주체이자 지구 오염을 막아야 할 주체로. 핵 오염수가 어떤 해류를 타고 얼마나 빠르게 퍼질 것이냐 하는 추측은 너무나 지엽적인 공론처럼 보인다. 물은 지구 전체를 순환하며 모든 '생명체'들의 몸속으로 순환하기 때문이다. 이러한 맥락에서 정유진의 글과 황종원의 글을 〈새글모심〉에 모신다.

정유진의 글 「근본파와 현실파의 논쟁—자연을 보는 새로운 관점을 수립하기 위해」는 생태 위기를 극복하기 위해서는 인간중심주의 자체를 버려야 한다고 보는 근본파와 인간의 관점도 중요하다고 보는 현실파 사이의 논쟁이 독일 녹색당에서 벌어진 양상과 생태주의 사상 및 운동에서 벌어진 양상을 고찰한다. 그 과정에서 드러난 근본파와 현실파 각각의 한계를 넘어설 수 있는 방향이 어떠해야 하는지에 관하여 들뢰즈·가타리와 해러웨이의 사유를 실마리로 삼는다. 피가 섞일 수 있는 인간만을 친족으로 삼지 말고, 피가 섞이기 힘든 도구나 비둘기 등의 비인간과도 친족 관계를 적극적으로 맺어야 한다는 새로운 관점에 필자는 동의한다. 이 관점은 인간의 책임과 능력을 강조한다는 점에서, 인간이 자연을 따라야 한다고 말하는 근본파의 한계를 벗어난다. 또한 인간과 비인간을 개입하는 주체와 개입되는 대상으로 나누지 않음으로써 현실파의 한계를 벗어나는 관점, 즉 인간과 비인간을 서로 대등하게 개입하고 개입되는 친족 관계로 바라보는 관점이 우리에게는 필요하다.

황종원의 글 「상공업 기술 사회에서 생태적 기술 사회로의 전환—후쿠시마 원전 오염수 방류에 즈음하여」는 노장(老莊) 철학과 동학을 재조명함으로써 상공업 기술의 문제점을 비판하되 기술 자체를 부정하지 않고 기술을 생태적인 방식으로 바꾸는 방향이 무엇인지 살핀다. 노자와 장자가 살던 시대에는 인간의 상공업 기술로 인한 생태 위기 문제가 심각하게 대두하지 않았음에도, 노장 철학은 상공업 기술의 문제를 날카롭게 지적할 수 있었다고 한다. 왜냐하면 그들이 살던 때는 상공업 기술의 혁신을 토대로 하여 대규모 전쟁과 토목 공사가 벌어짐에 따라 민중이 극심한 고통을 겪었기 때문이라는 것이다. 상공업 기술이 생태계를 교란하는 점보다도 민중의 삶을 파괴한다는 점이 먼저 인식된다는 사실은 무척이나 흥미롭다. 오늘날에는 기술이 자연을 파괴하더라도 인간의 고통은 줄여준다는 착각이 팽배하기 때문이다. 나아가 동학사상은 '유형의 것과 무형의 것'이라는 시각에서 서구에서 비롯한 근대적 상공업 기술을 비판하였다고 한다. 서구 근대 기술이 낳는 모든 문제점의 근본 원인은 무형의 것을 저버리고 유형의 것만 추구한다는 데 있다는 것이다. 흙과 지렁이와 식물의 각각은 유형의 것이지만, 흙과 지렁이와 식물 사이의 끈끈한 관계는 무형의 것이다. 서구 근대 기술의 토대인 상업적·공업적 세계관은 유형만 중시하고 무형을 무시하기에 핵 오염수 방류를 막지 못하는 상황에 이르렀음을 여기에서 깨달을 수 있다. 유형은 무형이 낳는 것임을 다시 알자. 만물이 더불어 걷는 길과 우주를 떨리게 하는 신이 그 무형의 오랜 이름들이다.

무형과 유형과 인간이 관계하는 방식의 대전환 즉 개벽을 말하는 학자들에게서 귀띔을 구하는 꼭지 〈새말모심〉에서는 대등생극론에 관한 두 번째 토론과 응답을 이어간다. 홍박승진의 토론은 대등생극론의 수정과 보완을 위하여 인내천론 또는 별자리론을 제시한다. 조동일의 응답은 자신이 대등생극론이라는 새 철학을 제시한 이유가 기존의 철학 및 교육 풍토의 문제에 있음을 설명하고, 대등생극론이 국제 정치의 문제에 해결책을 줄 수 있으며 그렇기에 올바른 역사철학이 될 수 있다고 설명한다.

개벽을 삶 속으로 구체화하는 방식에 관한 꼭지 〈새삶모심〉에는 이희연의 글 「영화 〈수라〉 그 후」와 전희식의 글 「독일로 간 생명평화 기행」을 모신다. 이희연은 영화 〈수라〉를 본 뒤에 새만금을 직접 가서 마주하고, 갯벌의 작은 생명들에게 저지르는 폭력이 인간에게 저지르는 폭력과 하나라는 깨달음을 전한다. 전희식이 독일에서 마주친 장면들 가운데는 공익광고 문구와 동네 현수막에 담긴 시민들의 요구가 계도형 또는 권유형의 문장이 아니라 고백형의 문장이었다는 점, '플러스 하우스'는 건물의 에너지 자체 생산량이 쓰고도 남아서 외부로 파는 집의 형태라는 점 등이 인상적이다.

앞선 이들이 걸어온 길의 흔적 속에서 새로 걸어갈 길을 찾는 꼭지 〈새길모심〉에는 천도교 수련에 관한 라명재의 네 번째 연재글이 있고, 월남미술인 다시 보기의 네 번째 글로서 화가 박항섭의 미술 세계를 비추는 안태연의 글이 있다. 오늘날 한국어 화자가 접하기 어렵지만 여전히 유의미한 통찰을 적은 글들을 골라서 읽기 좋게 소개하는 꼭지 〈다시잇다〉에서는 『사회개조 8대 사상가』의 다섯 번째 순서인 윌리엄 모리스에 관한 부분을 조성환이 번역하였고, 근대 이전의 문명 전체를 맹종으로, 근대의 문명을 타협으로, 근대 너머의 새 문명을 자주로 설명한 김기전의 글을 박길수가 현대 한국어로 옮겼다.

2023년 가을호인 12호까지 계간 『다시개벽』은 3년을 나름대로 힘껏 움직였다. 하지만 안으로는 한국의 자생적 사유를 창조하겠다는 목표에 비하여 그 내실이 부족하였고, 밖으로는 서구에서 수입되는 유행에 눈길을 자주 빼앗기기도 하였다. 이러한 잘못들을 깊이 돌이켜보고, 더욱 강렬하게 말하는 방법을 찾기 위해서는 기한을 정하지 않는 충분한 모색의 시간이 필요하다고 생각한다. 새 방향과 방법을 찾을 때까지 『다시개벽』을 휴간하고자 한다. 개벽을 개벽하는 개벽다운 목소리를 회복하지 아니하면 돌아오지 않겠다는 불출산외(不出山外)를 다짐한다.

지구의 시학(2)

국어 시험지 안과 밖에서 만난 한국 시의 경우

우석영

【1】

중·고등학교 시절 학교에서 우리는 완제품 제작용 컨베이어 벨트에 올라간 잠재적 인공지능이었다. 근본정서(affect), 감정에 닿아 있는 역사 해석이나 인간과 세계를 꿰뚫는 사상 대신, 정보가 우리들 눈앞에 펼쳐져 있었다. 정보를 입력·저장·출력하는 것이 교실 안에서 요구되는 것의 거의 전부였다.

심지어는 문학을 다루는 국어 과목의 시험지에도 입력되거나 출력되어야 하는 정답이 미리 정해져 있었다. 떨림이 있는 타인(시인)의 목소리와 근본정서의 생기를 마주하고 있었음에도, 우리는 필요 정보를 서치(search)해서 콕 집어내는 과제를 수행하느라 바빴다. 음미와 해석을 요청하는 놀이의 언어 앞에서, 그 요청에 응하는 행위는 처음부터 금지되었다. 그 언어는 단 하나의 해석에 의해 이미 올가미가 씌어져 있었던 것이다. 다른 해석의 가능성을 제기하는 자는 이 인공지능 학습계에서 도태되어야 하는 자였다. 말하자면, 그는 '인간'으로 돌아가야 했다. 살과 피의 떨림이 있고, 생동하는 근본정서를 느끼고, 생각할 줄 아는 자로.

그때 교실 안, 국어 시험지에서 만났던 '지문'란, 그 네모박스에서 우리 예비 인공지능들을 기다리고 있던 그 떨림의 언어들은 어떤 것들이었던가. 생각해 보면, 이런 것도 분명 있었다.

지금은 남의 땅
빼앗긴 들에도 봄은 오는가.

나는 온몸에 햇살을 받고
푸른 하늘 푸른 들이 맞붙은 곳으로
가르마 같은 논길을 따라
꿈속을 가듯 걸어만 간다.

— 이상화, 「빼앗긴 들에도 봄은 오는가」, 부분 (강조는 인용자)

수십 년 전 시험지에서 만난 시여서 친숙하지만, 지금 다시 이 시를 읽어 보면 '가르마 같은 논길'이라는 표현이 목에 탁 와서 걸린다. 논길은 왜 인간의 가르마 같은 것이었을까?

만 9세에 조국을 잃었던 이상화(1901~1943)였다. 그와 비슷한 연배의 조선인들이 대개 그렇게 느꼈겠지만, 역사의 암운이 한반도를 온통 뒤덮던 시절이었다. 이민족에게 굴욕 당하는 삶을 살아야 하는 운명에 대한 분노, 한탄, 비애 같은 감정을 이기지 못하고 어느 날 이상화는 들판을 휘젓고 다니며 시를 쓴다. 아니, 들판이든 어디든 걷지 않으면, 시를 토해내지 않고서는 숨이 쉬어지지 않는 날들이었을 것이다. 그런 점에서, 이 시는 그에게 숨 같은 것이었다. 그는 숨을 이렇게 쉬었다.

고맙게 잘 자란 보리밭아
간밤 자정이 넘어 내리던 고운 비로
너는 **삼단 같은 머리를 감았구나**,

내 머리조차 가뿐하다.

— 이상화, 「빼앗긴 들에도 봄은 오는가」, 부분 (강조는 인용자)

이상화에게 조국은 곁에 없었지만, 지구는 곁에 있었다. '하늘아, 들아'라며 한반도의 펼쳐진 지구의 자연과 이야기하던 시인은 종달새와도 반갑게 만난다. 그러더니 보리밭을 만나 웃음 짓는다. 보리밭도 한없이 고맙고 반갑다는 것이다. 시인에게 해방구, 해탈문은 들녘과 보리밭 같은 지구의 자연이었다. 묵직한 역사의 무게를 덜어내는 힘이 한반도의 자연에는 있었다. 적어도 이상화가 이 시를 쓴 그날, 그 시간엔.

그러나 '가르마 같은 논길'에 이어 보리밭은 왜 굳이 '삼단 같은 머리를 감은' 자여야 했을까? 이런 식의 수사는 여기서 그치지 않는다. 이 시에는 "젖먹이 달래는 노래를 하"는 "착한 도랑"도 등장하고, "살찐 젖가슴 같은 부드러운" 흙도 등장한다. 이상화의 눈에 보이는 지상의 만물은 인간의 느낌을 지니고 또 전달하고 있다. '인간의 얼굴을 한 만물'이라고 표현할 수 있을 정도랄까. 한편으로는 만물이 동족처럼 살갑다는 선언이고, 조국이라는 빈자리를 자연으로 채우려는 안간힘이기도 하지만, 다른 한편으로는 종달새나 보리밭, 도랑이나 흙, 이들 자체의 삶과 세계는 그의 눈에 들어오지 않는다. 차마 그럴 여유까지는 그에게 없었을 것이라는 판단이 옳을 것이다.

저급형/잠재적 인공지능을 고급형/실재적 인공지능으로 만들기 위해 제조된 또 다른 정보 주입형 시험지의 지문은 이러했다.

한 송이의 국화꽃을 피우기 위해

봄부터 소쩍새는

그렇게 울었나 보다.

…

그립고 아쉬움에 가슴 조이던

머언 먼 **젊음의 뒤안길에서**

인제는 돌아와 거울 앞에 선

내 누님같이 생긴 꽃이여.

— 서정주, 「국화 옆에서」, 부분 (강조는 인용자)

한 송이 꽃을 피우기 위해 어떤 새가 그리 울었다는 언설 자체가 어떤 의미 있는 감정도 불러내지 못하는, 쭉정이 같은 것에 불과하지만, 그 꽃이, 젊음의 뒷길에서 돌아와 거울 앞에 선 내 누나 같다는 표현은 또 무슨 말일까? 왜 그 꽃은 내 누나 같은 존재란 말인가? 꽃은 왜 여성이어야 할까? 제목이 '국화 옆에서'이지만, 독자는 이 시를 통해 국화에 대해 아무런 감흥도 얻을 수가 없다. 이 시에서 국화는 그저 텅 빈 기호에 불과하다.

인공지능 되기라는 강요된 목표에 구속되기에는 너무도 해맑았고 창창했던 그 시절, 우리는 교실 안에 찌그러진 채 참으로 이상야릇하고 괴이한 시험지 지문을 많이도 만났다. 또 다른 지문에는 이런 문학 언어도 있었던 것이 기억난다.

강나루 건너서

밀밭길을

구름에 달 가듯이

가는 나그네

길은 외줄기

남도 삼백리

술 익는 마을마다
타는 저녁놀

구름에 달 가듯이
가는 나그네

— 박목월, 「나그네」, 전문 (강조는 인용자)

이것은 시일까? 1939년 추천을 받아 문단에 나온 박목월(1915~1978)이다. 이상화가 살았던 역사 시기보다 더 끔찍했던 시기를 박목월은 살았다. 역사의 격동기 1940년대에, 전쟁과 그 상흔에서 헤어날 길 없었던 1950년대에, 반동의 시대인 1960년대와 1970년대에 도저히 나올 수 없는 서정시가 아닌가. 베르톨트 브레히트가 도저히 쓰기 힘들다고 했던 바로 그 서정시가 여기 있다. 박목월은 마치 자기가 한국이라는 역사적 시공의 바깥, 역사적 진공에 있는 자라도 되는 듯, 그러니까 허공에 떠 있는 자, 서정시 쓰는 인공지능 같은 자가 되어 이 시를 쓰고 있다. 동족 간 학살과 국가폭력이 일상다반사로 자행되던 서슬 퍼런 시대에 이런 시를 쓰는 정신은 어떤 정신일까? 적어도 이웃과 공동체를 조금이라도 염려하는 정신은 아니다. 염려라는 인간의 기본 정서지향이 텅 비어 있는 자는 어떤 종류의 인간인가? '강나루'와 '밀밭길', '구름'과 '달', '길'과 '술'과 '마을'과 '저녁놀'은 서정시 쓰는 인공지능에서 출력된 정보기호에 가깝지 않을까?

테리 이글턴(Terry Eagleton)은 시가 도덕적 언술이라고 단언한다. "시가 일정한 규정에 따른 엄격한 심판을 송출해서가 아니라, 인간적 가치, 의미, 목적을 다루기 때문"에 그렇다는 것이다.[i] 박목월의 「나그네」에서 우리는 어떤

i Terry Eagleton, *How to Read a Poem*, Blackwell Publishing, 2007, 29.

인간적 가치와 의미와 목적을 느낄 수 있나? 주인공인 우리의 나그네는 어디로, 왜, 무엇을 위해서 가고 있는 걸까? 우리는 아무런 답도 얻을 수 없다. 그렇다면 이러한 공허한 언어의 집합물을 대단한 시대적 역작이라도 되는 양 암기해야 했던 그 시절의 우리는 얼마나 서글픈 이들이란 말인가. 그 시절 시험지에서 이런 글을 상대해야 했던 우리 자체가, 한반도 남쪽의 통탄스러운 '우편향 역사'를 적나라하게 증언하는 하나의 작은 사건이다.

이 작품에서도 구름을 지나는 달이라는 자연물의 모습은, 인간을 형용하기 위해 동원된다. 나그네의 모습이 구름을 지나는 달 같다는 것이다. 이상화와 서정주가 비인간 자연물을 묘사하는 과정에서 인간을 끌어오고 있는(비인간을 인간화하는) 데 반해, 박목월은 정반대로 인간 묘사에 자연을 끌어온다(인간을 비인간화한다). 사실, 이런 사례는 너무 많아서 몇 개의 특정 작품을 선택해서 거론하는 것 자체가 비합리적이고 계면쩍다.

【2】

지금껏 든 사례를 종합해보면, '비인간을 인간화'하는 쪽이든 '인간을 비인간화'하는 쪽이든, 이러한 문학 언어에서 인간이 중심적인 힘, 구심력으로 작용하고 있다는 점에서는 다르지 않다.

하지만 이것을 굳이 문제시할 이유가 있을까? 문학이라는 사물 자체가 인간의 문제적 상황 경험에서 촉발되고, 인간의 문제적 상황을 언어로 드러내거나 그 경험을 언어 형태로 옮겨 되새김하는 방법이 아니던가? 드러내고 옮기고 되새기는 주체가 인간이고, 어느 인간이 자기가 경험한 문제적 상황을 자기 관점에서 서술하는 것은 당연지사 아니던가? 더구나 시의 언어는 (어떤 식의 언어이든) 시적 화자 자신의 정서를 전달하는 데 관심이 있는 언어 아니던가?

하지만 문학은 우리가 마주하고 있고 경험하고 있는 이 세계를 새롭게 응시하고 감지하고 인식할 것을 권하는 초대의 언어이기도 하다. 박이문이 말하듯, 문학 언어란 "사실이나 사건에 대해서 우리로 하여금 새로운 각도에서 새롭게 보라고 제안"[2]하는 언어다. 사실 문학은 인간이 자기에게, 인간집단이 그들 자신에게 허락한 언어 놀이인데, 이 놀이의 마당에서 문학은 거울이 수행하는 기능을 수행한다. "문학은 어느 한 사회의 자기 이해를 돕는 하나의 도구"[3]이되, 이 도구의 이름으로는 '거울'이 가장 적합하다. 거울처럼 문학은 문학 경험 전에는 잘 보이지 않던 것, 은폐되어 있던 것, 잠류하고 있던 것, 가능한 것을 다른 각도에서 비추어 보여주는 것이다. 그리하여 그 놀이의 언어는 우리 자신의 앎과 꿈과 상상계를, 도덕적 판단의 근거가 되는 근본적인 생각의 지평을 확장하는 놀라운 효력을 발휘한다. 그렇기에 "시의 기능은 세상을 변화시키는 것"[4]이라는 옥타비오 파스(Octavio Paz)의 발언도 그리 황당무계한 것은 아니다.

이러한 생각에 더해, 우리의 '인간세계'가 숱한 비인간들로 채워져 있고, 오직 그것들 덕분에, 그것들과 더불어서만 비로소 작동 가능하다는 사실까지 생각해 보자. 심지어는 인간의 신체조차도 비인간/비생물적 요소와 그렇지 않은 요소의 (임시적) 결합물이라는 점까지도. 비인간에 대한 오해와 억압, 정확하게는 그들에 대한 오해가 가능케 한 그들에 대한 억압으로 인해 지금 지구가 엉망진창이 되어 가고 있다는 점까지도. 이러한 점들을 두루 생각해 본다면, 앎과 꿈, 상상계와 근본 생각의 지평을 (일상적인 지각 형태로는 잘 보이지 않는) 비인간 쪽으로 열어주지 못하는 문학에 불만을 토로할 자유는 우리에게 충분히 있는 것이 아닌가. 이를테면 보리밭, 도랑, 흙 자체에 이상화의 시적 응시가, 국화 그 자체에 서정주의 그것이 가 닿지 못하고 있다는 점만은 별도로

---

2 박이문, 『문학과 언어의 꿈』, 민음사, 2003, 303.

3 Italo Calvino, *The Literature Machine*, Vintage, 1997, 97.

4 옥타비오 파스, 김홍근 · 김은중 옮김, 『활과 리라』, 솔, 1998, 13.

말해 봐도 충분히 의미 있지 않은가.

【3】

근대[5] 한국시문학의 경우, 인간중심적 표현이 주류를 이루고 있다는 섣부른 진단은 아니다. 메리 올리버가 보여준 의물화 기법, 어떤 비인간 사물을 다른 비인간 사물에 빗대는 표현법, 즉 원관념과 보조관념을 모두 비인간 사물이게 하는 기법은 사실 근대 한국 시인들의 시편에서도 그다지 어렵지 않게 발견된다.

우리가 학교에서 그런 식으로 배울 기회는 없었지만, 변영로가 "강낭콩 꽃보다도 더 푸른 그 물결"(「논개」)이라 썼을 때, 그는 분명 '강낭콩 꽃'을 인간 묘사를 위해 끌어오고 있지도, 인간의 심사를 그리기 위해 푸른 물결을 동원하고 있지도 않다. 그보다 그는 강낭콩이라는 사물 자체의 성질을 언급하고 있고, 잠시나마 독자의 시선을 그쪽으로 끌고 간다.

이런 기법의 사례는 당연히 변영로만의 특기는 아니다. 이를테면 "그믐밤 반딧불은/부서진 달 조각"(「반딧불」)이라 썼을 때, 윤동주는 반딧불의 형상에서 달의 파편을 보고 있지 않은가. 「봄은 고양이로다」를 쓴 이장희는 어떤가. 그는 "호동그란 고양이의 눈"이 '금방울'을 닮았다고 썼다. 이장희는 또한 "고양이의 수염"에서 "푸른 봄의 생기가 뛰놀"고 있음을 알아본다. 다른 시에서는 테이블이 "운모같이 서늘"하다고 쓰고 있다.(「하일소경」)

물론, 이런 사례들은 빙산의 일각일 뿐이다. 어느 날 김상옥은 먹을 갈다가 여러 상념에 잠기는데, 지난날의 달빛을 떠올리기도 한다. 그리고 그날의 달빛이 "제삿날 놋그릇"을 닮았다고 쓴다.(「먹(墨)을 갈다가」) 천상병은 「미소—새」라는 시에서 친구의 미소를 '이승과 저승 사이에 놓인 외나무다리'라고

5 여기서는 Modern/Modern Era의 번역어로, 흔히 근대와 현대로 나눠서 지칭되는 시기 전체를 일컫는다.

표현한다. 그런데 그 외나무다리는 그가 보기에는 "실오라기 외나무다리"다. 너무 가늘어서 실올 같은 나무라는 것이다. 신동엽 역시 "비단처럼 물결칠, 아푸른 보리밭"이라면서, 푸른 보리밭을 언급하며 그것을 비단에 연결하고 있다.(「4월은 갈아엎는 달」)

현존 시인인 나희덕은 검게 타버린 느티나무를 '그'라는 인칭으로 묘사한 한 시편에서 검게 탄 나무의 자리를 '아궁이'라고 부른다. "잔가지 끝으로 하늘을 밀어 올리며 그는/(…)/제 아궁이에서 자꾸만 잎사귀를 꺼낸다"는 것이다.(「성聖 느티나무」) 이정록 역시 어느 날 졸참나무를 바라보다가 나무를 감싼 댕댕이덩굴에서 포대기 끈을 연상해낸다. "포대기 끈을 동여매듯/댕댕이덩굴이/푸른 이끼를 휘감고 있다"고 말하는 것이다.(「나무도 가슴이 시리다」)

이 시편들에서는 달, 금방울, 운모, 놋그릇, 실오라기, 비단, 아궁이, 포대기 끈 같은, 여러 모양감[모양의 느낌]과 질감과 색감으로 다가오는 사물들에서 인간이 얻게 되는 느낌이 시 창작의 자양분이 되고 있다. 그러나 이것은 사태를 기술하는 한 가지 방법일 뿐이다. 그렇다기보다 이 시편들에서는, 시인의 언어에 올라탄 채로 여러 비인간 사물들이, 운모와 실과 끈 같은 것들이 우리가 사는 세계에 등장한다. 등장하는 것만이 아니라 우리를 쏘아본다. 시인은 이 사물들을 잘 보이는 자리, 즉 단상에 올려놓는다. 우리는 보면서, 그들에게 노출된다. 그렇게 느낀다.

【4】

의물화는 존재하는 비인간 사물/물체를 다른 비인간 사물/물체라고 말하는 하나의 문학 기법일 뿐이다. 한 편의 잘 된 시편에 구축된 시적 깊이와 그것이 주는 감동은 의물화 같은 기법의 도움을 받아 성립되는 경우도 있지만, 그것은 그야말로 그럴 경우도 있을 따름이다. 보다 단순히 말해, 의물화에 능한 시인이 좋은 시인이라고 볼 근거는 거의 없다고 할 수 있다.

하지만 정말 그럴까? 김준오는 비동일성의 시학이 좋은 시학이라는 말을 우리에게 들려주며, 다른 생각의 문을 열어준다. 그가 보기에는 "원관념과 보조관념 사이의 동일성이 희박할수록 좋은 시가 된다." 즉, "쟁반같이 둥근 달"이라는 표현의 경우, 쟁반과 달은 '둥긂'이라는 특성에서는 동일하거나 유사한 사물들이다. 은유는 애초 이런 동일성/유사성에서 비롯된 기법이었는데, 현대시의 경우 동일하지 않은 사물을 은유에 차용하는 경향이 짙다는 것이 김준오의 설명이다. 즉, 예컨대 포대기 끈과 댕댕이덩굴은 '길고 늘어진다'는 점에서는 유사하되, 섬유와 식물이라는 점에서는 전혀 같지 않다(비동일하다). 김준오가 보기에는 이처럼 원관념과 보조관념이 동일하지 않으면 않을수록, 둘 사이에 거리가 멀면 멀수록 좋은 시가 된다. 왜 그럴까? 그것 자체가 시적 긴장을 조성해 독자는 놀람을 경험하기 때문이라는 것이다.[6]

하지만 시적 긴장을 느끼는 것, 그런 느낌 속에서 세계와 사물을 낯설게 바라보거나 지각하는 것(러시아 형식주의자들이 주장한 시의 보편적 기능이자 역량), 놀라는 것 자체가 대단히 가치 있는 심미적 경험일까? 그건 오히려 최소한의 심미적 경험이 아닌가?

어떤 시편들은 자아중심적, 인간중심적 관점에서의 세계 인식 그리고 그 배면에 깔린 자동화된 인식의 습성 자체를 뒤흔들면서, 마치 처음 보는 것처럼 세계를 바라보게 한다. 인식의 기존 지반 자체를 해체하며, 이 세계가 단일 세계(인간과 그 밖의 물질로 이루어진 하나의 세계)가 아니라 다(多) 세계(나 말고, 인간 말고, 다자가 살아가는, 각기 다른 무수한 세계들이 중첩되어 있는 세계, 그 세계들의 총체)이겠다는 생각으로 우리를 끌고 간다. 그러나 이러한 세계상 해체/재구성은 단순히 이질적인 비인간 사물/물체 A와 B를 (원관념, 보조관념으로서) 연결 짓는다고 해서 가능해지는 것은 아니다. 하지만 그것은

6 김준오, 『시론』, 삼지원, 1982, 188~189.

이를테면 적극적 의물화 또는 폭발적 의물화를 통해서는 어느 정도 가능하다. 이 경우, 김준오가 말한 '놀람'은 기존의 인간중심적 세계상이 파열되는 충격을 대동하는 놀람, 깨달음의 지반을 건드리는 놀람이 된다. 그것은 최소한의 심미적 경험 이상의 경험을 제공한다. 이 경험과 더불어 인간화의 주술에서 풀려난 세계가 처음으로 나타난다. 비인간 존재자들과 그들의 세계가 진심으로 인정되고, 인간중심의 앵글에 근거한 왜곡된 세계상에 지배되었음을 처음으로 수긍하는 사건이 발생한다.

어떤 사례가 있을까? 하나의 사례를 나는 구상의 시 「밭일기 4」에서 발견한다. 개똥이네 할아버지가 밭에 똥을 쏟아 붓는 것으로 시작되어 개똥이와 누렁이와 까치가 각기 똥을 싸는 것으로 끝나는 이 '똥시'는 그 자체가 명작이기도 하지만, 독자는 다양한 동물의 똥을, 그 동물들을, 그들이 공존하는 이 세계를 새롭게 바라볼 기회를 선물 받는다. 시인은 이렇게 쓰고 있는 것이다.

> 수수전 같은 소똥,
> 국화만두 같은 말똥,
> 조개탄 같은 돼지똥,
> 생굴 같은 닭똥,
> 검정콩 토끼똥,
> 분꽃씨 쥐똥,
> 염소똥, 당나귀똥, 여우똥,
> 똥이란 똥이,
> 온 밭에 널려 있다.
> …
> 까치 한 마리가
> 흰 버러지 같은 똥을 삘삘 싸며
> 혼자 재밌어 캑캑거린다.

— 구상, 「밭일기 4」, 부분

이런 표현들은 그저 재미난, 위트 넘치는 표현들일 뿐일까? 이 시에서 의물화를 실행하는 정신은 폭발하고 있다. 이 시의 독자는 시적 의물화가 시적 긴장을 조성해 우리를 놀라게 하는 것에 그치는 것이 아니라, 좀 더 긴 느낌과 생각의 파문을 일으킬 수 있음도 느낀다. 시에 등장하는 여러 동물의 똥들의 다양한 꼴들은, 단지 그 꼴과 닮은꼴인 사물들, 즉 수수전, 국화만두, 조개탄, 생굴, 검정콩, 분꽃 씨, 흰 버러지로만 우리의 생각을 끌고 가는 것이 아니다. 그 똥들의 다양한 꼴들을 곱씹을 때 우리의 생각은 자연스럽게 이 동물들의 내장의 꼴로 향하게 된다. 이 동물들이 실은 내장을 보유하고 대사활동을 하며 살아가는 점에서는 완전히 동일한 자들임에도, 각기 다른 (신체 형태와 더불어) 내장 형태를 지녔다는, 어찌 보면 너무도 경이로운 사실에 새삼/처음으로 주목하게 되는 것이다. 소똥이 수수전을 닮은 모양이라는 것은 알겠다. 하지만 '왜' 쥐똥은 수수전과는 너무도 다른 분꽃 씨 같은 꼴이란 말인가? 아메바부터 여우까지 지구상에 출현한 모든 생물의 형태가 지극히 경이롭고 괴기스럽고 아름다운 형태라는 진리가, 어딘가에 억눌려 있다가, 이 시를 타고 솟구치고 있지 않은가. 이 시는 인간중심적 사고에 갇힌 자를 돌연 해방시켜 그 너머에, 인간 없이도 잘만 있고 있을, 인간이 창조하지 않았고, 다양성이 본질인 다자들의 세계를 새삼/처음으로 생각하게 하는 힘이 있다.

우석영

◈ 본지 편집위원 ◈ 생태전환 연구자 ◈ 지구철학 연구자 ◈ 근대를 극복하는 포스트휴먼 지구철학과 지구살이, 탈성장, 돌봄, 포스트휴먼 문학에 관심을 두고 있다 ◈ 동물권연구변호사단체 PNR(전문가회원),

생태문명원(연구위원), 생태적지혜연구소(학술위원),
산현재(기획위원) 등에서 활동하고 있다 ◈
《가후위기행동사전》(공저), 《불타는 지구를
그림이 보여주는 것은 아니지만》, 《걸으면 해결된다
Solvitur Ambulando》(공저), 《낱말의 우주》 등을 썼다
◈ 《지구와 물질의 철학》 등을 번역했다

인류세 이후: 경물(敬物) 시대를 맞이하는 지혜

삼경(三敬)에 비추어 보는 인간 역사의 관점에서

박길수

【1】

‘인류세(Anthropocene)’란 오늘날 인간의 활동이 지구적 규모의 환경의 극적인 변화의 주된 요인이 되었다는 사실을 적시하는 지질시대 구분 용어이다. 이 용어는 노벨상 수상자인 화학자 파울 크뤼첸(Paul Crutzen)이 2000년 지구시스템 과학자들의 모임인 ‘국제 지권-생물권(地圈-生物圈) 프로그램’에서 “우리는 인류세에 살고 있다!”고 선언적으로 발언한 데서 논의가 시작되었다.[1] 초기에는 극히 제한된 분야에서만 사용되었으나, 최근 몇 년 사이 기후변화로 인한 기상이변과 재난이 극단적인 양상을 보이면서 현실적인 문제로 인류 전체의 관심사를 반영하게 되었다. 결국 2009년에 세계적으로 공식적인 지질학적 시대구분을 획정하는 국제층서위원회(International Commission on Stratigraphy) 내에 ‘인류세워킹그룹(Working Group on the Anthropocene)’이 구성되어 이 문제를 논의 중이다. 아마도 내년(2024) 공식회의에 이 문제, 즉 현 시대를 ‘인류세’로 공

1 허남진, 조성환, 이원진, 이우진, 『어떤 지구를 상상할 것인가?-지구인문학의 발견』(지구인문학총서1), 모시는사람들, 2023.7, 112쪽.

식 선포할 것인지에 관한 결론이 내려질 수도 있다는 전망이 나오고 있다. 지질학적으로 현재는 '홀로세(Holocene, 沖積世 또는 現世라고도 한다)'이다. 홀로세는 약 1만 2천 년 전에 시작된 지질시대이다. 그 무렵 빙하기(氷河期)가 끝나고 간빙기(間氷期)가 시작되어 비교적 온난한 기온 체제하에서 정착-농경 생활이 시작되고, 현재에 이르는 인류사의 비약적인 발전이 이루어진다. 현재를 인류세라고 한다면 그 시작점을 언제로 할 것인지를 두고도 여러 견해가 나오고 있으나, 현재 유력하게 거론되는 기점은 1950년대, 자본주의 산업화가 급격히 진전되고 확산되는 '대가속(the Great Acceleration)' 시기이다. 이 때는 또 가공할 핵실험이 빈번히 진행되어 그 낙진이 지구 토양의 영구적으로 흔적을 남겼으며, 산업혁명 이래 확산일로를 걸어온 화석연료 사용이 임계점을 돌파하면서 대기 중 탄소량이 급격히 증가하였고, 플라스틱 사용도 증대되어 그 조각들이 지질학적 수준의 흔적을 남기기 시작했으며, 지구온난화도 뚜렷한 경향성을 나타내기 시작했다. 세계 인구도 폭발적으로 증가하기 시작했다. 그 공식적인 기점을 어느 시점으로 하든, 근본 문제는 인류세가 인간 활동이 지구-지질학적 차원의 변화 양상에 가장 중대한 영향력을 끼치는 사태를 기준으로 설정되었다는, 본질적인 측면이다.

인류세 논의가 급격하게 진전되기 시작한 것은 앞서 언급했듯이, 인간의 활동이 지구 기후의 온난화를 가져왔고, 그것이 기상 이변, 극단적 가뭄과 그로 인한 대형 산불의 발생, 북극 만년빙과 만년설의 급격한 소멸 등의 재앙이 빈발하는 사태와 관련이 있다. 왜 이러한 일이 일어나고 있는지 그 원인을 이해해서 이 사태를 사후적으로라도 방지하고자 하는 노력의 일환이다. 이때 기준으로 삼는 대표적인 지표가 지구 평균기온 상승을 (산업혁명 이전 대비) 1.5℃ 이내로 유지해야 한다는 것이다. 가장 최근의 결정 사항을 보면, 2021년 말 영국 글래스고에서 전 세계 197개국 대표를 포함한 4만여 명의 관계자들이 참석한 가운데 진행된 제26차 유엔기후변화협약 당사국 총회(26th Conference of the Parties, COP26)에서 2,100년까지 지구 평균 기온 상승

폭을 산업화 이전 대비 1.5℃ 이내로 제한한다는 과학적 가정에 대하여 전 세계가 합의하였다. 이를 위해서 2050년까지 '탄소중립'을 달성하는 것이 핵심 과제이다. 즉 지구온난화의 주범으로 여겨지는 이산화탄소 순 배출량을 '0'로 함으로써, 온난화의 속도를 늦추고, 종국적으로 1.5℃ 이내에서 상승을 멈추도록 하려는 것이다. 그러나 문제는 이러한 국제적, 공식적 합의에도 불구하고 실제로 각국이 펼치고 있는 정책은 합의 사항(각 국가별 '탄소중립'의 실현)을 이행하는 데에 턱없이 부족한 수준에 그치고 있다는 데 있다. 더 절망적인 것은 설령 '탄소중립'이 달성된다 하더라도 지구 평균기온 상승이 1.5℃ 이내에 머물 것이라는 보장이 없다는 점이다. IPCC(Inter-governmental Panel on Climate Change, 기후변화에 관한 정부 간 합의체)의 보고서는 지구 온도 상승을 1.5℃ 이내로 유지하기 위해 인류에게 허용된 온실가스 배출 총량은 5천억 톤(이산화탄소 환산 기준)인데, 현재 인류는 연간 590억톤을 배출하는 중이므로, 겨우 8년 정도가 남아 있다고 말한다. IPCC, 비관적이게도 2,100년까지 지구 평균 온도는 3.7℃~4.5℃ 만큼 상승할 것으로 추정한다. 그때 인류가 직면할 상황은 현재로서는 상상을 초월한다. 현재 지구와 인류는 1℃를 조금 상회하는 기온 상승만으로도, 북극의 얼음이 모두 녹아 버리기 직전이고, 시베리아 동토가 거대한 화염에 휩싸이며, 40℃ 전후의 폭염이 난무하는 상황에 직면해 있다. 인류 사회는 기후변화(CC: Climate Change)를 넘어 기후위기(CC : Climate Crisis) 시대로 진입하였고, 지구온난화를 넘어 지구열대화의 국면으로 접어들었다. 혹서(酷暑)와 혹우(酷雨) 등도 이미 일상화된 기후 행태로 매년 겪어 나가고 있다. 통계상으로도 서서히 드러나고 있지만, 통계에 잡히지 않은 극단적 기후로 말미암은 사망자 숫자는 이미 폭증하고 있는 것으로 보인다. 이것은 겨우 시작에 불과하고 이제 몇 년 이내에 전 세계 많은 대도시들(이들 대부분은 해안을 중심으로 형성되어 있는데)은 해수면 상승에 직면하여 기후난민 신세를 면치 못할 것이며, 국민들이 흩어지는(이주하는) 바람에 소멸되는 국가도 머지않아 등장할 것이다.

【2】

인류세에 관한 논의가 활발해지는 것은 인류가 지금까지 한 번도 경험해 보지 못한, 지금은 사라진 채 화석(化石)으로만 확인되는 지구상의 대멸종을 우리 시대에 '현실'로서 경험하게 된다는 의미이다. 기본적으로는 "지구위기를 초래한 전-지구적 자본주의, 과학기술, 인간중심주의 등의 근대성에 대한 반성 위에서 이루어진 것"[2]이라고 할 수 있지만, 구체적으로는 크게 두 가지 대응 행태를 보이고 있다. 하나는 인류세를 야기한 '인간중심주의'와 성장을 신성시하는 '생산력 지상주의'의 근대문명을 반성하면서, 탈성장(脫成長)을 비롯한 인류 사회의 대안적인 경제 질서와 새로운 문명 체제를 모색해야 한다는 입장이다.[3] 다른 하나는 "(1) 화석연료 이용 효율 향상 및 절약 기술, (2) 온실가스 제어 및 이용 기술, (3) 대체(신재생)에너지 개발 및 청정에너지 이용 기술 및 (4) 이산화탄소 포집 및 저장 기술(carbon dioxide capture and storage, CCS technologies)"[4] 등 인간의 발전시켜 온 과학기술을 활용하여 이산화탄소를 비롯한 지구온난화의 원인물질(온실가스)을 제거하고 '(지속가능한) 성장발전'의 길로 나아갈 수 있다는 기술주의적인 입장이다. 전자는 인류의 욕망이나 인류문명의 발전사로 볼 때 가능하지 않은 이상주의라는 비판을, 후자는 현재의 문제를 야기한 그 방법을 그대로 고수하고자 하는, 인간의 오만함을 버리지 못한 위험한 태도라는 비판을 받는다. 후자의 경우 중 극단적인 사례는 오히려 '인류세'가 인류의 위대함을 증명하는 것이라는 논리를 내세우는 '에코모더니스트(eco-modernist)들이다. 이들은 인간의 능력은 무한히 확장될 수 있으며, 현재의 위기 국면은 과학기술로서 얼마든지 극복할 수 있다고

---

2 앞의 『어떤 지구를 상상할 것인가?』, 112쪽.

3 cf. 공규동, 김영준 외 지음, 생태적지혜연구소협동조합 기획, 『탈성장을 상상하라 – 성장 신화의 종말과 이후 시대』, 모시는사람들, 2023.6.

4 김준모, 「이산화탄소 저장 기술의 현황 및 전망」 『KIC News』, Volume 12, No. 2, 2009, 32쪽.

주장한다.

둘 다 '인류세 이후'를 이야기하고, 또 둘 다 대안적 요소와 한계를 동시에 안고 있다는 데서 우리가 실제로 걸어가게 될 길은 이 두 가지 극단적인 견해 사이-너머에 있다는 것을 직감할 수 있다. 그런 점에서 오늘 우리 인류가 직면하고 있는 거대한 전환을 인류세의 국면으로부터 생명세(生命世)[5]로 이끌어갈 지혜를 열어주고, 힘을 길러 줄 새 길로 동학(東學)이 자주 거론되는 것에 주목할 필요가 있다.

어떻게 해서, 동아시아의 한 변방국가 조선 땅에서도 동남방에 치우쳐 구석진 경주 땅에서 한 몰락 양반이 창도한 동학이, 21세기 오늘 인류, 지구, 생명공동체가 직면한 거대한 문제의 대안으로 떠오를 수 있는가?

어느 날 불쑥 등장한 '거대한 전환' 앞에서 인류 사회가 우왕좌왕하는 모습을 보면, 일찍이 수운 최제우(水雲 崔濟愚, 1824-1864) 선생이 동학을 창도하던 당시의 조선의, 조선 사람들의 상황이 대비된다. 특히 인류세 논의가 1만 년 이상의, 지구적 규모의 거시적 흐름을 조망하면서 그 이전과 이후를 갈음하는 사고방식은, 동학에서 선천(先天) 오만년과 후천(後天)을 오만년을 갈래짓고, 그에 따르는 대일변(大一變), 중일변(中一變) 등을 말하는 구조를 그대로 따르고 있다.

이러한 유사성은 우연한 결과가 아니라, 실은 필연적인 산물이라고 할 수 있다. 왜냐하면 수운이 동학을 창도할 때 가졌던 문제의식은 바로 당시 전 지구적으로 만연하던 제국주의 세계의 확장 정책—그것이 동아시아에는 '서세동점(西勢東漸)'의 양상으로 인식되었는데—과 그로부터 말미암은 폐해들, 그것을 야기한 인간 의식 상태 등을 토대로 한 것이기 때문이다. 그때의 서구의 확장은 곧 자본주의의 세계화를 의미하고, 자본주의는 '성장 지상주의'의 근본 바탕이라는 점에서, 수운은 이미 인류세의 초입에 서 있었고, 전 지구적

5 cf. 최민자, 『한국학 코드 – 생명세, 지구와 인류의 미래를 말하다』, 모시는사람들, 2023.5.

대 전환의 기운을 감지하기에 부족하지 않을 만큼의 정보에 노출되어 있었다고 말할 수 있다. 그 무렵 조선은, 그때까지 세계의 중심으로서 이 세계의 안정성을 지탱하는 기둥이요, 기준이며, 기반이라고 여겼던 중국이 서양 세력에게 속절없이 무너지는 모습(cf. 아편전쟁)을 목격하고 있었다. 이에 즈음하여, 조선 또한 순망치한 격으로 멸망하고 조선인은 큰 재앙에 휩싸일 것이라는 공포감이 온 한반도를 뒤덮었다. 거기에 괴질(怪疾)이 주기적으로 치성(熾盛)하면서 숱한 사람들이 죽어나갔고, 가정맹어호(苛政猛於虎) 격으로, 삼정(三政)의 문란으로 대변되는 조선 내정(內政)의 문란과 부패에 따른 고난에 시달리며 죽음보다 더한 고통을 견뎌야 했다. 그리하여 빈부귀천을 가릴 것 없이 발 달리고 손 가진 사람들은 십승지지(十勝之地)로 대변되는 '안전지대'를 찾아 헤매느라 산지사방 유리걸식, 아비규한이 천지 사이에 가득하였다.

수운은 1차 아편전쟁(1840)에서 2차 아편전쟁(1856)와 거의 중첩되는 기간 동안 주유천하를 통해서 조선 민중들의 형편, 심성의 파탄을 직접 목격하였고, 또 여러 경로로 전해들은 서양 세력의 동아시아 육박, 그들이 내세우는 논리, 그리고 사람들(조선인)의 심성이 보여주는 거대한 변화의 조짐이, 땅-지구상의 물질세계의 변화 양상과 크게 관계 맺고 있음을 간파한 것으로 보인다. 그러고 이러한 사태의 혁명적인 치유책으로서 "십이제국 괴질운수 다시개벽 아닐런가"를 노래하며, '다시개벽'의 전망을 제시한 것이다.

이러한 인식의 근본적인 구조는 수운의 후계자인 해월 최시형(海月 崔時亨) 선생에게로 계승되었고, 해월은 스승으로부터 전수받은 동학의 혜지(慧智)를 더욱 숙성시켜 구체화하고, 현실화하여 당대의 민중들에게 가르쳐 나갔다. 해월은 일반적으로 거대담론을 전개하기보다는 민중의 생활 속에 녹아들어 그들의 삶을 성화(聖化)하는 방향으로 수운 시대 동학의 인식지평과 실행덕목을 확장시켜 나갔다는 평가를 듣는다. 그러나 이는 해월의 겉모습만을 보고 평가하는 것으로, 해월의 이러한 동학 실천의 양상은 그 저변에 거대한 개벽적 세계관과 역사관이 깔려 있음을 알아야 한다.

수운이 '다시개벽'으로 대표되는 개벽론을 제창하고, 이를 계승하여 해월이 '인심개벽'이나 '도덕개벽'으로 대표되는 개벽론을 설파해 나간 것은 '한울님의 계시를 받는'다는 '신비체험'의 형식을 차용하기는 했지만, 현실적으로는 "과잉 생산, 자연 착취, 대량 낭비 등을 유발하는 자본주의 문명"(당시로서는 제국주의의 세계화)에 대한 대안적인 포월, 치유적인 초월을 위한 자기 암시적 선언이었다. 그러나 그것은 단순히 윤리적, 도덕적 당위론이 아니라, 엄정한 역사관과 세계관을 토대로 한 세계 인식을 기반으로 한 전망이기도 하였다. 해월의 삼경(三敬) 사상은 천지인(天地人)에 대한 인간의 윤리적, 종교적 태도에 대한 글로서만 이해되어 왔지만, 그 속에는 해월에게서 창조적으로 변용된 동학의 개벽적 시간관과 역사관, 그리고 세계관이 온축되어 있다. 삼경사상은 탈성장 논의의 인위성(人爲性)에 따르는 한계를 돌파하게 하고, 기술 만능주의가 떨쳐 버리지 못한 인간중심주의를 초극하게 하는 지혜를 제공한다. 또는 현재 활발하게 진행되는 탈-인간중심주의, 포스트휴먼 등의 논의와 대화하며 그 실효성을 상승시킬 수 있는 정동을 제공한다. 이하에서는 인류세 시대의 재건, 재생, 재활의 지혜로서의 삼경의 의미와 구조를 논구한다.

【3】

〈삼경(三敬)〉은 천도교경전 『해월신사법설』에 수록되어 있는 비교적 짧은 글이다. 그러나 그 글의 의미는 미래로 열려 있으며, 그 자체로도 자못 심장하다. 이 글은 해월이 1871년 영월 직곡리 박용걸의 집에 은거할 때 한 설법을 기록한 것이다. 삼경은 경천(敬天), 한울님을 공경하는 것, 경인(敬人), 사람을 공경하는 것, 경물(敬物), 사물을 공경하는 것의 세 가지를 말한다.

첫째, 해월은 경천이 "수운이 창명한 도법"이라고 말한다.[6] 여기서 '경천'은 허공의 상제(上帝)가 아니라 내 마음을 공경하는 것이다. 오심아경(吾心我敬)이라는 말이고 내가 나를 공경하는 것이다. 그러므로 경천[敬心]함으로써 내가 천지와 더불어 영생(永生)한다는 것과 사람과 만물이 나의 동포(同胞)로서 전체 속의 하나임을 깨닫게 되고, 희생과 봉사의 마음이 우러난다고 하였다. 해월을 계승한 의암 손병희(義菴 孫秉熙, 1861-1922)는 경심(敬心를)의 철학을 "내 마음을 내가 정성하고, 내 마음을 내가 공경하고, 내 마음을 내가 믿고, 내 마음을 내가 법 삼는다(自心自誠 自心自敬 自心自信 自心自法)"고 구체화하였다.

여기서 경천(敬天)은 선천의 시간이 포월(包越)되어 있다. 즉 선천시대는 '허공의 상제(上帝)'를 공경하는 것으로 경천을 이해하고 실천하였음을 전제로 논의를 전개한다. 즉 경천이라는 말 자체는 선천(중세 이전)의 신관(神觀)을 대표하는 말이다. 이때 상제는 '초월적인 신'이며, 천지 밖에서 인간의 운명[永生]을 좌우하는 절대적 타자로 이해된다. 해월의 경천은 이를 개벽[飜覆]한다. 내 마음이 곧 한울님[吾心卽汝心]이라는 진리를 기반으로 경천은 내 마음을 공경하는 것임을 선언한다. 내가 전체 속의 한 부분이자, 내 안에 전체가 들어 있다는 존재 진리를 파지(把持)하게 하고, 그 진리의 결대로 이 세상을 살아가는 삶의 태도를 정하게 한다. 여기서 선천의 시간이 포월되어 있다 함은, 해월의 경천이 '하늘의 상제를 공경'함을 파기(破棄)하는 것이 아니라, 그 태도를 그대로 경심(敬心)의 방향으로 옮겨 감으로써 그 리추얼(ritual)은 보존하면서, 기복성이나 의타주의를 극복함을 의미한다. 마치 향벽설위(向壁設

6 『해월신사법설』「삼경-敬天」, "사람은 첫째로 敬天을 하지 아니치 못할지니, 이것이 先師의 創明하신 道法이라. 敬天의 原理를 모르는 사람은 眞理를 사랑할 줄 모르는 사람이니, 왜 그러냐하면 한울은 眞理의 衷을 잡은 것이므로써이다. 그러나 敬天은 결단코 虛空을 向하여 上帝를 恭敬한다는 것이 아니요, 내 마음을 恭敬함이 곧 敬天의 道를 바르게 하는 길이니,「吾心不敬이 卽 天地不敬이라」 함은 이를 이름이었다. 사람은 敬天함으로써 自己의 永生을 알게 될 것이요, 敬天함으로써 人吾同胞 物吾同胞의 全的理諦를 깨달을 것이요, 敬天함으로써 남을 爲하여 犧牲하는 마음, 世上을 爲하여 義務를 다할 마음이 생길 수 있나니, 그러므로 敬天은 모든 眞理의 中樞를 把持함이니라."

位)를 향아설위(向我設位)로 개벽하는 것과 같은 전변(轉變)이 경천에서도 일어나고 있다. 선천의 향벽설위는 조상 귀신을 미신적 존재로 전락시킬 뿐 아니라, 그 벽 뒤에 실은 지배계급의 착취와 권력의 독점, 차별의 가부장 질서가 깃들어 있는 것이고, 향아설위는 그 모든 것을 혁파하는 개벽을 말하는 것이다. 또 하나 주목할 것은, 뒤에서 상술하겠지만, 이 경천에 이미 경인(敬人, 인오동포)과 경물(敬物, 물오동포)이 포함(包含)되어 있다는 점이다.

둘째, 경인은 한울님으로서의 사람을 공경하는 것, 사람을 한울님으로서 공경하는 것이다.[7] 이는 경천의 외화(外化)로서, 경천과 경인이 동전의 양면을 이루는 것이다. 경천(=敬心)이 자기 내면에서 벌어지는 무형(無形)한 작용이라면, 경인은 이를 몸소 행하여 유형(有形)화하는 유일한 경로이다. 그러므로 현상계에서 드러나는 삼경 사건의 시초는 경인(敬人)이다. 동학적 세계의 전개도 경인으로부터 시작한다. '도가(道家=동학하는 사람의 집)에 사람이 오거든 한울님이 강림(降臨)하였다고 말하라'고 하는 것이다. 해월의 대표적인 법설인 사인여천(事人如天)은 바로 이 경인과 경천의 이치를 한마디로 설파한 것이다. 우리가 인류세 이후를 상상하고 꿈꿀 수 있으려면, 경인이 드러나야 한다.(그 경인은 경천을 전제로 한다)

여기서 해월은 사람을 공경하지 않는 하늘 공경은 귀신을 공경하는 것(미신)과 다를 바가 없다고 천명하고, 선천시대의 '허공의 상제를 공경'함을 '귀신을 공경하는 것'과 같은 것이라고 말한다. 여기에서도 인내천(人乃賤)의 선천 시대를 인내천(人乃天)의 후천시대로 전변시키는 개벽적 발상을 엿볼 수

---

7 『해월신사법설』「삼경-敬人」, "둘째는 敬人이니 敬天은 敬人의 行爲에 의지하여 事實로 그 效果가 나타나는 것이다. 敬天만 있고 敬人이 없으면 이는 農事의 理致는 알되 實地로 種子를 땅에 뿌리지 않는 行爲와 같으니, 道닦는 자 사람을 섬기되 한울과 같이 한 후에야 처음으로 바르게 道를 實行하는 者니라. 道家에 사람이 오거든 사람이 왔다 이르지 말고 한울님이 降臨하였다 이르라 하였으니, 사람을 恭敬치 하니하고 鬼神을 恭敬하여 무슨 實效가 있겠느냐. 愚俗에 鬼神을 恭敬할 줄은 알되 사람은 賤待하나니, 이것은 죽은 父母의 魂은 恭敬하되 산 父母는 賤待함과 같으니라. 한울이 사람을 떠나 別로 있지 않는지라, 사람을 버리고 한울을 恭敬한다는 것은 물을 버리고 解渴을 求하는 자와 같으니라."

있다.[8] 특별히 이채로운 것은 선천시대의 경천(敬天)의 의미—허공의 상제 공경—와 잔재를 철저하게 제척(除滌)하는 태도이다. 이는 앞서 경천의 본지가 오심아경(吾心我敬)이라고 강조한 것의 연장선상이다. 여기서 경천은 경인에 '경천'이 포함되는 것임을 알 수 있다.

셋째, 경물은 인간 이외의 사물(事物), 만물(萬物)을 공경하는 것이다.[9] 여기서 물(物)은 천인합일(天人合一)로서의 인간을 제외한 세상 만물이다. 그러므로 경물론(敬物論)에는 '물건을 소중히 여겨서 아껴 씀'의 의미 이전에 인간의 세계 이해와 관련되는 존재론적 함의가 있다. 경천이나 경인이 결국 자아(自我, 個我+無窮我)에 관한 것이라면 그 공경의 마음과 태도를 타자(他者)에까지 연장하는 일이다.

또한 경물은 경인(敬人 卽 敬天)을 완성하는 최종적 행위이며, '천지기화(天地氣化)' 덕에 합일하는 유일한 경로이다. 해월은 경천과 경인에서 신의 초월성과 외재성에 대한 관념과 관습을 극구 부정하고 극복하는 방향성을 보여주는데, 경물에 이르러서는 '천지기화'를 말함으로써 초월성과 외재성을 다시 껴안는다. 천지(天地)란 천지부모(天地父母)의 의미로서, 곧 한울님(天主)이다.[10] 기화(氣化)는 외유기화(外有氣化)의 의미로서 한울님의 외재적, 초월적 속성을 가리키는 말이자 인간은 물론이고 우주-내 모든 존재가 단자적(單子的)이지 않고 파동적(波動的)이어서 관계적으로 존재한다는 점을 표현한다. 일찍이 수운은 '시천주(侍天主)'의 뜻을 풀이하면서 "모신다는 것은 안으로 신령함을 보존하고 밖으로 기화에 참여하기를 온 세상 사람들이 각각 스스로 시행하는 일"이라고 하였다.[11] 모신다는 것은 내가 신령한 존재임을 자각

---

8 '人乃賤'은 윤노빈이 〈신생철학(新生哲學)〉에서 처음 쓴 말이다.

9 『해월신사법설』「삼경-敬物」, "셋째는 敬物이니 사람은 사람을 恭敬함으로써 道德의 極致가 되지 못하고, 나아가 物을 恭敬함에까지 이르러야 天地氣化의 德에 合一될 수 있나니라."

10 『해월신사법설』「천지부모」, "天地卽父母 父母卽天地 天地父母一體也 父母之胞胎 卽天地之胞胎 今人但知父母胞胎之理 不知天地之胞胎之理氣也."

11 『동경대전』「論學文」, "侍者 內有神靈 外有氣化 一世之人 各知不移者也 主者 稱其尊而與父母同事者也…."(「시」라는

하고 우주의 기화 활동에 참여하는 것이라는 말이다. 이로써 경(敬)은 곧 모심[侍]의 의미로 확장 전변되는 한편으로, 인간이 한울님과의 관계 속에서만 존재하고 존속할 수 있는 것이 아니라, 외부환경과의 교섭(交涉), 교감(交感), 교류(交流)를 통해서 비로소 그 존재를 완성할 수 있음을 말한다. 이는 일찍이 한나 아렌트가 '인간의 조건'이라는 말로써, 근대 이후 인간이 처해 있는 상황, 인간이 야기한 문제적 상황을 설파한 것을 떠올리게 된다. 즉 "아렌트는 근대 이후의 인간 생활의 문제를 '인간의 조건이 자연으로부터 분리되어 버린 문제'로 생각하고자 하였다."[12]

여기서 '인간의 조건이 자연으로부터 분리되어 버린 문제'라고 한나 아렌트가 생각한 (서구)인간의 사고방식은, '삼경'의 논법으로 하자면 '선천시대의 경천'의 행태, 즉 허공의 상제만을 공경하고 그것을 빌미로 하여, 상제 이하의 세계 만물에 대하여 인간의 우위, 인간의 지배력을 보증 받은 것으로 치부하는, 일신지하 만물지상(一神之下 萬物之上)의 선천적 관념으로부터 야기된 것이다. 경물은 그러한 선천적인 타자관(他者觀), 사물관(事物觀)을 전변시키는 개벽이다. 그 이면에는 타자 또한 나와 한 몸이라는 물오동포(物吾同胞)의 원리에 따른 물아일체(物我一體)의 철학이 흐르고 있다.

【4】

이처럼 경천-경인-경물은 각각 자기 안에 타자를 포함하는 관계로서 셋이면서 하나요 하나이면서 셋인 삼위일체-포함삼경(包含三敬)의 내부 구조를 형

것은 안에 신령이 있고 밖에 기화가 있어 온 세상 사람이 각각 알아서 옮기지 않는 것이요, 「주」라는 것은 존칭해서 부모와 더불어 같이 섬긴다는 것이요….)

12 시노하라 마사타케 지음, 조성환 외 옮김, 『인류세의 철학-사변적 실재론 이후의 '인간의 조건'』(지구인문학총서2), 모시는사람들, 2022.8, 42쪽.

성하고 있다. 또 삼경은 그 자체로 인류 의식(靈性)의 형성과 발달 과정이 반영되어 있는 것으로, 각각 숭신(崇神)의 시대, 인신(人神)의 시대, 물신(物神)의 시대에 대한 개벽이라 할 수 있다.

경천은 인류가 주체적인 의식을 확보하고, 세계를 새롭게 이해하던 초창기에 인간이 막연한 두려움으로부터 한 걸음 나아가, 자기 존재 근거를 하늘로부터 찾은 데서 비롯된 사고방식이다. 가장 오래되었으며, 인간의 본성을 거룩함에서 찾은 근거라는 점에서 소중한 인류 의식의 한 부분이다. 그러나 인류세의 관점에서 보면 인류사의 원형적인 경천(敬天)은 시대를 따라 흘러오면서 피상적인 숭신(崇神)으로 전락하여 신중심주의 세계를 형성하고, 그로부터 도래한 의타적이고 이원론적인 인간 삶의 양식을 분식하는 하는 말이다. 여기에서는 경인과 경물의 여지가 거의 없다. 경천에 편중된, 편중된 경천의 세계-시대인 것이다. 동학(해월)의 삼경의 경천은 그 타락한 경천=숭신을 다시개벽하는 것이다.

경인은 중세까지의 신중심주의의 폐해를 극복하면서 인간의 주체성, 우주의식의 담지자로서의 자기 정체성을 대변하는 말이다. 그러나 경인(敬人)이 피상적, 이기적으로 이해되고 서구에서의 르네상스 이후 인간중심주의가 대두하면서 전지전능한 신의 자리에 인간을 올려 세우고[人神], 물질세계의 비약적인 성장을 구가하던 삶의 방식을 대변하는 것이 되고 말았다. 이 시기를 대표하는 말은 인권(人權)이다. '천부인권(天賦人權)'이라는 말에서 알 수 있듯이, 인권은 하늘 즉 신(神)이 주신 것으로 신격화되며, 그로부터 파생된 소유권(所有權) 역시 신격화된 바탕 위에 존립하고 있는 세상이 바로 근대 이후의 세계이다. '타락한 경인'의 시대(근대)에는 경천이 망각, 탈각(脫却, 脫殼), 제각(除却)되었고, 경물은 물신숭배라는 왜곡된 형태로 능욕을 당한 채로 인간의 욕망이 극도로 확장되고, 절대화되었다. 절대적인 것은 절대 타락하게 마련이다. 그리고 그 죄업을 바로 인류세의 도래로 돌려받고 있는 것이다. 동학(해월)의 삼경의 경인은 그러한 타락한 경인을 다시개벽하는 것이다.

이러한 시대 흐름 속에서 경물(敬物)의 의미와 가치가 재조명될 필요가 있다. 해월이 〈삼경〉에서 밝혔듯이 경인은 경천과 경인의 본래 의미를 밝히고, 완성하는 인식을 제공한다. 경물은 경천이 신중심주의로 전락하는 것을, 경인이 인간중심주의로 타락하는 것을 방지하고 경천-경인-경물이 조화를 이루어 그 본지를 실현하게 한다. 경물은 '공경함'이 그 출발점이 아니라 경천-경인을 통해 도달한 깨달음이 출발점이 되어, 도달하는 종착점이다. 즉 경천-경인을 통해, 내가 나 이외의 존재와 분리되어 독존(獨尊)한다는 각자위심(各自爲心)에서 탈(脫)하여 나와 타자가 본질적으로 연결된 존재임(同歸一體)을 깨달음으로 자연히 도래하는 세계가 곧 '경물세(敬物世)'인 것이다.

해월은 〈성경신(誠敬信)〉이라는 법설에서 "사람마다 마음을 공경하면 기혈이 크게 화하고, 사람마다 사람을 공경하면 많은 사람이 와서 모이고, 사람마다 만물을 공경하면 만상이 거동하여 오니, 거룩하다 공경하고 공경함이여!"[13]라고 삼경의 공효를 노래한다. 먼저 경천=경심은 기혈을 화하게 한다. 일찍이 수운은 질병(疾病)을 치유하는 비방으로 '심화기화(心和氣和)'를 제시하였다. 이것이 누구나 그 뜻한 바를 이루는 출발점이 된다는 것이다.[14] 이것은 기후위기, 지구열대화의 국면에서 그 책임이 막중한 북반구의 나라들과 그 책임은 적으나 그 피해가 막심한 남반구 나라들 사이의 분쟁을 비롯하여, 일국 내에서도 책임 있는 탈탄소화 정책의 이행을 요구하는 시민운동 세력과 탈성장 세계로의 산업구조 재편을 위한 탄소중립 의무 이행에 소극적인 정부 사이 등등에서 야기되는 갈등이 궁극적으로 상호 협의와 합력에 의해 진행되어야 한다는 것을 시사한다.(물론 현재의 국면은 이러한 이상적인 경로보다는 결국 힘에 의한 혁명적 혹은 파멸적 결말에 의지할 수밖에 없는 길로 나아가고 있

13 『해월신사법설』「誠敬信」, "人人敬心則氣血泰和 人人敬人則萬民來會 人人敬物則萬相來儀 偉哉敬之敬之也夫."

14 『동경대전』「題書」, "得難求難 實是非難 心和氣和 以待春和"(얻기도 어렵고 구하기도 어렵다고 하지만, 실은 어렵지 않나니, 마음을 화하게 하고 기운을 화하게 하여 봄처럼 화하기를 기다리시라!)

는 것이 현실이지만)

이어서 경인은 사람이 모여들게 하며, 경물은 만물이 그 격을 갖추어 서게 한다고 하였다. 이는 "자연의 반격"에 직면한 인류세의 인간에게 황금률로서 제시된다. "네가 만물로부터 대접받기를 원하는 바로 그 방식으로 만물을 공경하라." 인류세에 즈음하여, 양심적인 지식인들은 인간에게 요구되는 새로운 태도를 두 가지로 정리하였다. 첫째는 "지구를 단순한 환경이나 자원이 아니라 하나의 성스러운 공동체이자 공경해야 할 대상으로 간주하자는 입장으로, 토마스 베리의 '지구공동체' 개념이나 래리 라스무쎈의 '지구를 공경하는 신앙'이 대표적"이다. 둘째는 만물을 새롭게 인식하는 '신유물론(new materialism)'이나 '신애니미즘(new animism)'이다. "(신유물론의) 제인 베넷은 『생동하는 물질』에서 찰스 다윈의 지렁이 연구를 소개하면서, 지렁이도 인간과 지구의 역사에 기여하는 당당한 '행위소'(actant)로 간주해야 한다는 견해를 피력하였다. (신애니미즘의) 그레이엄 하비는 애니미즘의 재해석을 통해 이 세계는 '퍼슨들'(persons)로 가득 차 있고, 이들이 상호관계를 맺고 있다는 새로운 세계관을 제시하였다."[15]

해월은 만물이 모두 살아 있는 주체자라는 점을 일찍부터 갈파하였다; "어찌 홀로 사람만이 입고 사람만이 먹겠는가. 해도 역시 입고 입고 달도 역시 먹고 먹느니라(何獨人衣人食乎 日亦衣衣月亦食食, 天地父母)" 그 근거로서, 해월은 만물이 시천주자(侍天主者)자라고 하여, 사람(人乃天)과 동등한 존재임을 설파한다.

> 만물이 시천주 아님이 없으니 능히 이 이치를 알면 살생은 금치 아니해도 자연히 금해지리라. 제비의 알을 깨치지 아니한 뒤에라야 봉황이 와서 거동하고, 초목의 싹을 꺾지 아니한 뒤에라야 산림이 무성하리라. 손수 꽃가지를 꺾으면

15 앞의 『어떤 지구를 상상할 것인가?』 151쪽.

그 열매를 따지 못 할 것이오, 폐물을 버리면 부자가 될 수 없느니라.
날짐승 삼천도 각각 그 종류가 있고 털벌레 삼천도 각각 그 목숨이 있으니,
물건을 공경하면 덕이 만방에 미치리라.[16]

지구공동체, 신유물론, 신애니미즘을 관통하는 동학의 철학이 바로 경물(敬物)이라는 것을 알 수 있다. '모여든 사람'은 바로 '퍼슨들'이며, 당당한 행위자로서의 사물(지렁이)은 바로 격을 갖춘 만물을 의미한다. 일찍이 야뢰 이돈화(夜雷 李敦化)가 한울격으로서의 인간격(人間格)[17]을 말했다면, 이제 만물격(萬物格) 사물격(事物格)을 말할 수 있는 시대가 된 것이다.

해월은 경물의 원리와 방법론은 우주에 가득찬 것이 혼원한 일기로서 서로 이어져 있음(인오동포, 물오동포)를 파지하고, 따라서 만물을 '어머니의 살같이' 공경스럽게 대하는 데 있음을 설파하였다.

우주에 가득 찬 것은 도시 혼원한 한 기운이니, 한 걸음이라도 감히 경솔하게
걷지 못할 것이니라. 내가 한가히 있을 때에 한 어린이가 나막신을 신고
빠르게 앞을 지나니, 그 소리 땅을 울리어 놀라서 일어나 가슴을 어루만지며,
「그 어린이의 나막신 소리에 내 가슴이 아프더라」고 말했었노라. 땅을 소중히
여기기를 어머님의 살같이 하라. 어머님의 살이 중한가 버선이 중한가.
이 이치를 바로 알고 공경하고 두려워하는 마음으로 체행하면, 아무리 큰
비가 내려도 신발이 조금도 젖지 아니 할 것이니라. 이 현묘한 이치를 아는
이가 적으며 행하는 이가 드물 것이니라. 내 오늘 처음으로 대도의 진담을

16 『해월신사법설』「待人接物」, "萬物莫非侍天主 能知此理則 殺生不禁而自禁矣 雀之卵 不破以後 鳳凰來儀草木之苗 不折以後 山林茂盛矣 手折花枝則 未摘其實 遺棄廢物則 不得致富 羽族三千 各有其類 毛蟲三千各有其命 敬物則德及萬方矣,"

17 cf. 이돈화, 『신인철학』, 천도교중앙총부출판부, 1931.

말하였노라.[18]

삼경, 그중에서도 경물을 실행하는 것은 우주에 가득 찬, 그러면서도 하나로 꿰어져 있는 만물이 곧 내 몸이나 어머니 살 같은 것임을 알고 공경하는 데 있다는 것이다.

인류세를 야기한 근대문명의 인간중심주의에 대한 반성과 반발로서 오늘날 비인간 존재에 대한 새로운 이해와 접근, 태도의 설정이 두드러진다. 이것이 이른바 '지구윤리'다. 경물은 바로 지구윤리의 핵심을 표현하고 있다. "지구윤리는 지구와 비인간 존재에 대한 존중을 넘어서, 그들을 '공경'하는 윤리이다. 최시형 식으로 말하면, 경천(敬天)과 경물(敬物)의 윤리이다."[19] 경물이 내포하는 이러한 사유는 가이아(Gaia)론을 위시한 지구공동체적 입장과 지구윤리론적 사유의 토착적이고 자생적인 양식으로서, 근대 세계의 인간중심주의를 극복하고, 그것이 야기한 인류세의 위기를 극복하는 새로운 세계관이 된다. 지구윤리나 지구공동체에 관한 논의는 '지구인문학(地球人文學)'이라는 새로운 학문 범주를 탄생시키며, 인류세 시대의 긴요한 과제들에 대한 응답을 찾아가고 있다.

〈삼경(三敬)〉은 수양론적으로도 이해할 수 있는바, 내 안의 거룩함의 원천으로서의 내 마음과 화해하고 조화하는 경천과, 겸양의 태도로서 탈성장 시대를 함께 가난하게 살아가야 할 사람들과 상부상조하는 경인, 그리고 '반려종'의 등장이나 'AI' '사물인터넷'과 같은 사물의 자기인식과 주장, '자연의 반격'과 같은 사물의 응전과 응감이 날로 고조하는 시대에 그들과 원만한 관계를 이루며 공존, 공생, 공영하는 경물이 그것이다.

---

18 『해월신사법설』「誠敬信」, "宇宙間 充滿者 都是渾元之一氣也 一步足不敢輕擧也 余閑居時一小我着 而趨前 其聲鳴地 驚起撫胸日「其兒 聲我胸痛矣」惜地如母之肌膚 母之肌膚所重乎 一襪子所重乎 的知此理體此敬畏之心 雖大雨之中 初不濕鞋也 此玄妙之理也 知者鮮矣 行者寡矣 吾今日 始言大道之眞談也."

19 앞의, 『어떤 지구를 상상할 것인가?-지구인문학의 발견』, 142쪽.

인류 역사는 경천에서 경인-경천의 시대를 거쳐, 현재는 경천과 경인을 포함하는 삼위일체로서의 경물(敬物)시대에 도달해 있다. 그러므로 지구인문학의 성격을 '경물학(敬物學)'으로 자리매김하고 연구 성과를 축적해 가면서 인류세를 경물세(敬物世)로 전변시키는 개벽을 시도하는 것이, 동학의 지혜를 빌려 현-세계의 위기를 돌파하는 데 이바지가 될 것이다.

박길수
◈ 도서출판 모시는사람들 대표이며, 개벽라키비움의 코디네이터이다 ◈ 개벽라키비움은 '다시 개벽'을 세상 사람들, 지구공동체와 공유, 공감, 공동(共動)키 위하여 도서관, 아카이브, 뮤지엄 수준의 활동을 지향한다 ◈ 현재 학습 모임으로 '천도교회월보 강독' '개벽강독' '도담다담' '해월문집연구' '근대고전 강독' 등의 모임을 꾸리고 있으며, 동학-천도교에 관한 자료 수집 및 재간행을 통해, 『다시개벽』의 역량을 구축하는 데 힘을 기울이고 있다 ◈ 또 다시개벽을 플랫폼으로 하여, 새로운 개벽 세대와의 접촉점을 모색하고, 대안적 학문과 세계를 모색하는 그룹과의 콜라보레이션을 통한 출판, 강연 등도 진행하고 있다

상공업 기술 사회에서 생태적 기술 사회로의 전환

후쿠시마 원전 오염수 방류에 즈음하여

황종원

【생태 재앙의 시대에 원전 오염수를 방류하는 '배짱 두둑한' 자세】

코로나19 감염병의 세계적 대유행은 지난 수년간 지구상의 거의 모든 이들에게 생활의 불편함, 생업의 어려움, 건강의 위협, 심지어 주변 누군가의 죽음이라는 엄청난 상처를 남겼다. 그런데 그 상처가 채 아물기도 전에 우리는 대형 산불, 폭우, 태풍 등으로 또 다른 어려움을 겪고 있다. 심지어 꿀벌이 급격히 줄어들고 있고 이러다가는 식량 대란이 올 수도 있다는 섬뜩한 뉴스마저 들린다. 생태과학자 최재천은 인수공통감염병의 빈발, 기후 위기, 생명 다양성 고갈을 현재 인류가 봉착한 생존의 위기 상황을 대표하는 징후들로 꼽는다.

오늘날 적지 않은 사람들이 위와 같은 징후들을 문제로 여기지만, 그중에 얼마나 많은 사람이 이 문제를 절박하게 생각하는지는 의문이다. 많은 사람이 여전히 '내'가, '내' 가족이, '내'가 속한 갖가지 작은 울타리 안의 집단이 경쟁에서 승리해 풍족하게 즐기는 게 우선이고, 이른바 환경 보존은 그 향유를 근본적으로 방해하지 않는 선에서 추구하면 된다고 생각하는 것 아닌가? 작은 '나'의 근시안적 이익 앞에서 인류와 자연의 공동 이익 따위는 언제나 고려의 후 순위로 밀려나지 않는가?

'나'의 복된 삶이 우선이고, 지구 공동체의 건강한 자연성, 생명성 유지는 그다음이라는 이 지극히 이기적인 삶의 태도는 근대 자유주의 이념의 취약성, 특히 그 반(反)생태적 성격에 대한 성찰이 크게 부족한 정치인과 정부에 의해 당연한 듯 더욱 고취되고 격려되며, 지극히 어리석고 위태로운 정책의 입안과 추진은 뚝심 있는 행위로 둔갑한다. 그 대표적인 최근의 정치적 이슈가 바로 후쿠시마 원전 오염수 방류 문제이다. 이는 우선은 일본의 천박한 상혼(商魂)에서 비롯된 반(反)생태적 '정치'의 문제이다. 인류와 생태계의 공동 이익을 위한 최선의 오염수 처리 방법은 그것을 콘크리트로 만들어 저장하는 것이다. 이를 모를 리 없는 일본 정부가 굳이 원전 오염수를 바다에 방류하려는 이유는 다름 아닌 '돈'이 덜 들기 때문이다. 이는 마치 '내' 집에 처치하기에 돈이 많이 드는 쓰레기가 있는데, 처리비용을 아끼자고 그것을 집 밖에 갖다 버리는 행위와 같다. 그래도 이렇게 쓰레기를 버리는 사람은 대부분 양심의 가책을 느끼며 '몰래'라도 버린다. 현재 일본 정부의 태도는 쓰레기를 무단으로 버리는 자가 '내'가 버리는 쓰레기는 이 골목의 환경에 별다른 영향을 미치지 않는다고 주장하면서 이웃의 지지까지 얻으려 하는 행위와 비슷하다는 점에서 다소 황당하기까지 하다. 이번에 초유의 오염수 방류가 성공하면 이를 선례로 삼아 앞으로 일본 내 다른 핵폐기물도 바다에 당당히 방류하려는 간계(奸計)가 숨어 있다는 예측도 있다.

그런데 더욱 이해가 가지 않는 것은 한국 정부의 자세이다. 현 정부는 일본 정부의 후쿠시마 오염수 방류 방침을 기본적으로 이해하고 허용하는 듯한 태도를 보인다. 핵의 산업화를 적극 긍정하는 국제원자력기구(IAEA)의 말, 그리고 마찬가지로 원자력 기술의 지속 발전을 염원하는 교수들의 말을 신성불가침한 '과학'의 논리로 치장하고, 여러 정치, 경제적 측면에서 제기하는 의혹, 그리고 심지어 '생태과학'적 우려의 시선마저 '괴담', '미신' 등의 딱지를 붙여 입을 막는다. 필자는 현 정부가 자국민의 생명 보호에 관심이 없다는 극언을 할 생각은 없다. 최소한 다수 국민의 지지를 받아 당선되어 국정을 수행하는 민주적 정부가 국민의 생명 보호를 최우선적 고려의 사항에 두지 않겠는가? 다만 일본 정부의 원전 오염수 방류를 대수롭지 않게 여기는 태도가 전 정부의 탈원전 및 재생에너지 확대 정책을 '바보' 같은 짓으로 일축하고 '원전 최강국 건설'을 목표로 원자력 발전 산업을 확대 강화하겠다는 저 '배짱 있는' 태도와 긴밀히 연관된 듯하다는 우려는 심히 하지 않을 수 없다.

현 정부가 전 정부의 탈원전 정책을 '바보' 같은 짓이라 비난한 이유 역시 상업적이다. 기존 원전 가동과 새로운 원전 개발로 엄청난 '돈'을 벌 수 있는데, 위험하다는 이유로 그것을 더는 육성하지 않았다는 것이다. 그리하여 이제 탈원전을 옳다고 생각하는 자는 근거 없는 괴담에 사로잡힌 겁쟁이로, 원전 산업 확대를 지지하는 자는 배짱 두둑한 자로 평가된다. 그러나 과연 그런가? 이 배짱 두둑한 자들의 행위 이면에는 물질적 향유를 극대화하는 상공업사회가 영원히 계속되었으면 하는 바람과 상공업 기술에 의해 돌이킬 수 없이 망가져 가는 자연 또한 첨단의 상공업 기술로 적절히 이용, 관리할 수 있다는 생각이 도사리고 있는 것 아닐까? 문제는 이런 의식이야말로 서두에 언급한 생태위기의 징후들을 단지 곁눈질하면서 힐끗 볼 뿐, 이 문제를 직시하여 우리 사회 체제 전반을 생태적으로 변모시킬 참된 용기는 전혀 없다는 데 있다.

【상공업 기술에 대한 노장철학의 비판】

지난 수 세기 동안 인류는 흔히 산업사회라 칭하는 상공업사회를 살아왔다. 그 이전은 전통 농업사회, 그리고 그보다 더 오래된 원시시대는 채집·수렵사회였다. 그런데 엄밀히 말해 이 명칭들은 한 시대의 지배적인 사회적 노동 방법, 즉 기술이 각기 그 같은 형태를 띠었다는 뜻일 뿐, 현대에 농업은 없고, 상업과 공업만 있다는 의미는 아니다. 멀리 거슬러 올라가 깊이 생각해 보면 예컨대 공업 기술은 원시사회에서도 나름대로 발전하고 있었음을 알 수 있다. 중국의 현대철학자 리쩌허우(李澤厚)는 마르크스(K. Marx)의 '자연의 인간화' 개념에 착안하여 원시 인류가 활, 화살 등을 인간의 사용 목적에 딱 알맞게(度) 제작하는 기술을 발전시키는 과정에서 물질적 풍요로움뿐만 아니라, 인간 자신도 동물과는 다른, 인간다운 의식체계를 갖추게 되었음을 강조했다.(『歷史本體論』, 4~5쪽 참조) 원시사회에서도 당시로서는 '첨단'인 공업 기술이 발전하고 있었던 것이다. 이렇게 상업, 공업 등이 원시사회에도 있었고, 농업이 현대에도 있다는 사실은 이 기술들이 모두 인류의 생활에 필수 불가결한 것이라는 점을 알려준다.

그런데 이 기술의 문제와 관련하여 또 하나 유의해야 할 점은 농공상의 기술과 유사한 기술이 자연에서도 발견된다는 것이다. 한국의 생태철학자 이준모는 지렁이가 흙을 먹는 예를 가지고 이 점을 설명했다. 지렁이는 입을 도구로 삼아 흙을 먹음으로써 그것을 유기화(有機化)하는 일종의 공업적 기술을 발휘한다. 그리고 이렇게 되살아난 흙의 영양분은 흙 속에 뿌리박은 식물의 줄기, 가지, 잎 등으로 유통된다. 인간의 차원에서 말하자면 상업 비슷한 일이 자연에서도 일어나는 것이다. 더욱 중요한 것은 자연에서는 공업적, 상업적 기술에 유비할 수 있는 저 기운의 변화와 유통이 생명 살림이라는 목적 아래 통일되어 있다는 점이다. 흙-지렁이-나무의 예로 설명해 보자. 지렁이와 나무는 살고자 하는 의지(生意)가 있어 각기 흙을 먹고 흙 속의 영양분을 먹는다. 그런데 이들 개별 생명체가 각자의 먹이를 먹는 일은 그것과 마주 서 있는 상대의 처지에서 보면 먹히는 일인 동시에 먹여주는 일이다. 흙은 지렁이에게 먹히고, 또 나무에 먹힌다. 그러나 자연 전체의 시야에서 보면, 혹은 최시형의 표현대로 "하늘 전체로 본다 하면" 이는 전체 자연 생태계의 평형 상태 유지 혹은 "하늘 전체를 키우기 위하여" 하늘이 흙을 지렁이에게 먹도록 해주고, 흙 속의 영양분을 나무에 먹도록 해주는 일이기도 한 것이다.(『海月神師法說』「以天食天」 참조) 요컨대 전체 자연은 생명 살림의 목적에 부합하게 공업, 상업과 유사한 물질의 가공, 변형 기술과 유통 기술을 발휘하고 있다.

인간의 차원에서 생명 살림 혹은 양육을 직접적으로 체험하는 기술은 농사이다. 물론 농사도 한편으로는 상업, 공업 등과 마찬가지로 인간을 위한 기술이지만, 다른 한편으로는 생명을 직접 마주해 측은지심을 느끼며, 그 생명을 기르는 일이 자기 힘만으로는 되지 않음을 적나라하게 경험하는 특수한 일이기도 하다. 앞서 언급한 이준모는 농사의 이 이중적 성격을 근거로 그것이 자연의 자연성과 생명성을 최대한 존중하며 따라가는 채집적 농사가 될 수도 있고, 정반대로 '나' 혹은 기껏해야 인간의 이익만 생각하는 상공업적 농사가 될 수도 있는데, 역사적으로는 이 농사의 상공업적 성격이 강화됨으로써 상공업이 출현했다고 말한다.(「영성과 기술」, 『철학논고』 창간호)

상공업 기술이란 표면적으로만 보면 자연을 가공, 변형하고 그것을 유통하는 공업과 상업이 손을 맞잡은 기술이다. 그런데 이 두 기술은 왜 제휴를 한 것일까? 다름 아닌 자연을 마음대로 만들어 소유하고 그 생산품을 무한정 즐기려는 욕망을 성취하는 길이 바로 거기에 있음을 알아챘기 때문이다. 이 기술은 물론 근대 이후 서구에서 사회의 주된 노동 양식으로 정착되고 점차 전 지구적으로 널리 보급되었다. 이 점에서 서구인들은 오늘날 생태계 훼손에 가장 책임이 크다. 하지만 그렇다고 하여 동양 전통사회에서는 상공업 기술이 전혀 없었다고 말할 수도 없다.

널리 알려져 있듯, 하드웨어의 측면에서 철기의 사용은 상공업 기술 발달의 결정적 조건인데, 이 여건이 중국에서는 춘추전국시대에 마련되었다. 이 시대는 철기가 농사와 수공업 생산에 다양하게 활용되는 기술 대혁신의 시대였으며, 이 기술을 사용한 대규모 전쟁과 토목 공사로 백성의 삶이 극도로 피폐해지고 자연 역시 크게 개조되던 때이다. 기술의 대혁신이 일으킨 급격한 사회적 변화에 당시의 사상가들은 문자 그대로 백가쟁명(百家爭鳴)하였고, 그리하여 백화제방(百花齊放)했다. 묵가는 공업 기술 혁신에 긍정적인 태도를 보이며 사회의 기층에서 그 기술 혁신을 떠받치는 백성의 노동력을 중시했다. 그러나 이들은 공업 기술 중심적 관점으로 인해 백성과 함께 희생당하는 자연의 자연성을 보존하는 문제에는 관심이 거의 없었다.

이와는 달리 노자는 상공업적 기술에 대단히 비판적이었다. 노자 사회사상의 핵심어인 무욕(無欲), 무지(無知), 무위(無爲)는 정확히 말하면 상공업적인 이기적 욕망, 이 욕망 충족의 도구가 되어 주는 지식 및 기술에 대한 거부를 뜻하는데, 노자는 자신이 이러한 태도로 살아가는 까닭은 '먹여주는 어머니'(食母)를 귀하게 여기기 때문이라고 했다.(『老子』 20장) '먹여주는 어머니'는 생명의 근원이자, 만물에 부단히 자연력 혹은 생명력을 공급해주는 그 어떤 존재, 즉 도(道)를 가리킨다. 선천 시대의 뭇 어머니들이 자식을 낳고 기르되, 낳고 길렀다고 하여 자식을 소유하거나 지배하려 하지 않듯이 도 역시 만물을 생육하면서도 그것들을 소유, 지배하지 않는다는 것이다.

한편 장자 학파는 상공업적 기술을 더욱 구체적으로 비판한다. 예컨대 오곡의 생장을 돕고 백성을 기르려는 의도에서 천지의 정기(精)를 취하고 음양(陰陽)의 기를 관리하고 싶다는 상공업적 기술의 대변자인 황제(黃帝)의 말에 장자 학파는 광성자(廣成子)의 입을 빌려 그렇게 인간의 자기중심적 관점에서 자연의 표피적 법칙을 파악해 이용하려 한다면 갖가지 자연 재앙이 일어날 것이라고 경고한다.(『莊子』 「在宥」) 또 밭에 효과적으로 물을 댈 수 있는 기계 사용을 권하는 자공(子貢)에게 노인 농부는 기계를 사용하는 자에게는 간계를 부리는 기심(機心)이 흉중에 생겨난다고 답한다.(『莊子』 「天地」) 이들 예화는 모두 일종의 상공업적 기술에 대한 비판이다. 나아가 장자 학파는 다소 신비스럽게 표현되어 있기는 하지만, 대안적 기술 또한 제시한다. 저 유명한 포정해우(庖丁解牛)의 "기술에서 나아간"(進乎技) 기술은 욕심 없이 자연의 자연성을 최대한 따라가는 기술, 즉 도를 따르는 기예(技藝)이다. (『莊子』 「養生主」) 더욱 구체적으로 말하자면 그것은 채집적 기술이다. 예컨대 『장자』 「달생편」에는 고도의 숙련성을 발휘하는 여러 분야의 달인(達人)들이 소개되어 있는데, 그중에서 어떤 달인은 매미를 마치 '물건 줍듯이(掇)' 잡는다고 묘사된다. 그 달인이 매미를 '물건 줍듯' 채집적 방식으로 잡을 수 있는 까닭은 "그루터기처럼 웅크리고 앉아" 고요한 마음을 유지하며 "시든 나뭇가지처럼" 힘을 쭉 빼고 팔을 뻗기 때문이다. (『莊子』 「達生」) 이러한 채집 기술은 단지 원시사회의 낡은 기술에 불과한 것이 아니다. 거기에는 현대의 생태적 기술이 계승해야 할 합리적 핵심이 있다.

【근대 상공업 기술에 대한 동학의 비판】

동아시아 전통사회에서 앞서 살펴본 묵가나 도가의 사상은 결코 주류의 위치에 있지 못했다. 그 수천 년의 역사에서 어느 왕조도 공업 기술을 기반으로 인민(人民)의 이익을 우선시하지 않았고, 어머니-도(道)를 따라 채집 기술의 합리적 핵심을 복원하는 공동체를 건설하려 하지도 않았기 때문이다.

잘 알려져 있다시피 사회적으로 주류의 위치는 줄곧 유학이 차지해 왔는데, 전체적으로 볼 때 유학은 인간과 자연, 통치계층과 백성 사이의 조화를 그 핵심 정신으로 한다.

대표적으로 『주역』과 『중용』은 천지가 음양의 상보적 기운으로 만물을 생육하며, 성인은 그러한 천지와 어깨를 나란히 하여 천지의 생명 운동을 돕는 일을 해야 한다고 역설한다. 이러한 인간과 자연 사이의 협업론은 농업 기술에 대한 관찰을 토대로 한 것이다. 앞서 언급했듯 농사는 인간을 위하는 동시에 생명을 직접 기르는 것임으로 인해 자연의 자연성과 생명성 또한 고려하지 않을 수 없는 기술이다. 이 농사 기술의 이중적 성격으로 인해 그것의 인간 중심적-상공업적 성격이 강화될 수도 있고, 반대로 생명 중심적-채집적 성격이 강화될 수도 있다. 유학 내부에서 예컨대 순자의 사상은 전자의 성격이 강하고 『중용』은 후자의 색채가 짙다. 통치계층과 백성 사이의 조화론도 그 본질은 같다. 대표적으로 맹자는 한편으로는 힘을 쓰는 백성(勞力者)은 마음을 쓰는 통치계층(勞心者)을 먹여 살린다는 점에서 경제의 토대이며, 따라서 정치적으로도 백성이 가장 귀하고, 심지어 왕권은 백성에게서 나온다고까지 주장한다. 그러면서도 다른 한편으로는 통치계층과 백성 사이의 위계화된 질서를 당연시하고, 통치계층이 베푸는 인의(仁義)의 도덕 정치가 세상의 조화를 실현하는 관건이라 여긴다.

이 같은 유학의 조화론은 좋게 보면 기술과 자연, 통치계층과 민중 사이에서 적절한 타협점을 찾으려는 것 같지만, 나쁘게 보면 그것이야말로 어정쩡한 태도이다. 이로 인해 유학은 적어도 사회적, 문화적, 역사적으로는 민중 지배적, 가부장적 색채를 더해 갔으며, 자연의 자연성 및 생명성에 대한 고려 역시 기술 사용의 원칙과는 별 상관이 없어진다.

바로 동아시아 사회에서 백성과 생명을 중시하던 유학의 정신이 크게 퇴색하던 시기에 서구의 근대 상공업 기술이 과학과 민주의 이념을 앞세워 도도한 역사의 격랑을 만들어 한 시대를 휩쓸고 지나갔다. 서양 및 일본 제국주의자들의 침략을 경험하면서 상공업 기술의 습득과 활용은 한때 민족 생존을 위해 불가피한 일로 여겨졌다. 그리고 그 기술을 뒷받침하는 이념으로 수용된 과학과 민주는 오늘날까지도 많은 사람에게 우주-자연과 인간-사회를 헤아리는 절대적 척도로 간주된다. 과학에 대한 맹신 속에서 도(道)나 신(神)은 근거 없는 미신으로 치부되고, 개체-권리 중심적 자유민주에 대한 맹종은 '내'가 바로 이웃, 나아가 우주 전체와 내적으로, 총체적으로 연결된 '한 몸'이라는 가르침을 듣고도 못 들은 척하게 만든다.

이런 점을 생각할 때 최제우의 서양인과 서학에 대한 다음과 같은 비판은 상공업 문명에 찌들어 버린 현대인과 현대 학문에도 그대로 적용된다; "서양 사람들의 말에는 차례가 없고 글에는 옳고 그름이 없으며 천주를 위하는 단서가 없고 단지 제 몸을 위하는 도모를 빌 따름이다. 몸에는 기화(氣化)하는 신(神)이 없고, 학문에는 천주의 가르침이 없으니, 형태는 있으나 자취는 없고, 생각하는 것 같지만 주문이 없다. 도는 허무에 가깝고 학은 천주의 학이 아니니, 어찌 다른 점이 없다고 할 수 있겠는가?" 첨단 상공업 기술의 개발을 인간 삶의 최우선적 과제로 삼는 현대인은 그 과제의 성공적 수행을 위한 학문 탐구에 매달린다. 그리하여 오늘날 현대인은 DNA와 AI로 대표되는 몸과 마음의 작동 메커니즘을 발견해 이를 기술 공학적으로 이용하기에 이르렀다. 모두 인간이 열심히 생각하여(思) 형태를 갖춘 것(有形)들이다. 그러나 최제우가 지적하듯 이러한 상공업 기술 주체의 몸에는 생명 살림의 영성(神)이 없고, 그가 하는 과학적 탐구와 기술 개발은 오직 인간 자신만을 위한 것일 뿐, 만물을 낳고 기르는 저 근원적 존재처럼 자연을 위하는 학문과 기술은 아니다. 그러므로 현대인이 만들어내는 기물(器物)에서는 좀처럼 신 그 자체인 생명의 흔적(迹)은 찾아보기 힘들다. 원전이 배출하는 핵 폐기물, 산처럼 쌓인 플라스틱 쓰레기, 농약이 잔뜩 묻은 과일 등이 모두 그러하다.

상공업사회의 논리에 젖어 사는 사람들은 기술 개발 경쟁에서 뒤처지면 곧 생존의 위기에 직면하게 된다고 말한다. 상공업사회의 틀 안에서만 보면 틀린 이야기는 아니다. 그러나 이 논리는 이러한 기술 개발 경쟁이 아무리 첨단의 성격을 띤 것이더라도 경쟁에서의 승리를 위해 결국은 이용하게 되어 있는 자연의 자연성과 생명성 보존의 과제를 대부분 뒷전으로 밀어낸다. 인간 생존의 터전인 자연은 기술 개발 속도만큼이나 그렇게 빠른 속도로 파괴되고 있다.

또 상공업사회의 기술을 뒷받침하는 과학만을 신봉하는 사람들은 철학적인 도(道)나 종교적인 신(神)을 과학적 근거가 부족한 뜬구름 잡는 소리로 치부한다. 그러나 이런 생각이야말로 이 세계를 인간 중심적으로만 바라보는 편협한 견해일 수 있다. 예를 들어보자. 농부는 농작물이 잘 자라기를 바란다. 그리고 그런 마음에서 한편으로는 농작물의 광합성 작용에 관계하는 엽록소를 만드는 데 땅속의 질소, 인산, 칼륨의 영양소가 중요한 역할을 한다는 과학적 인식에 이를 수 있다. 하지만 다른 한편으로는 농작물이 광합성 작용을 하는 데 필요로 하는 질소, 인산, 칼륨 등을 비롯해 햇빛, 물, 흙 등이 어떻게 적절히 공급되고, 또 그렇게 하여 녹색식물이 배출하는 산소가 다시 인간을 비롯한 여러 동물에게 흡수될 수 있는지 신비롭게 생각할 수도 있다. 그리하여 자연에는 우리의 감각이나 이성으로는 이루 다 헤아릴 수 없는 어떤 존재 혹은 신비한 작용이 있다고 믿을 수도 있다.

과학과 철학 혹은 종교는 이렇게 인간의 능력을 긍정하면서도 그 한계를 인정하는 사람의 이성과 신앙 안에서 공존할 수 있다. 드러난 질서와 숨겨진 질서 모두를 불연기연(不然其然)의 자세로 접근해야 한다(『생명과 자치』, 85~86쪽)는 김지하의 말을 빌리자면 드러난 질서를 '그렇다'(其然)고 긍정하는 과학은 '그렇지만은 않은'(不然) 숨겨진 질서, 즉 도나 신의 영역이 있을 수 있다는 점만큼은 겸허히 인정해야 한다. 숨겨진 질서를 논하고 믿는 철학이나 종교 역시 그 이론이나 가르침이 드러난 질서를 탐구하는 과학의 연구 성과와 어떤 관련성이 있는지 설명할 수 있어야 한다. 이런 점을 생각할 때 서두에서 언급한 이른바 과학-괴담의 논리는 상공업 기술의 한계, 인간 이성의 한계를 전혀 인정하지 않는 오만한 논리이기도 한 것이다.

【생태적 기술 사회로의 개벽 운동을 일으킬 용기】

요컨대 상공업 기술이 오늘날 생태 위기를 초래한 근본 원인일진대, 상공업 기술의 반(反)생태적 성격을 근본적으로 뜯어고치지 않는 한, 현재 인류가 마주하고 있는 생태 재앙은 갈수록 더욱 심각해질 것이다. 앞서 언급했듯 인류의 상공업 기술은 자연을 마음대로 만들어 가질 수 있는 공업 기술과 그 생산품을 무한정 즐기려는 상혼이 손을 맞잡고, 자연의 자연성과 생명성을 살리려는 정신과 기술, 대표적으로 노장철학이 추구한 채집적 기술을 철저히 외면한 데 그 치명적 결함이 있다. 따라서 이 결함을 근본적으로 치유하려면 생명 살림을 목적으로 농공상의 기술이 유기적으로 연결되고 통일되는 방향으로 경제 체제 전반을 생태적으로 재구조화해야 한다. 그리고 이 방향을 이론적, 실천적으로 모색하는 사회적, 정치적인 개벽(開闢)의 운동이 일어나야 한다.

이 운동을 '개벽'이라는 동학의 용어로 칭하는 까닭은 19세기 동학사상에서 위와 같은 생태적 영성과 기술에 관한 사유의 자산을 풍부하게 발견할 수 있기 때문이다. 무엇보다 동학은 최제우에서부터 서학과 구별되는 동학의 근본 원칙을 무위이화(無爲而化)로 천명했다. 앞서 최제우가 서양 근대 학문을 어떻게 비판했는지 상기한다면 이 원칙의 천명은 상공업 기술을 비판하고 생태적 기술을 추구한 도가적 원칙의 계승이라는 점도 쉽게 알 수 있을 것이다. 과연 최시형 역시 "천황씨(天皇氏)의 무위(無爲)로 화(化)하는 기운의 근본을 누가 알 수 있으리오? 아는 자가 드물다"(『해월신사법설』「개벽운수」)라고 하여 무위의 원칙에 따라 사는 사람만이 기(氣)의 근본인 하늘을 제대로 아는 자라고 했다. 나아가 최시형은 최제우가 강조한 성경(誠敬)의 태도마저 생태적 영성의 표현으로 해석했다. 대표적인 구절 둘만 들어보자. "순일(純一)한 것을 성(誠)이라 하고 쉼이 없는 것(無息)을 성(誠)이라 한다. 이 순일하고 쉼이 없는 성실함으로 천지와 법칙을 같이하고 운명을 같이하면 비로소 큰 성인, 큰 사람이라고 할 수 있다."(『해월신사법설』「성경신」) "사람은 사람을 공경함으로써 도덕의 극치가 되지 못하고, 나아가 물(物)을 공경함에까지 이르러야 천지 기화(氣化)의 덕에 합일될 수 있나니라."(『해월신사법설』「삼경」) 천지와 함께 협력하여 성실하게 일하며, 이웃을 공경하는 데서 그치지 않고 천지 만물도 공경해야 한다는 최시형의 이 발언들은 유학적인 성경(誠敬)을 생태적 함의를 지닌 덕으로 재해석해낸 것이기도 하다.

끝으로 이 글의 서두에서 언급했던 만용과 참 용기에 대해 몇 마디 덧붙이고자 한다. 맹자는 용기를 논하면서 북궁유(北宮黝)라는 사람의 용기 기르는 방법을 다음과 같이 소개한 바 있다; "살갗이 찔려도 꿈쩍하지 않고, 눈을 찔러도 눈동자를 움직이지 않았다. 털끝만큼이라도 다른 사람에게서 모욕당했다고 생각하면 마치 저잣거리에서 매질을 당한 것처럼 여겼다. 천한 사람한테서 모욕당하지 않았을 뿐 아니라, 만승지국(萬乘之國)의 군주로부터도 모욕당하지 않았다. … 제후를 두려워하지 않아, 나쁜 소리를 들으면 반드시 반격을 가했다.”(『맹자』「공손추상」) 어떤 공격에도 전혀 마음이 흔들리지 않고 지위 고하를 막론하고 자신이 모욕당했다고 생각하면 반드시 복수하는 인물이었던 듯하다. 그러나 맹자는 이런 강심장의 인간이 발휘하는 용기를 그다지 높이 평가하지 않는다. 그렇다고 참 용기가 무엇인지 직접 언급하지도 않는다. 다만 이야기 후반부에 맹자가 생각한 참 용기가 무엇이었을지 간접적으로나마 짐작할 수 있는 공자에 관한 묘사가 나온다; “벼슬할 만하면 벼슬하고, 그만둘 만하면 그만두었으며, 오랫동안 있을 만하면 오랫동안 있고, 속히 떠나야 하면 속히 떠난 이는 공자셨다.”(『맹자』「공손추상」) 대체로 항상 적절하게 처신하는 위대한 성인이 공자였다는 말인데, 이 말로 미루어 맹자가 생각한 참으로 용기 있는 자는 중용을 실천하는 자였다는 추론이 가능하다. 만약 맹자가 2023년에 부활한다면, 원전 오염수를 당당하게 방류하고 원전 확대를 공언하는 사람을 용기 있는 사람이라고 할까, 아니면 상공업 시대의 종언을 고하고 생태적 사회로의 전면적 전환을 준비하자고 외치는 사람을 용기 있는 사람이라고 할까?

황종원
◈ 성균관대학교 유학과를 졸업하고 중국 베이징대학교에서 중국철학을 연구했다 ◈ 현재 단국대학교 철학과 교수로 재직 중이다 ◈ 저서로는 『장재철학』『주제 속 주희, 현대적 주희』(공저) 등이 있고, 역서로는 『법으로 읽는 중국 고대사회』(공역), 『논어, 세 번 찢다』 등이 있다

근본파-현실파의 논쟁과 그 한계

자연을 보는 새로운 관점을 수립하기 위해

정유진

근본파와 현실파의 논쟁을 좁은 의미에서 이해해 보면 통상 녹색운동의 정당사에서 독일녹색당에서 벌어진 푼디스(Fundis)와 레알로스(Realos)의 갈등과 대결을 지칭하는 것이다. 그러나 그보다 폭넓은 관점에서 바라보면, 근본파와 현실파의 논쟁은 생태위기와 환경문제를 중심에 두면서 인간중심주의를 버리고 자연에 가까운 삶의 방식을 지향할 것인지, 아니면 인간의 편의를 고려하면서 자본주의적 성장의 문제를 받아들이면서 생태위기의 대안을 만들어낼 것인지에 대한 논쟁이라고도 할 수 있다. 그리고 이러한 논쟁은 기후위기와 그로부터 비롯되는 대량멸종과 공동체 파괴가 심화되는 현재의 상황에서 여전히 지속되고 있다. 그러나 근본파와 현실파의 논쟁과 관련하여 자연과 인간을 대립적으로 구분하는 것과 자연을 수동적이고 원시적인 것으로 보는 것에 대한 비판과 반성이 이루어졌다. 이것은 근본파와 현실파 양쪽 모두에 대한 비판이 될 수 있는데, 현실파가 인간중심적 관점을 고수하면서 좀 더 급진적인 대안을 찾는 데 실패했다면, 근본파 역시 자연을 원시적인 것으로 보고, 자연으로부터 도덕과 윤리 등을 규범적으로 이끌어내고자 하면서 노동운동, 여성운동, 퀴어운동과 같은 사회운동과 조화를 이루지 못하는 자연관 및 윤리관으로 회귀하는 경향을 보였다고 평가할 수 있다.

필자는 아래에서는 이러한 흐름을 보여주고자 우선 첫째, 독일 녹색당에서의 근본파와 현실파의 논쟁을 살펴보고, 그 뒤로 둘째, 생태주의의 사상과 운동에서 근본파와 현실파의 주요 관점들을 요약적으로 살펴보고자 한다. 생태주의와 그 운동은 범위가 넓고 다양하기 때문에 근본파와 현실파로 구분하는 것은 사상과 운동을 단순화시키는 것을 수반한다. 그러나 근본파를 좀 더 급진적으로 자연을 지향하는 관점으로 보고, 현실파를 현실을 살아가는 인간의 삶과 사회적 맥락을 고려하는 경향으로 보면서 주요 사상과 운동의 내용을 살펴본다면 생태주의의 흐름을 일목요연하게 보면서도 현대적으로 재구성할 수 있다는 장점이 있다. 마지막으로 셋째, 근본파와 현실파의 논쟁을 넘어서는 근래의 주목할 만한 생태주의 사상들을 소개하고 그것이 우리에게 주는 성찰의 의미를 이해하는 것으로 글을 마무리하고자 한다.

【독일 녹색당에서의 근본파와 현실파】

독일 녹색당은 1980년 독일 내의 환경 운동, 반전 운동, 여성 운동 등 다양한 형태의 신사회 운동을 기반으로 창당되었다. 생태적 지혜, 사회 정의, 풀뿌리 민주주의, 비폭력이라는 네 가지 원칙에 기반을 두고 있는 녹색당은 '생태적 책임, 지속가능성, 모두를 위한 정의'에 뿌리를 두는 그러한 이념을 바탕으로 대기 오염을 줄이고, 소비재에서 유해 화학물질을 제거하며, 재생 에너지원과 효율적인 에너지 사용을 촉진하는 등 다양한 방법을 통해 환경 보호를 일궈내기 위해 노력하였다. 또한 거기에 더해 시민들이 생태계에 영향을 미칠 수 있는 여러 정치적 결정 과정에 직접 참여할 수 있는 풀뿌리 민주적인 시스템을 정부정책 차원에서 확립하고자 하였다.

그러나 녹색당은 1990년대 초부터 당의 정체성 위기를 겪어야 했다. 녹색당의 핵심 가치가 다른 자유주의 정당이나 사회민주당에 의해 채택되었고, 역으로 녹색당 역시 기존 정당정치가 만들어내는 질서의 일부 내용을 받아들이면서 녹색당과 주류 정당들 간의 차이가 사라지게 되었는데, 그로 인해 그들만의 독자성이 크게 희석되었기 때문이다. 독일 녹색당의 이러한 정체성 변화는 2002년에 개정된 당 강령에 반영되었다. 개정되기 이전의 독일 녹색당의 강령은 녹색당 창당 후 얼마 지나지 않았던 1980년 3월 21일 2차 전당대회에서 채택된 '자부뤼켄 강령'이다. 이러한 자부뤼켄 기본강령과 그로부터 20여 년이 지난 뒤 수립된 2002년 베를린 기본강령을 대비하는 것은 당내의 원칙적 입장이 근본파에서 현실파로 이행했음을 확인하게 하기에 충분하다. 자부뤼켄 기본강령에서 "생태적(Oekologisch)" 지혜와 그것이 추구하는 가치는 "한정된 체제에서 무제한적 성장은 불가능하다는 인식"에서 시작해 "우리 자신과 우리의 환경을 자연의 일부로서 이해하는 것"이며, 특히 "자연상품과 원자재의 착취와 탈취경제, 그리고 자연의 순환구조에 대한 파괴적 개입에 대한 전면적인 거부"(1980년 자부뤼켄 기본강령 4쪽)를 의미하는 것이었다.[1] 반면에 2002년 베를린 기본강령에서는 "생태는 지속가능성을 의미한다"라는 표제어에서 말해주는 것처럼 '생태'와 지속가능성이 같은 의미 차원에서 연결되고 있다.[2]

1980년 자부뤼켄 기본강령의 기본 이념은 근본파의 사상을 반영하며, 2002년 베를린 기본강령은 현실파 사상의 입장을 구현하고 있는 것이다. 전자의 입장이 인간중심주의에 기반해 국가가 추구하는 경제성장을 근본적으로 문제 삼는 근본파의 입장을 보여준다면, 후자의 입장은 국가의 경제성장 지향과 환경운동을 화해시키고 그러한 방향으로 녹색당이 나아가겠다는 의지를 피력하는 현실파의 입장을 보여준다. 이러한 대립은 근본파와 현실파를 각각 주도했던 인물들의 사상과 특징을 살펴볼 때 좀 더 구체적으로 드러난다. 1980년 자부뤼켄 기본강령이 채택될 당시 당내 헤게모니를 장악하고 있

1 김영태, 「독일 녹색당의 기본강령변화와 독일의 정당경쟁구조」, 『한국정당학회보』 6.1, 2007, 203쪽.

2 김영태, 같은 글, 같은 쪽.

	1980년 자부뤼켄 기본강령	2002년 베를린 기본강령
경제정책	양적 성장주의에 대한 반대 생태친화적인 질적 성장 사회적 성장	생태적-사회적 시장경제 경쟁적 시장의 혁신성 인정
대외정책	일방적 군축 나토·바르샤바 조약 해체 반제국주의	친유럽통합(OSZE)/나토개혁 제한적 군사개입 인권
민주주의	풀뿌리민주주의 국가권력의 개인자유침해 엄격 금지	의회민주주의의 중요성 강조 정치의 범위 확대
사회정책	계층간 평등 사회적 약자집단 배려정책	인권 정의/기회균등
환경정책	환경우선 반핵 기술회의주의	지속가능성 재생에너지 제한적 기술회의주의
기타	-	공중의 안전보장 강화

김영태(2007: 205) 참조

표 1. 녹색당의 1980년 자부뤼켄 기본강령과 2002년 베를린 기본강령에 나타난 정책적 입장의 주요 변화

는 것은 근본파였는데, 그 핵심인물 중 한 사람이 바로 '루돌프 바로'(Rudolf Bahro, 1935-1997)이다.

루돌프 바로는 동독의 반체제 인사로 1975년 『대안』(Die Alternative)을 통해, 관료제를 중심으로 하는 국가 사회주의를 공동체주의적 형태의 공산주의로 전환해야 한다고 주장하였다. 이 책의 출판이 계기가 되어 1978년 바로는 반역죄와 국가 기밀 유출의 죄로 8년형을 선고받았다. 1979년 바로가 감옥에서 석방되고 강제 추방되어 서독에 왔을 때 그는 분열된 급진주의적인 좌파의 잠재적 새 지도자로 여겨졌다. 하지만 바로는 좌파의 지도자가 되기보다는 녹색당 창당에 참여하기로 결정했다. 바로는 자본주의뿐만 아니라 대량 생산과 대량 소비의 산업 시스템 자체가 우리의 파멸을 초래하며, 궁극적으로 산업 시스템을 해체하고 공동체주의에 기초한 인간 사회와 문화 재생산을 재건하기 위한 혁명적 문화 운동이 필요하다고 보았다. 그리고 녹색운동과 녹색당의 목표는 이러한 반체제 의식을 강화하고 문화 혁명 운동으로 조직하는 것에 두어져야 한다는 것이었다.[3]

바로는 심층 생태주의자들과 마찬가지로 근본적으로 새로운 삶의 방식을 시작해야 하며, 이를 위해 자기 탐구를 통한 높은 수준의 의식에 도달해야 한다고 주장했다. 또한 그는 우리 자신과 우주, 자연 속에서 신성한 성격을 재발견해야 한다고 보았다. 이러한 마법적이고 신화적인 의식을 전제할 때만 산업적 거대 기계로부터 탈주할 수 있기 때문이라는 것이다. 그리고 이를 기반으로 하여 생명을 보존하고 삶을 향상시키는 문화를, 우리의 소통적, 사회적, 영적 욕구가 충족되고 우리 자신과 자연과 평화롭게 살 수 있는 그러한 비위계적이고 평등주의적인 문화를 형성하고, 그런 문화는 곧 자립적인 공동체들의 연합을 통해 달성될 수 있다는 것이다. 그는 더 나아가 '생태적 평의회'를 구상하였는데, 여기서는 신, 식물, 동물, 광물 및 생태계의 모든 비인간 집단이 자격을 갖춘 인간 대표에 의해 평의회에서 대표될 수 있다.

바로와 같은 근본파의 입장에서 보면 국가는 산업주의를 떠받치는 거대 기계의 일부라고 볼 수 있다. 특히 생태위기 앞에서 기술과 무한한 성장에 대한 믿음이 도전을 받음에 따라 국가가 주도하는 생산력의 극대화에 대한 필요성은 점점 약화될 수밖에 없다. 또한 녹색당이 학생운동, 여성운동, 반인종주의 운동, 반핵 운동을 하나로 묶으면서 출발했던 만큼 그들이 지향한 주요

3 James G. Hart & Ullrich Melle, On Rudolf Bahro, *DEMOCRACY & NATURE: The International Journal of INCLUSIVE DEMOCRACY*, vol. 4, nos. 2/3, (issue 11/12), 1998.

의사 결정 방식은 아래로부터의 풀뿌리 민주주의였는데, 그러한 입장에서 보면 중앙집중적인 국가 체제는 풀뿌리 민주주의가 자리 잡는 것에 조력하기는커녕, 큰 위협이 되는 대상이었다. 이것은 녹색당의 주요 슬로건인 '정당에 반대하는 정당'을 통해서도 잘 표현된다. 녹색당은 의회 밖 시위가 절정에 달했던 1980년대 초의 사회적 영향 속에서 국가 시스템의 중요한 부분을 이루는 정당 조직의 전제적이고 위계적인 역할을 문제 삼았고, 따라서 녹색당이 국가 정책에 참여하는 형태에 대해 비판적 관점을 견지했다. 그리고 이러한 녹색당의 반국가주의 정서는 독일 녹색당이 사회운동을 지향하는 다른 정당과 연정하는 문제에서 근본파와 현실파가 갈라져 큰 대립을 불러일으키는 원인이 되기도 했다.

특히 1987년과 1988년에는 녹색당의 내부 갈등이 너무나 극심했으며, 이러한 분열로 인해 녹색당은 새로운 정책 방향을 적시에 설정하지 못했고, 따라서 시시각각 제기되는 여러 환경문제에 대한 현실적 대응력도 떨어질 수밖에 없었다. 1990년 연방 선거에서 패배하자 서독 녹색당은 큰 위기감을 느꼈고 1990년 이후 수립하는 전략과 조직화 방식에서 실질적인 변화가 필요해졌다. 이후 실시한 국민 여론조사 결과 녹색당 유권자의 대다수가 적극적인 연정의 전략을 선호한다는 것이 드러났으며, 베를린장벽 붕괴 이후 동독 녹색당과 서독 녹색당이 통합되면서 기존의 서독 녹색당의 좌파적 경향에 대한 반발과 함께 현실파의 전략에 대한 지지가 강화되었다. 그리하여 1991년 4월 노이문스터에서 열린 당 대회에서 현실파의 주요 구조 개혁안이 통과되었다.[4]

현실파를 대표하는 녹색당의 정치인으로는 요슈카 피셔(Joschka Fischer, 1948~)가 있다. 녹색당이 1990년 의회에서 의석 확보에 실패한 후 피셔가 당의 확실한 지도자로 떠올랐다. 현실파는 녹색당이 정치 시스템 내에

4 Doherty, Brian. "The fundi-realo controversy: An analysis of four European green parties." *Environmental Politics* 1.1 (1992): 95-120.

서 한층 유연하게 활동하기를 원했고, 피셔는 풀뿌리 환경운동을 넘어서 녹색당의 외연을 넓히고자 하였다. 피셔는 1998년 사민당과 녹색당의 연합인 적-녹 연정의 일원으로 정부에 입성하여 외무장관에 부임하였다. 녹색당은 생태주의와 반군사주의라는 두 가지 원칙을 고수하며 독일 정치에서 입지를 다져 왔다. 그러나 녹색당이 정치를 거둔 1998년에 유고슬라비아 전쟁은 점점 더 치열해졌고, 1998년 코소보에서는 또 다시 학살이 벌어졌다. 많은 녹색당원들은 피셔에게 나토의 개입을 반대하거나 적어도 독일이 참여하지 못하도록 막는 데 나서야 한다고 제언했지만, 피셔는 반군사주의와 나토 문제에 당과는 다른 입장을 가지고 있었다. 피셔는 독일의 나토 참여를 공식적으로 지지했으며, 많은 녹색당원들은 이러한 장관의 행태에 끔찍한 배신감을 느낄 수밖에 없었다. 녹색당은 반군사주의에 헌신하며 거의 20년을 보냈지만 녹색당의 첫 번째 외무장관이 제국주의 동맹인 나토의 군사 행동을 지지하는 것을 보게 된 것이다.[5]

이처럼 독일 녹색당의 근본파와 현실파는 각각 한계가 있었다. 근본파는 생태위기를 불러일으킨 현재의 시스템(군사주의·제국주의·자본주의· 국가주의)를 비판하고 새로운 의식적 개혁에서 출발한 풀뿌리 민주주의를 지향하였지만 그 이상적 성격으로 인해 선거를 기반으로 한 현실적 정당정치에 대해서는 정치력을 확보하지 못하였다. 반면에 요슈카 피셔로 대표되는 독일 녹색당의 현실파는 정세에 걸맞는 녹색당의 유연한 변화를 주장했지만 이는 녹색당의 반군사주의 등의 주요 이념을 지키지 못하는 결과에 도달하였다.

5 Berman, Paul. Power and the idealists: Or, the passion of Joschka Fischer and its aftermath. WW Norton & Company, 2007.

【생태주의의 사상과 운동에서 근본파와 현실파】

독일 녹색당 안에 근본파와 현실파의 논쟁이 있었다면 생태주의 사상과 운동 안에서도 그러한 분파 및 내부 논쟁을 찾아볼 수 있을까? 생태주의의 경향은 아주 다양해서 그것을 단 두 개의 갈래로 협소하게 나누는 것은 조금 위험한 단순화를 초래하는 것일지 모른다. 그럼에도 불구하고 많은 생태주의 사상가들이 생태주의를 두 가지 경향으로 나누면서 여러 생태적 쟁점들에 임해왔다는 사실은 주목할 만하다. 가령 앤드루 돕슨(Androw Dobson)은 생태주의를 옅은 녹색과 짙은 녹색으로 구분한 바 있으며, 로빈 에커슬리(Robyn Eckersley)는 생태주의를 인간중심적 생태주의와 생태중심적 생태주의로 구별했고, 마틴 루이스(Martine Lewis)는 이를 온건주의자 대 급진주의자의 대결로 표명한 바 있다. 아르네 네스(Arne Naess)는 심층생태주의와 얕은 생태주의로, 머레이 북친(Murray Bookchin)은 심층생태주의와 사회생태주의라는 용어로 구분한다. 생태주의를 이렇게 두 개의 경향으로 나누는 것과 관련하여 우리는 녹색당 내에서 일었던 근본파와 현실파의 논쟁에 주의를 기울일 필요가 있다. 녹색당 안에서의 근본파와 현실파의 구별과 대립은 '정당에 반대하는 정당'을 표방하는 녹색당의 정체성, 그리고 당과 국가의 관계, 사회민주주의 정당과의 연정이 핵심 쟁점이었다면, 생태주의 사상에서의 근본파와 현실파의 구분은 생태위기와 관련하여 어느 수준까지 인간 주체와 인간 사회를 변화시킬 것인가와 관련되어 있다.

그런 점에서 생태주의 사상에서 근본파는 심층생태주의(짙은 녹색)로, 현실파는 사회생태주의(얕은 녹색)에 상응한다고 할 수 있을 것이다. 심층생태주의자들은 인간중심주의(Anthropocentrism)적 사고방식에서 벗어나 생태중심적 사고로 전환하기를 요구하며, 앨도 레오폴드는 이를 "산과 같이 사고하기(Thinking like a mountains)"로 표현하였다. 생태중심적 사고에서는 자연에도 그 가치를 인정받을 만한 내재적 가치가 있다는 것을 인정한다.[6] 아르네 네스(Arne Naess)의 사상으로 대표되는 심층생태주의는 생물학적 평등주의를 주창하면서 지구상의 생물종들이 제각기 자체적으로 고유한 가치가 있다고 본다. 그리고 특히 주체와 대상이라는 이분법적인 사고로 인간과 자연을 분리하는 근대의 자연관을 비판하면서 자연과 인간을 하나의 유기적 전체로 보기를 요구한다.

생태주의 사상의 현실파에 해당하는 사회생태주의자 머레이 북친은 생태주의를 심층생태주의와 얕은 생태주의로 나누는 용어 사용에 동의한다고는 말할 수 없을 것이다. 심층생태주의를 보다 근본적인 것으로 보려는 시도 자체가 심층생태주의자들의 입장을 고스란히 반영하는 것이기 때문이다. 머레이 북친이 비판하길, 생태 문제가 결국 사회 문제에 궁극적인 뿌리를 두고 있음에도 불구하고 심층생태주의자들은 유색인종과 백인, 여성과 남성, 제3세계와 제1세계, 가난한 사람과 부자, 착취당하는 사람과 착취하는 사람의 차이를 소거하고 오로지 인류와 자연의 대립에만 관심을 보인다는 것이다.[7]

이러한 사회생태주의의 입장에서 보면 심층생태주의는 위계, 성차별, 계급 지배, 군사주의의 문제를 경시한 채 도교, 불교, 영성주의를 신비롭게 혼합한 것으로 결국 생태위기를 위해 민주적 가치마저도 포기할 수 있는 생태파시즘으로 나아갈 위험을 가진다. 반면에 사회생태학은 인간의 고유성, 인간의 주관성, 합리성, 미적 감성, 윤리적 잠재력을 본질적으로 부정하거나 비하하는 '생물 중심주의'를 거부한다. 종 간의 차이를 소거하는 '생물 중심주의'에서는 병원성 바이러스가 멸종 위기종 목록에 등재될 권리를 고래에 대해 동일한 수준으로 가지게 된다는 것이다.[8]

---

6 정선영. "왜 심층생태주의인가: 생태비평의 세 가지 근본주의 생태론 고찰." 인문사회 21 6.3 (2015): 380.

7 Bookchin, Murray. "Social ecology versus deep ecology: A challenge for the ecology movement." *Green Perspectives: Newsletter of the Green Program Project 1987* (1987): 4-5.

8 Bookchin, Murray, 같은 글, 같은 쪽.

이러한 생태운동에서의 근본파와 현실파의 논쟁에서 알 수 있듯이 인간과 자연의 관계에 대한 논쟁은 아직 해결되지 않았다. 한편에서는 인간이 자연의 다른 구성원보다 우월한 존재가 아니라 자연의 일부로 간주되어야 한다고 주장한다. 그러나 다른 한편에서는 자연에서의 인류의 위치에 대한 인간중심적 관점을 장려하면서 인간이 자연 세계에 개입하고 재구성할 의무가 있다고 제안한다. 이러한 인간 예외주의는 자연의 본질적 가치를 무시하고 생태위기의 근본적 원인이 되고 있다는 비판을 받아 왔다. 그러나 자연으로부터 도덕과 윤리를 끌어내려는 근본파의 관점은 자칫하면 여성운동과 퀴어운동의 성과를 무시할 수 있는 위험을 가지고 있다.

가령 일본의 저명한 생태철학자 이마미치 도모노부(1922-2012)는 『에코에티카: 기술사회의 새로운 윤리학』에서 자연에 대해 적극적으로 책임을 지는 윤리인 '에코에티카'가 필요하다고 말한다. 여기서 '에코에티카'는 "자연으로부터 배우는 윤리"이다. 여기서 그가 제시하는 자연으로부터의 배워야 할 주요한 삶의 태도는 '기다림'이다. 가령 기술사회 속에서 인간은 엄청난 속도로 결과물이 산출되길 바라지만 꾀꼬리는 봄이 오지 않는 한 울지 않는다. 그가 생각하기에 이러한 '기다림'은 인간의 윤리에 적용될 때에는 '이성(異性)에 대한 기다림'으로 나타난다.

> 한데 기계가 아닌 자연으로서의 인간(기계는 아이를 낳을 수 없습니다), 즉 아이를 낳을 수 있는 자연의 인간은 경우가 다릅니다. 그 생식의 힘으로서 '성'을 생각해 볼 때, 그것이 기능을 수행하고 의미가 있기 위해서는 개인은 절대적으로 상대를 기다려야 하는 존재입니다. … 인간은 상대적인 존재, 자기와 다른 성을 기다려야 하는 존재입니다. 이러한 남녀의 협력은 비단 아이를 낳는 일만 아니라 여러 다른 면에서의 창조에도 필요합니다. 다른 개체를 기다려야 하는 성,

그것이 인간입니다.[9]

이처럼 이마미치 도모노부는 자연 속에서 발견한 '기다림'이라는 가치를 교묘하게 이성애를 향한 은유의 토대로 변경한다. 그 결과 그가 구상하는 에코에티카는 퀴어적 삶의 자리를 허용하지 않을 뿐만 아니라, 퀴어적 삶이란 오히려 자연적 질서를 거스르거나 역행하는 반자연적인 것으로 위치지어진다. 그가 자연으로부터 이끌어낸 이성애중심성은 생태철학 및 생태주의 운동이 '자연'으로 사유 및 실천의 중심을 이동시키고자 할 때 저지를 수 있는 흔한 자연주의의 오류를 떠올리게 한다.

【들뢰즈·가타리의 차이 생성의 자연과 도나 해러웨이의 '자연문화'】

들뢰즈·가타리는 『철학이란 무엇인가』에서 자연은 되기의 과정인 동시에 역사와 함께 비가역적으로 변화한다고 말한다. 여기서 들뢰즈는 영구적이고 영원히 변치 않는 존재와 대립하는 자연을 '대지'라고 일컫는다. 한다. 대지는 혼돈과 굴곡으로부터 다양한 형태의 운동들로 구성된다. 이러한 들뢰즈·가타리의 자연에 대한 사유는 스피노자와 베르그송으로부터 영향을 받은 것인데, 들뢰즈·가타리는 스피노자로부터 모든 것을 아우르는 힘이 있는 자연 개념을 이어받고 베르그송으로부터 언제나 운동 중에 있는 무한하며 중심 없는 우주 개념을 이어받아 모든 사물과 살아있는 존재를 서로 연결하는 아쌍블라주(assemblage)로서의 자연 개념을 끌어낸다. 이 자연 안에서 인공적인 것과 자연적인 것의 구분은 사라진다.

들뢰즈·가타리의 자연 개념은 자연을 퀴어적으로 바라볼 수 있게 하는 단

9 이마미치 도모노부, 『에코에티카: 기술사회의 새로운 윤리학』, 정명환 옮김, 기파랑, 2013, 211쪽.

초를 제공하지만, 그러한 자연으로부터 어떤 윤리를 도출해내지는 않는다. 그들이 보기에 자연은 인간이 원하는 '선'에는 무관심하게 작동하기 때문이다. 따라서 생태위기가 가시화된 현재와 같이 인간의 새로운 윤리가 요구되는 상황에서는 사유를 좀 더 진전시킬 필요가 있는 듯 보인다. 우리는 자연을 기준으로 삼아 무엇을 배울 수도 없으며, 자연이 우리와 다른 사물 및 생명을 통합시켜주기를 기대해서도 안 되는 것일까? 그렇다면 우리에게 남은 과제란 무엇인가?

해러웨이는 자연과 문화가 서로 구별될 수 없다는 들뢰즈·가타리의 생각을 좀 더 구체적인 개념으로 표현하는데, 그것은 '자연문화'(natureculture)이다. 『트러블과 함께하기』에서 해러웨이가 '쑬루세'['지하세'나 '대지세'로 번역될 수 있는 해러웨이의 독창적 용어]라고 진단하는 현재의 지질학적 조건에서는 자연과 문화뿐 아니라 인간과 비인간의 혼종성과 공생성의 얽힘의 관계가 그 어느 때보다도 강화되고 있다. 그런데 해러웨이가 보기에 이러한 사태에 걸맞지 않게 현대의 인간중심적인 윤리학은 여전히 인간과 비인간의 존재론적 지위의 격차를 그 바탕에 깔고 있으며, 그로 인해 우리는 우리가 가진 역량을 스스로 약화시킬 뿐만 아니라 더 나쁘게는 지구의 파괴를 가속화하는 방향으로 나아가게 된다는 것이다.

해러웨이의 저작들에는 이러한 인간과 비인간의 존재론적 구도를 역전시키고 대등하게 만들고자 하는 과정들이 담겨 있다. 그녀의 「사이보그 선언」에서는 기계(도구)와 인간의 지위가 역전된다. 전통적인 사고방식 속에서 인간과 도구는 능동과 수동의 관계에 놓여 있었다. 도구는 인간의 의도와 목적을 실현하기 위해 사용되고, 그 목적을 이루고 나면 쓸모를 다하는 것이다. 그러나 현대사회에서는 도구/사물/기계가 인간을 규정하며, '사이보그'로 표현되듯이 인간의 신체와 기계의 결합 또한 가능하다.

『반려종 선언: 개와 사람, 그리고 중요한 타자성』에서는 개와 인간의 관계가 탐구된다. 여기서 개는 보호받아야 할 대상이 아닌 자신의 잠재력을 발휘할 수 있고, 직업을 가질 수 있으며, 우리가 예절을 갖춰 존중해야 하는 타자로 등장한다. 마지막으로 『트러블과 함께하기』에서는 개뿐만 아니라 비둘기 역시 직업을 가질 수 있다. 해러웨이는 비둘기에게 GPS 등이 들어 있는 작은 배낭을 매달아 대기질을 측정하는 〈피존블로그〉의 실험을 비둘기에게 직업과 책무를 부여하는 것으로 해석한다. 이에 의하면 비둘기에게 직업과 책무를 부여하는 것을 동물학대로 간주하는 동물권자들은 여전히 인간중심주의의 사유 및 윤리학에 갇혀 있는 것이다. 그에 반해 그녀가 제시하는 윤리적 과제란 "반려종[동반종]들의 세계짓기(worlding)에서 함께 되기(becoming-with)"이다. 즉 비인간들을 적극적으로 세계를 함께 만드는 참여자이자 동반자로, 구성원이자 동료로 받아들여야 하는 것이다.

이러한 관계 맺기는 우리로 하여금 인간과 비인간을 넘은 친족 구성으로 향하게 한다. 혈통 중심의 친족은 이성애와 정상성의 규범을 요구한다. 여기서 인간의 책무는 번식으로 귀결되고, 이성애가 아닌 사랑은 그 책무를 다하지 못한 것으로 간주된다. 인간이 책임져야 할 대상이 인간으로만 한정되는 인간중심주의적·이성애중심적 윤리학은 이러한 친족 중심의 사고체계에 의해 지탱된다. 이에 맞서 해러웨이는 기이한 친족(oddkin)의 구성을 우리의 과제로 삼는다. 이성애중심주의와 인간중심주의의 한계를 벗어나 다양한 종들과 불안정하고 일시적이더라도 뜨거운 연합을 맺는 것이 해러웨이가 말하고자 하는 우리 시대의 윤리인 것이다. 즉 오늘날 자연에 응답하는 윤리란 퀴어한 자연 속에서 퀴어하게 살아가는 것이다.

이러한 친족 이야기들에는 어떠한 순수함도 없으며, 그에 관해 해명할 책임(accountability)은 광범위하고 영구적으로 미결 상태이다. 실제로 이 이야기에서 작동하는 세계짓기 안에서의 책임(responsibility) 그리고 세계짓기를 위한 책임은 감염적인 응답-능력(response-ability)의 배양을 필요로 한다. 이러한 응답-능력은 다종 회복이라는 유행병이 아직 점화되지 않은 과정 및 실천을, 심지어 평범한 시간과 장소들에서 땅을 번영시키는 과정 및 실천을,

전염시키기 위해서 종을 가로질러 의미와 물질을 실어 나른다. … 이것을 '경멸되는 장소들에 거주하는 것'이라고 부르자. 이것을 빠르게 변이하는 희망의 바이러스라 부르자. 아니 '트러블과 함께하기'에 헌신하는 느린 변화라 부르자.[10]

정유진
◈ 서강대학교 여성학과 석사학위를 받고 현재 같은 학교 철학과 대학원에 다니고 있다 ◈ 한국철학사상연구회, 생태적지혜연구소, 연구공간 L 에서 여성주의와 생태주의, 퀴어이론을 연구하고 있다 ◈ 한국여성정책연구원에서 비정규직 노동자로 일하고 있으며 공저로 『녹색당 선언』(이매진), 『페미니즘 고전을 찾아서』가 있으며, 『어셈블리』와 『대항성선언』를 공역했다. '오귤희'라는 활동명을 사용한다

10 도나 해러웨이, 『트러블과 함께 하기』, 최유미 옮김, 마농지, 2021, 114쪽.

다시 대등생극론 논쟁

홍박승진

【1. 들어가는 말】

1차 토론과 응답에 이어 2차 토론과 응답을 시작한다. 더 정확하게 말한다면 지난번은 '질문과 응답'이었고 이번은 '토론과 응답'이 될 것이다. 왜냐하면 질문과 토론은 다르기 때문이고, 질문이 관중의 반응이라면 토론은 선수들 사이의 경기이기 때문이다. 관중의 반응은 선수의 경기에 관하여 어느 부분이 잘되었고 어느 부분이 잘못되었는지 따지지만, 선수들 사이의 경기는 각자의 최대치를 선보임으로써 상대에게 자극을 받는 동시에 상대를 자극한다. 지난 응답에서는 이러한 차이를 지적하여 질문은 각론을 시비하고 토론은 총론을 제시한다고 하였다. 지난번에는 토론에 미치지 못하는 질문을 제기하였고, 그것을 토론의 수준으로 끌어올린 응답이 이루어졌다.

논의를 펼칠 순서는 다음과 같다. 먼저 1차 응답에서는 각론과 총론의 관계를 중요한 문제로 다루었으므로 이에 관한 토론을 심화한다. 각론과 총론의 관계를 다루는 방법으로 널리 쓰이는 귀납법과 연역법에 어떠한 한계가 있는지 살피며, 대등생극론이 연역법의 한계를 얼마만큼 벗어나는지 따진다. 다음으로는 귀납법과 연역법을 넘어서는 방법으로서 인내천론 또는 별자리론을 제시한다. 그러고 나서 지난 토론과 응답이 이루어진 주제들 가운데 총론 격인

철학과 언어의 문제를 새롭게 살피는 데 인내천론 또는 별자리론을 적용한다.

지난 토론과 응답에서는 철학과 언어의 문제 외에도 젠더, 동학 등의 문제를 다루었는데 이번 토론에서 철학과 언어의 문제만 다루는 까닭은 무엇인가? 이번 토론에서는 응답자의 총론과 어깨동무할 만한 토론자의 총론을 펼치는 데 초점을 맞추고 싶기 때문이고, 세부 주제에 관한 각론을 다 다루다 보면 그 초점이 흐려질 우려가 있기 때문이다. 이렇게 펼칠 논의가 대등생극론에 관한 토론이라기보다 토론자가 창조한 철학의 제안에 더 가까운 것처럼 보일지도 모른다. 그러나 질문이 아닌 토론은 토론자가 의문을 던지기만 하지 않고 그 의문에 관한 자기 견해를 제시하며, 그럼으로써 발제자와 토론자가 바뀌기도 하는 과정이라는 말을 되새기고자 한다.

【2. 귀납과 연역을 넘어】

2-1

이번에는 질문이 아닌 토론을 열어보겠다. 그러려면 '각론과 총론의 관계'라는 문제에서부터 토론자와 발제자의 경기가 성립되어야 하겠다. 지난번 응답은 각론과 총론의 관계에 대한 총론을 제시하였으나, 지난번 질문은 그 문제에 대한 총론을 다루지 못하였기 때문이다. 그 문제에 대하여 지난 응답이 제시한 총론을 간추리면 다음과 같다. 1) 학문이 학문다울 수 있으려면 총론을 제시해야 한다. 2) 부분에 관한 의문을 각기 풀고자 하면 각론이 따로 놀고 시간이 지나치게 낭비되어 총론에 이르지 못한다. 3) 일관된 총론을 이룩하면서, 각론은 그 총론을 실감 나게 입증하거나 적용하는 사례로 삼는다.

1)과 2)는 더 보탤 말이 없이 동의할 만한 말이며, 학문을 하려는 사람들이 마음에 새겨야 할 말이라고 생각한다. 1)과 2)는 귀납법의 한계를 짚은 것이라 할 수 있다. 그 지적에 동의하는 까닭을 나름대로 밝히면 다음과 같다. 첫

째, 귀납법은 보편성 자체를 회의하거나 부정하는 상대주의 또는 허무주의를 무비판적으로 고집하는 데 빠질 위험이 있다. 귀납법은 개별적 사실 또는 원리를 전제로 하여 보편적 사실 또는 원리를 도출하는 방법이라고 한다. 이때 개별적 사실 또는 원리를 아무리 많이 모으더라도 보편적 사실 또는 원리를 통계적으로만 도출할 수 있다. 통계적으로만 뒷받침되는 보편성은 보편성으로서 받아들여지기 어렵다.

귀납법의 더욱 중대한 한계는, 귀납법이 개별적인 것을 '어떻게' 모아야 하는지에 관하여 아무런 길도 알려주지 않는다는 사실이다. 보편적인 것을 전제하지 않고 개별적인 것을 모으려 하면 어떠한 방향으로 개별적인 것을 모아야 하는지 알기 어렵다. 예를 들어 한국 문학사를 서술하려면 한국 문학 작품을 모아야 한다. 이때 문학사가 보편적인 것에 해당하고, 작품이 개별적인 것에 해당한다. 그런데 문학사가 무엇이고 어떠해야 하는지를 먼저 전제하지 않고서는, 어느 작품을 문학사 서술에 포함할지 판단하기 힘들 것이다.

2-2

선수로서 본 경기를 펼치고 싶은 대목은 3)이다. 3)은 연역법과 크게 다르지 않다. 1)과 2)에서 귀납법의 한계를 짚었다면, 3)에서는 그 대안으로 연역법을 택하였다고 볼 수 있다. 하지만 각론과 총론이 관계를 맺는 방식에는 귀납법과 연역법의 두 가지만 있지 않다고 생각한다. 또한 귀납법에 문제가 있듯이 연역법에도 문제가 있지 않은지 따져보아야 한다.

'각론과 총론의 관계를 살피는 방법에는 귀납법과 연역법의 두 가지만 있다'는 관념부터가 연역법의 중요 요소인 공리(axiom)와 같다. 공리는 수학이나 논리학 등에서 증명이 없이 자명한 진리로 인정되며 다른 명제를 증명하는 데 전제가 되는 원리라 한다. 증명 없이 자명한 진리로 인정된다는 말은 옳고 그름을 따질 필요가 없다고 여겨진다는 뜻이다. 어느 원리를 공리로 여기는 순간, 그것을 수정하거나 보완할 가능성은 줄어들기 마련이다. 그뿐 아니라 그 원리를 수정하거나 보완할 수 있다는 상상력도 굳어질 위험이 있다. 귀납법과 연역법 외에 다른 사유 방법이 있는지 따져보지 않는 관습도 이 때문일 것이다.

귀납법과 연역법 중 어느 하나를 절대적으로 완벽한 해답인 양 받아들일 필요가 없다. 대등생극론을 발전시키는 과제에서는 특히 연역법의 한계를 넘어서는 일이 중요하다. 즉 보편적 원리를 따질 수 없는 것이 아니라 따질 수 있는 것으로 설정하는 방법이 필요하다. 이러한 한계를 넘으면서도 귀납법으로 되돌아가지 않아야 한다는 것이 난제이자 도전이다.

【3. 인내천론 또는 별자리론】

3-1

귀납법과 연역법을 넘어서는 방법으로서 인내천론 또는 별자리론을 제시한다. 인내천론은 동학-천도교 사상을 활용한 것이고, 별자리론은 발터 벤야민 사상을 활용한 것이다. 물론 동학-천도교 사상과 벤야민 사상은 기존에 있던 철학이다. 그러나 둘을 엮어서 부분과 전체의 관계를 접근하는 방법으로 활용한 것은 새롭게 창조한 철학이라고 할 수 있다. 인내천론과 별자리론은 이름이 상이하지만 내용이 상통한다. 그럼에도 둘을 함께 논하는 까닭은 하나가 다른 하나의 모자란 점을 채워줄 수 있기 때문이다. 구체적으로 말한다면, 인내천론은 개별과 보편이 하나인 까닭을 알게 하는 데 특히 장점이 있고, 별자리론은 개별과 보편이 하나인 모습을 드러내는 데 특히 장점이 있다.

먼저 인내천론을 말한다. 인내천은 한국 근대 민주주의의 씨앗 가운데 하나로서 모든 인간이 절대적으로 평등함을 뜻한다는 통념이 널리 퍼져 있다. 이러한 통념에는 옳은 점도 어느 정도 있지만 부족한 점도 적지 않다. 왜냐하면 인내천은 민주주의나 평등주의와 같은 정치 이념에만 한정할 수 없는 보편 이념(우리 논의에서는 '총론'이라 말한 것)으로서 정치 바깥의 여러 영역까지 포괄하기 때문이다.

인내천이라는 말에서 '인'과 '천'이 가리키는 바를 각각 '사람'과 '하늘'이라는 문자 그대로의 의미로만 좁혀서 받아들이는 것은 부당하다. 단도직입하여 말하면, '인'은 개체를 가리키고 '천'은 전체를 가리킨다고 해석할 필요가 있다. 해월 최시형은 하늘공경(敬天)과 사람공경(敬人)과 사물공경(敬物)이 하나라고 생각한다. 또한 그는 사물마다 하늘이고 사건마다 하늘이므로[物物天 事事天], 며느리(사람)의 베 짜는 일과 새(동물)의 울음소리가 한 가지로 하늘을 표현한다고 느낀다. 그러므로 '인내천'에서 '인'은 하늘을 모시고 있는 모든 것, 즉 사람을 비롯한 모든 생물과 사물과 사건을 가리킨다고 할 수 있다.

'인내천'에서 '인'이 하늘을 모시고 있는 모든 것이라면, '천'은 '인'이 모시고 있는 하늘을 가리킨다. 이때 하늘은 저마다 따로 나뉘어 있는 것처럼 보이는 생물과 사물과 사건 모두가 원천적으로는 하나임을 뜻한다. 수운 최제우는 이러한 하늘의 모습을 가리켜 "지극한 기운(至氣)"이라 하고, 그것을 "혼돈한 근원인 하나의 기운(渾元之一氣)"이라고 설명하였다. 성리학 전통의 '기'라는 말을 그대로 쓰지 않고 고쳐서 썼다. 우리 논의를 위해서는 '인'을 개체로, '천'을 전체로 해석하는 것이 쓸모 있다. 지금 중요하게 다루고 있는 문제는 개별과 보편 사이의 관계이기 때문이다.

앞의 해석에 따르면, 인내천은 '개체가 곧 전체'라는 뜻이 된다. 이는 개체가 전체를 위해서 복무하며 자신을 희생해야 한다는 전체주의적 사고방식과 거리가 멀다. 인내천은 개체가 (전체를 위해서 복무하든 안 하든) 이미 언제나 어디에서든 전체와 하나라는 뜻이기 때문이다. 어째서 그러한가? 하나는 끊어져 있지 않음을 뜻한다. 개체와 전체가 하나라는 말은 곧 개체와 전체가 끊어져 있지 않다는 말이다.

동학에서는 개체와 전체가 끊어져 있지 않은 모습을 '하늘님 모심(侍天主)'이라는 말로 나타낸다. 만물(모든 개체)은 이미 하늘님(전체)을 모시고 있다는 의미이다. '모시다'라는 동사는 존경스러운 이를 가까이 받든다는 뜻이다. 전체를 하늘님이라고 부르는 까닭은 전체가 가장 존경스러운 것이며 가장 존경스러운 것을 사람들이 오랫동안 하늘님이라고 불러왔기 때문이다. 존경스러운 이를 가까이 받든다고 할 때의 '가까이'라는 말은 내적인 가까움과 외적인 가까움을 함께 뜻한다. 그러므로 모시는 일은 내적으로(즉 마음으로) 받드는 동시에 외적으로(즉 몸으로) 받드는 일이라 할 수 있다. 요컨대 모든 개체는 안으로 전체를 받들고 있는 동시에 밖으로 전체를 받들고 있다.

모든 개체 각각이 전체를 모신다는 관점은 대등생극론 주창자가 개체-전체 관계를 살피는 시각과 어떻게 다른가? 대등생극론 발제자는 총론을 먼저 세우고 각론은 그 총론을 뒷받침하는 사례로 쓴다고 하였다. 그러나 인내천론으로 본다면, 각론과 총론을 나누는 일 자체가 문제를 낳는다. 각론을 살피는 일과 총론을 살피는 일은 어느 쪽을 먼저 해야 하느냐의 문제가 아니라 동시에 해야 할 문제이다. 각론은 총론을 모신다고 할 수 있다. 개체가 전체를 모시므로, 총론이 드러나는 각론을 살피는 동시에 각론 안에서 총론을 찾아야 한다.

모든 개체 속에는 전체가 들어 있으나, 사람이 개체를 살피는 방법에 따라서 그 개체가 전체를 더욱 잘 드러내느냐 아니면 덜 드러내느냐가 달라질 수 있다. 어느 개체는 전체를 더욱 잘 드러내는 듯한데 어느 개체는 전체를 잘 드러내지 못하는 듯한 까닭은 개체 탓이라기보다도 방법 탓일 것이다. 개체가 전체를 더욱 잘 드러내도록 개체를 살피는 방법은 별자리론으로 설명하면 더욱 효과적으로 이해할 수 있다.

3-2

별자리론은 개체와 전체의 관계를 별과 별자리의 관계로 보는 방법이다. 개체를 많이 모은다고 해서 전체를 드러낼 수 없는 것은 별을 많이 모으더라도 별자리를 드러내지 못하는 것과 같다. 별자리는 밤하늘의 수많은 별 가운데 특정한 별만을 골라 이음으로써 드러난다. 귀납법에서는 개체들의 평균적인 공통점을 전체로 간주한다. 이와 대조적으로 별자리론에서는 극단에 주목한다. 별자리는 극단에 위치한 별들의 형세이다. 전체는 평균적 개체들보다 극단적 개체들에서 더욱 잘 드러난다.

사람이란 무엇인지를 탐구한다고 가정해 보자. 사람이 무엇인지를 탐구하는 일은 사람의 전체를 밝히는 일과 같다고 할 수 있다. 귀납법에서는 사람 1, 사람 2, …, 사람 n의 평균적인 공통점을 밝힘으로써 사람이 무엇인가라는 물음에 답할 것이다. 널리 알려진 사람의 평균적인 공통점으로는 '이성적 동물' 등이 있다. 사람의 본질을 '이성적 동물'로 규정하면, 이성이 모자란 것처럼 보이는 사람은 사람의 범주에서 제외될 수 있다. 서구 제국주의 침략자들이 유색 인종을 사람으로 여기지 않고 그들에 대한 폭력을 정당화하였던 논리 가운데 하나는 그들이 '비이성적'이며 따라서 '사람'의 범주에 속하지 않는다는 것이었다. 또한 여성을 오랫동안 차별하였던 까닭 가운데 하나는 여성이 남성보다 덜 '이성적'이라는 편견 때문이었다. 이처럼 개체들의 평균적 공통점은 그 외의 나머지 지점들을 놓쳐 버린다는 점에서 전체를 올바르게 드러내지 못한다.

성과 사랑에 관하여 널리 알려진 사람의 평균적 공통점으로는 '사람의 성별은 여성과 남성의 두 가지 가운데 하나'라는 것과 '여성은 남성을 사랑하고 남성은 여성을 사랑한다'라는 것이 있다. 전자는 생물학적 여성의 신체를 가지고 있으면서 자신이 남성이라고 생각하는, 또는 그 반대인 트랜스젠더 등을 사람의 범주에서 배제하거나 '비정상인'으로 간주하는 차별의 근거가 된다. 후자는 동성애자, 양성애자, 무성애자 등과 같이 이성애 규범을 따르지 않는 이들을 사람의 범주 바깥에 두는 차별의 근거가 된다.

사람의 본질에 대한 각론과 총론이 특히 중요한 까닭은 그것이 여러 심각한 차등을 낳기 때문이다. 장애인에 대한 차별도 비장애인을 '정상인'의 평균적 공통점으로 여기는 데에서 비롯한다. 비정규직 등의 노동자에 대한 차별도 노동자가 인간과 비인간의 경계에 있다는 데에서 비롯한다고 볼 수 있다. 동물과 식물과 무생물 등을 함부로 착취하거나 파괴하는 일 또한 인간의 평균적 공통점을 자연의 본질과 지나치게 단절된 것으로 이해하는 데에서 비롯할 것이다.

반면에 별자리론은 사람이 무엇인지를 탐구할 때, 사람이라는 개념 또는 범주의 극단에 자리한 개체들을 주목한다. 기존의 별자리를 이루는 별들과 그 별자리의 경계 바깥에 있는 별을 이으면 그 별자리 전체가 넓어지거나 달라진다. 예컨대 북두칠성을 이루는 일곱 개의 별을 북두칠성의 경계 바깥에 있는 또 다른 별과 이으면 북두칠성의 별자리 모양이 확장되거나 변화할 것이다. 이와 마찬가지로 지금까지 사람 개념의 경계 바깥에 있던 이들도 사람임을 드러낸다면 기존의 사람 개념이 넓어지거나 달라질 수 있다. 여성도 사람임을 거듭 드러내는 일은 남성 중심의 사람 개념을 바꾸는 데 이바지한다. '유색인종도 사람이다'라는 말은 서구 백인들의 사람 개념을 바꾸기 위한 것이다. 성소수자도 사람이고, 장애인도 사람이고, 비정규직도 사람이고, 동물과 식물과 무생물도 사람이고, 지금까지 사람이 아니라고 차별 대우를 받던 별들을 사람이라는 별자리와 연결하는 과제가 긴요하다.

인내천론과 별자리론이 상통한다고 하였는데 어째서인가? 인내천론에서는 모든 개체가 안팎으로 전체를 모신다고 하였다. 모든 개체는 자기 안으로 전체를 품고 있으며, 자기 밖으로 전체와 이어져 있다는 의미이다. 이 말을 논리적으로 이해하기는 힘들지도 모른다. 과학의 프랙털 이론이 그 내용을 뒷받침해주지만 프랙털 이론도 어려울 수 있다. 별자리론은 모든 개체가 전체와 끊어져 있지 않은 까닭을 간명하고 설득력 있게 밝힌다. 별이 모자라면 별자리도 오롯한 전체일 수 없다. 별자리가 이어주지 않는 별은 의미를 품지 못한다.

3-3

각론과 총론을 끊어지지 않는 하나로 바라보는 인내천론 또는 별자리론은 귀납법과도 다르고 연역법과도 다르다. 먼저 인내천론은 각론 속에 총론이 들어 있다고 상정한다는 점에서, 귀납법이 총론을 상정하지 않고 각론을 모으는 것과 다르다. 더 정확히 말하면, 인내천론 또는 별자리론이 없이는 귀납법을 시작하는 일 자체가 힘들다. 사람이란 무엇인가 하는 총론을 세우고자 할 때, 귀납법은 사람에 관한 각론을 모으는 편에 선다. 그러나 사람에 관한 각론을 모으려 하더라도, '사람'이라는 탐구 과제의 이름이 귀납법적 탐구보다 먼저 주어져 있어야 한다. 그렇지 않으면 어떠한 각론을 모아야 하는지 알 수 없기 때문이다. '사람이란 무엇인가'라는 물음, 즉 탐구 과제의 이름이 인내천론에서 말하는 전체이며 별자리론에서 말하는 별자리이다.

또한 인내천론 또는 별자리론은 평균적 공통점에 초점을 맞추는 귀납법과 달리 극단에 초점을 맞춘다. 평균적 공통점을 중시하는 시각의 문제점은 대등생극론 발제자가 날카롭게 지적한 평등론의 문제점과 같다. 그에 따르면 평등론의 문제점은 1) 영속을 요구하고 변화를 막는다는 점, 2) 기하학의 선과 같이 허위적인 것을 현실에 긋고서는 함부로 움직이지 못하게 한다는 점 등이 있다고 한다(조동일, 「대등생극론」, 『다시개벽』 제10호, 2023 봄, 66~67쪽). 영속적인 평등이 아니라 상생과 상극 사이에서 변화하는 대등이 있으려면 평균적 공통점이 아니라 극단에 주목해야 한다. 인내천론 또는 별자리론은 상생에서 상극으로 변화하는 지점, 또는 상극에서 상생으로 변화하는 지점이 바로 극단임을 더 구체적으로 제시함으로써 대등생극론의 효과적인 보충 설명이 될 수 있다. 나아가서, 다양한 차이들을 기하학의 선과 같이 획일화하는 평등론의 문제점을 벗어나려면 차이를 강조하는 극단에 주목해야 한다. 대등생극론에서는 평등을 넘어선 대등을 말한다면, 인내천론 또는 별자리론에서는 그 대등이 극단에 의하여 실현될 수 있음을 말한다.

귀납법의 한계뿐만 아니라 연역법의 한계도 인내천론 또는 별자리론으로 넘어설 수 있다. 연역법의 한계 가운데 하나는 총론을 따질 수 없는 것으로 닫아둔다는 점이라고 하였다. 그러나 한 개체가 전체를 모시는 방식이 새로울수록, 즉 한 개체가 기존 전체의 범주 바깥에 있는 극단일수록, 전체는 더 넓어지거나 달라질 수 있다. 따라서 학문의 과제는 총론이 얼마나 각론을 잘 포괄하거나 설명하는지에 초점을 맞추어서는 안 된다. 학문의 과제는 기존의 총론을 불완전한 것으로 보고 그것을 넓히거나 바꾸는 새 총론을 드러내는 과정에 초점을 맞추어야 한다. 그러려면 기존의 총론으로 포괄하거나 설명하기 어려운 각론에 주목할 필요가 있다.

이러한 논의에 대해서는 다음과 같은 비판을 예상할 수 있다. 인내천론 또는 별자리론 자체도 따질 수 없는 총론으로 마련되지 않았느냐는 비판이다. 이에 대하여 인내천론 또는 별자리론이 제시하는 총론은 탐구 주제의 이름일 따름이지, 그 이름의 내용은 아니라고 답할 수 있다. 이름은 오랫동안 불러온 것이기에 시간적 중요성이 있는 총론 학문의 주제가 되며, 여러 곳에서 불러온 것이기에 장소적 중요성이 있는 총론 학문의 주제가 되고, 많은 사람이 불러온 것이기에 집단적 중요성이 있는 총론 학문의 주제가 된다. 동학-천도교 사상가인 야뢰 이돈화는 자아라는 개체의 범위가 가족 단위에 미칠 때는 가족이 하늘님일 수 있고, 개체의 범위가 민족에 미칠 때는 민족이 하늘님일 수 있다고 하였다(이돈화, 『신인철학』, 천도교중앙종리원신도관, 1931, 288쪽). 같은 논법으로, 개체의 범위가 우주에 미칠 때는 우주가 하늘님일 것이다. 이때 인내천론 또는 별자리론은 가족, 민족, 우주 등의 이름이 총론을 이루어야 할 영역임을 제시하며, 그 이름과 그 이름을 이루는 개체들 사이의 관계가 어떠해야 하는지를 제시한다. 요컨대 인내천론 또는 별자리론은 총론의 이름과 그 이름으로 불릴 개체들 사이의 관계를 살피는 방법이다. 총론의 이름과 그 이름의 내용이 될 개체들의 관계는 끊임없이 변화할 수 있기에, 그 관계를 살피는 방법은 따질 수 없는 것으로 고정된 총론이 아니다.

3-4

지금까지 각론과 총론의 관계에 접근하는 두 방법인 귀납법과 연역법의 한계를 짚고, 그 둘을 넘어서는 새 방법으로서의 인내천론 또는 별자리론이 무엇인지 논의하였다. 이러한 논의는 대등생극론에서 각론과 총론의 관계를 연역적으로 다루는 측면이 있다는 문제의식에서 비롯하였다. 그렇다면 인내천론 또는 별자리론이 개체와 전체의 관계에 접근할 때는 대등생극론이 그렇게 할 때와 어떠한 다른 결과를 낳을지 따져야 한다. 다른 방법을 썼는데 결과가 대동소이하다면, 다른 방법의 필요성이 그만큼 작은 것이기 때문이다. 대등생극론이 곧 연역법인 것은 아니지만, 대등생극론을 더욱 훌륭한 철학으로 발전시키려면 그 속에 숨은 연역법적 시각을 비판적으로 검토할 필요가 있다. 따라서 대등생극론의 발제에 깃든 연역법의 한계를 예로 든다.

대등생극론 본문의 「시작하며」에 따르면, "근대는 고대 자기중심주의의 부정의 부정이듯이, 다음 시대는 중세 보편주의의 부정의 부정으로 이루어진다"고 하였다. 이 역사철학은 자기중심주의와 보편주의의 두 항으로 총론을 고정해 두고, 그에 따라서 고대와 중세와 근대와 그다음 시대의 특성을 연역한 것이라 할 수 있다.

세계문학사로 말하면, 중세는 한문·산스크리트어·아랍어·라틴어 등의 공동문어문학을 통하여 신분적 특권을 지닌 문인이 보편주의를 제시하기 시작한 단계라고 한다. 중세문학 이전의 고대문학은 공동문어문학 성립 전에 정치적 지배자가 자기 집단의 우월성을 나타낸 자기중심주의의 문학이었으며, 중세문학 이후의 근대문학은 중세의 신분차별을 시정하고 민족 구성원은 평등하다고 하되 배타적 민족주의를 내세웠다는 것이다(조동일, 『세계문학사의 전개—그 양상의 총체적 서술을 위한 기본 설계』, 지식산업사, 2002, 16~21쪽). 고대 자기중심주의는 정치적 지배자 집단이 내세운 것이고, 중세 보편주의는 신분적 특권층이 내세운 것이고, 근대의 배타적 민족주의(고대 자기중심주의의 부정의 부정)는 민족-국가의 지배층이 내세운 것이라고 할 수 있다. 자기중심주의와 보편주의는 지배자, 권력자, 억압하는 자의 논리라는 점에서 다르지 않다. 인류 역사를 자기중심주의와 보편주의의 두 항에 따라서 연역적으로 설명하는 방식은 그 두 항이 '누구의' 논리인지를 간과하고, 따라서 억압받는 자의 전통을 은폐할 위험이 있다.

그렇다면 위의 역사철학이 자기중심주의와 보편주의의 두 항으로 고정된 총론을 먼저 세우고 나서 고대, 중세, 근대 등에 관한 각론을 연역한 까닭은 무엇일까? 자기중심주의와 보편주의로 역사를 설명할 수 있다는 총론은 어디에서 비롯하였을까? 한 시대 문학의 평균적 공통점을 다른 시대 문학의 평균적 공통점과 비교한 데에서 그러한 총론이 나왔을 것이다. 이 과정에서 도출한 각 시대 문학의 평균적 공통점은 억압하는 자에 관한 문학의 평균적 공통점에 더 가까움을 위에서 살펴보았다. 그러다 보니 억압받는 자의 문학적 자산은 자기중심주의라는 개념을 통해서도 잘 드러나지 않고, 보편주의라는 개념을 통해서도 잘 드러나지 않는다. 귀납법은 평균적 공통점을 취하고 그 나머지를 버리는 경향이 있다고 하였듯이, 자기중심주의와 보편주의라는 두 평균적 공통점은 그 나머지 문학적 자산의 특성을 가리는 측면이 있는 것이다.

여기에서 연역법과 귀납법은 서로 철저히 구분되지 않고 연관된다는 깨달음을 새로 얻을 수 있다. 연역법이 총론으로 삼는 것은 근본적으로 귀납법이 찾아낸 평균적 공통점에 해당하기 때문이고, 귀납법이 평균적 공통점으로 찾아낸 것은 연역법이 총론으로 고정하기 때문이다. 평균적 공통점에 의존하는 총론보다도 그 공통점의 경계선상 또는 경계선 바깥에 있는 특성에서 건져내는 총론이 더욱 참된 것임을 분명히 해야 한다.

【4. 철학, 언어】

4-1

철학을 "만인·만생·만물에 두루 타당하게 헤아린 이치"로 정의하자는 견해에 공감하고 동의한다. 이렇게 정의한 철학은 느슨하게 과학을 감쌀 수 있어 철학과 과학이 쪼개진 상황을 타개하고 둘을 합치는 데 기여할 수 있다고 생각한다. 여기에서 한 가지 물음을 던진다. 철학과 과학은 왜 합쳐져야 하는가? 철학과 과학 사이의 분열이 문명 위기를 고조시키는 까닭은 무엇인가?

오늘날 심각한 문명 위기 가운데 하나로는 기후 위기를 꼽을 수 있다. 기후 위기는 철학도 외면할 수 없으며 과학도 외면할 수 없는 문제이다. 기후 위기 극복은 철학과 과학의 공동 과제이므로, 철학과 과학이 갈라져 있는 사태가 왜 문제이며 둘을 어떻게 합쳐야 하는지를 따지는 데 있어 화제로 삼기 알맞다.

기후 위기는 어째서 일어났는가? 서구 근대가 탄생시키고 발전시킨 과학기술 때문이라고 할 수 있다. 산업혁명 이전에도 인류는 나름대로 과학기술이 있었지만, 그때까지는 과학기술에서 나오는 탄소량이 지구의 자정 능력을 벗어나지 않았을 것이다. 그러나 산업혁명 이후로 생산량과 소비량은 그전까지 인류가 겪어본 적이 없는 수준으로 폭등을 거듭하였으며 그에 따라 탄소 배출량이 치솟아 지구의 자정 능력을 벗어났다.

철학과 과학이 서로 점차 멀어지고 갈라지기 시작한 때도 서구가 근대로 들어설 때부터이다. 그전까지 세계 여러 문명권에서는 철학과 과학이 크게 동떨어지지 않았다. 서구가 근대로 들어서면서 과학기술이 기후 위기를 초래하는 방향으로 '발전'한 것과 동시에 철학과 과학 사이가 멀어진 것이다. 두 현상이 동시에 일어난 것은 우연이라 하기 힘들다.

병을 고치려면 그 병이 드러나 있는 현상보다도 그 병을 일으킨 원인에 더 집중하여야 한다. 과학의 힘과 성격이 서구 근대 이후부터 근본적으로 달라졌다는 사실은 현상이다. 철학과 과학이 서구 근대 이후부터 멀어져간다는 사실은 현상이다. 두 현상의 공통 원인을 휘어잡아서 꿰뚫어야 비로소 올바른 질병 치료를 시작할 수 있다.

과학의 힘과 그 문제점은 과학 언어인 수리 언어와 밀접한 연관이 있다. 서구 근대 문명이 과학기술의 성격을 근본적으로 바꾸어 놓았다는 것은 수리 언어를 과학의 무기로 삼았다는 것과 같다. 또한 과학이 철학과 멀어졌다는 것은 서구 근대 과학에서 유일한 언어로 삼은 수리 언어가 철학 언어와 적대 관계를 이룬다는 것과 같다. 그러므로 앞서 말한 두 현상은 수리 언어라는 공통 원인에서 비롯하였다고 볼 수 있다.

기후 위기라는 사례가 말해주는 바는 과학의 고삐를 당겨 쥐어야 한다는 점이다. 과학이 자기 힘을 통제할 줄 몰라서 인류 생존을 위협하기에 이르렀으니, 과학을 옭아매어야 할 것으로 보아야 한다. 따라서 과학을 다스리려면 수리 언어의 힘과 그 문제점을 꿰뚫어 알아야 한다.

여기에 철학의 역할과 중요성이 있다. 철학이 과학을 단순히 자신과 통합해야 할 대상으로 보는 것만으로는 모자란다. 철학은 수리 언어를 꿰뚫는 일에 힘써야 한다. 철학이 과학과 멀어지는 까닭은 과학의 힘이 철학의 힘을 한참 뛰어넘기 때문임을 솔직히 받아들이자. 필요에 따라서 과학이 철학의 고삐를 쥐어야 할 때도 있고 철학이 과학의 고삐를 쥐어야 할 때도 있다. 그러나 오늘날은 스스로의 힘을 이기지 못하여 날뛰는 과학의 고삐를 철학의 손이 놓쳐 버린 형국이다. 철학이 과학에게 통합을 당위적으로 제안하는 것은 날뛰는 말에게 고삐를 순순히 내놓기를 바라는 것일지도 모른다.

4-2

철학은 철학이 가장 잘하는 일로써 오늘날 과학의 거친 힘을 제압할 수 있다. 철학이 가장 잘하는 일은 헛것을 걷어내고 진리를 드러내는 일이다. 헛것이지만 헛것이 아닌 것처럼 큰 힘을 발휘하는 것을 철학에서 헛것이라고 지적만 하더라도 헛것은 힘을 잃는다. 그러므로 철학이 과학을 다스리는 데 이바지하려면 수리 언어가 왜 헛것인지 말해야 한다.

서구 근대에서 비롯한 과학은 수리 언어를 유일무이하고 절대적인 무기로 삼는다. 수리 언어란 수학적이고 이성적인 언어를 뜻한다고 이해할 수 있다. 서구 문명사에서 수학적이라는 말과 이성적이라는 말은 상통하는 측면이 있기 때문이다. 수학과 이성은 질적인 것, 가변적인 것을 배제한다. 수학과 이성은 양적인 것, 불변하는 것을 남긴다. 우리가 살아가는 현실은 질적이고 가변적인 부분으로 가득하다. 수학과 이성은 그러한 현실을 양적이고 불변하는 것으로 추상화한다.

세계는 질적인 부분과 양적인 부분, 가변적인 부분과 불변하는 부분이 합쳐져서 이루어진다. 그 가운데에서 수리 언어는 질적이고 가변적인 부분을 버리고, 양적이고 불변하는 것만 남긴다. 이를 추상화한다고 간명하게 말할 수 있다. 반면에 철학 언어는 세계의 질적인 부분과 양적인 부분, 가변적인 부분과 불변하는 부분을 모두 다룬다. 수리 언어가 추상화하는 언어라면, 철학 언어는 추상화와 구체화를 동시에 필요로 하는 언어일 것이다. 이와 같은 차이가 과학과 철학을 멀어지게 한 근본 이유라 생각한다.

수리 언어의 특성은 서구 근대 자본주의에서 화폐가 작동할 때의 특성과 닮은꼴이다. 자본주의는 만물을 상품으로 바라보게 한다. 이때 화폐는 상품의 사용가치를 교환가치로 표현하는 기호가 된다. 사용가치는 빛깔과 냄새와 소리 등으로 이루어진 것, 다시 말해서 질적인 것이다. 교환가치는 아무런 빛깔도 냄새도 소리도 없는 것, 다시 말해서 순수하게 양적인 것이다. 화폐는 만물을 추상화한다는 점에서 수리 언어와 닮았다.

만물을 추상화하는 화폐는 자본주의 체제 아래서 자기 증식을 절대적 목적으로 삼는다. 자기 증식에 쓰이는 화폐는 자본이 된다. 자본이 절대적 목적이라는 말은 자본의 목적이 자본일 뿐이며 그 밖의 이유는 없다는 뜻이다. 자본을 늘리려면 생산량과 소비량을 늘려야 한다. 생산량과 소비량의 무분별한 증식은 지구를 착취하고 생태계를 교란한다.

과학기술이 인류 생존을 위협하는 방향으로 작동하는 까닭도 수리 언어와 화폐의 닮은꼴을 통해서 이해해 볼 수 있다. 화폐는 만물을 추상화하고, 만물을 추상화하는 것은 스스로를 무제한으로 늘린다. 이와 같은 화폐의 속성은 서구 근대 문명 아래에서 과학기술이 인류 생존을 위협하는 방향으로 작동하는 까닭과 연관이 있을 것이다. 서구 근대 과학기술은 수리 언어로써 만물을 추상화함으로써 만물을 무제한으로 통제하고 조작할 수 있다는 믿음 위에 서 있기 때문이다.

4-3

수리 언어의 힘과 그 문제점은 만물을 추상화하는 데에서 비롯함을 살펴보았다. 만물의 추상화는 귀납법과 연역법의 공통 한계인 평균화이기도 하다. 귀납법에서 평균적 공통점을 남기고 그 나머지를 버리는 것이 곧 추상화이다. 또한 연역법에서 평균적 공통점을 총론으로 삼아 거기에서 연역되는 사실 또는 원리만을 참이라 인정하는 것은 과학이 추상적이고 양적인 것만을 타당하다고 인정하는 발상과 다르지 않다. 서구 근대 학문이 귀납법과 연역법을 핵심 방법으로 삼는 까닭도 서구 근대 문명이 만물의 극심한 추상화에 근거한다는 사실과 연관이 깊을 것이다.

귀납법과 연역법의 한계를 인내천론 또는 별자리론으로 넘어설 수 있다고 하였으므로, 수리 언어의 힘과 문제점을 다스리는 길 역시 인내천론 또는 별자리론에서 찾을 수 있다. 이러한 관점에서 본다면, 양적인 것, 추상화의 결과물, 평균적 공통점은 질적인 것, 구체적인 것, 극단을 지워버린다는 점에서 오롯한 보편이라고 하기 힘들다. 더욱 오롯한 보편은 더욱 질적인 것, 더욱 구체적인 것, 더욱 극단적인 것을 통하여 드러난다. 과학의 문제점이 수리 언어에서 비롯한다면, 수리 언어의 문제를 다스리는 언어는 과학의 문제점을 다스릴 방법이 될 수 있다. 수리 언어의 문제점이 만물의 추상화에서 비롯한다면, 그 문제점을 다스리는 언어는 만물의 구체성에 알맞은 언어여야 한다.

대등생극론의 발제자에 따르면, 수리 언어(과학 언어)는 요약이고, 시문 언어(문학 언어)는 상징이고, 달관 언어(철학 언어)는 요약이면서 상징이라고 한다. 요약과 상징이라는 말은 세 언어의 특성을 나타내기에 조금 알맞지 않은 측면이 있다. 과학 언어는 만물을 양적인 것으로 추상화하는 요약이고, 문학 언어는 만물을 질적인 것으로 구체화하는 요약이듯, 요약은 과학 언어와 문학 언어 둘 다에 쓰일 수 있는 헐거운 말이다. 또한 상징은 문학이 만물을 구체화하는 여러 방식 가운데 한 가지일 따름이므로, 그 여러 방식을 가능케 하는 바탕 자체를 가리키기에 충분치 않다. 따라서 요약은 추상화라고 해야 더 적확하고, 상징은 구체화라고 해야 더 적확하다.

오늘날에는 서구적 근대 문명을 전 세계 인류가 따라야 할 삶의 표준으로 여기는 착각이 기승을 부리며 온갖 폐해를 일으킨다. 수리 언어가 그 착각을 만들어내는 데 커다란 힘을 썼다. 사람은 생각하는 대로 언어를 쓰고, 언어를 쓰는 대로 생각한다. 현대인들은 만물을 추상화하는 생각에 빠져서 수리 언어를 중시하고, 수리 언어를 중시하다가 만물을 추상화하는 생각에 사로잡힌다. 이 문제를 바로잡으려면 언어와 생각을 바로잡아야 한다. 과학 언어와 그에 얽힌 생각을 바로잡는 과제에 문학 언어와 철학 언어가 제 몫을 할 수 있다. 문학 언어는 구체화이고, 철학 언어는 추상화이자 구체화이기 때문이다.

구체화가 무조건 옳고 추상화가 무조건 그르다고 할 수는 없다. 과학 언어의 추상화도 사람이 살아가는 데 많은 도움을 주기 때문이다. 다만 오늘날 추상화에 치우쳐 구체화를 놓치는 것이 심각한 문제이다. 따라서 중요한 과제는 구체화와 추상화의 중용을 찾는 일이라고 할 수 있다. 우리는 흔히 중용을 양극단의 평균으로 여기곤 한다. 그러나 평균은 극단을 배제하는 추상화에 머물 위험이 적지 않다. 중용을 평균으로 여기는 사고방식은 서구 근대 과학의 사고방식과 다르지 않을 것이다. 동아시아에서는 중용을 무엇이라 하였는가? 유학 경전 『중용』에서는 "양극단을 붙잡고 그 중(中)을 사람들에게 쓴다(執其兩端, 用其中於民)"고 하였다. 『논어』에서 "나는 양극단을 두드려보며 최선을 다해 알려줄 뿐(我叩其兩端而竭焉)"이라고 공자는 말하였다. 최제우는 『동경대전』「동학론-논학문」에서, 극단에 이르는 기운이 지금 여기에 이른다고 하였다[至氣今至]. 동아시아에서는 중용을 극단들의 평균이 아니라 극단들의 발현으로 본 것이다.

중용에 관한 동아시아의 지혜를 활용하자, 추상화의 극단은 이미 과학 언어에서 발현하고 있다. 따라서 문학 언어가 구체화의 극단을 발현하는 데 앞장서야 참된 중용이 가능하다. 이때 철학 언어는 두 극단의 발현이 참된 중용임을 밝히고 알리는 중요 임무가 있다. 더 정확히 말하면, 추상화의 극단으로 치우친 오늘날에는 구체화의 극단이 되살아나야 한다고 외치는 과제가 철학 언어에 있다.

혹자는 문학이 철학이고 철학이 문학이라고 반론할지도 모른다. 이 논리가 타당하다면, 발상은 과학이 철학이고 철학이 과학이라는 논리도 타당할 것이다. 두 논리 모두는 어느 정도 타당하다. 그러나 문학과 철학 사이에는, 그리고 과학과 철학 사이에는 낙수효과가 있음을 분명히 해둘 필요가 있다. 과학의 추상화가 넘쳐나면 그 경향이 철학으로 흘러내린다. 영미권 분석철학이 철학 언어를 과학 언어와 닮게 만들려 했던 것이 그러한 낙수효과의 사례이다. 거꾸로, 문학의 구체화가 넘쳐나면 그 경향이 철학으로 흘러내릴 것이다.

예를 들어 동학사상은 만물 속에 하늘님이 있으며 우주가 있으며 귀신이 있다고 말한다는 점에서 철학이 아니라 종교이고 신비주의이고 주술이라는 취급을 받곤 한다. 그러나 만물 속에 있는 하늘님은 기존의 추상화된 철학 또는 과학의 개념들로 설명되지 않은 극단, 그 개념들의 바깥에 자리한 극단이라고 할 수 있다. 이처럼 만물 속에 있는 하늘님은 기존의 철학적·과학적 개념으로 추상화되지 않았으나 실제로 생생히 운동하고 있다는 점에서 구체적인 것이다. 과학적으로 측정할 수 있는 것만을 실재한다고 여기고 그렇지 않은 것은 헛되다고 여기는 통념은 겉보기에 구체성을 매우 중시하는 듯하지만, 속으로는 세계의 참된 구체성을 잃어버린다. 동학은 과학적으로 측정되지 않은 신성(神性)을 말한다는 점에서 추상적인 듯하나, 그 신성이 현실 속에 있음을 역설한다는 점에서 지극히 구체적이다. 교조화된 기독교의 신은 지극한 추상화의 산물이라면, 동학의 신은 지극한 구체화의 산물인 것이다. 동학의 언어는 추상화되지 않은 구체적인 것을 밝히려는 언어라는 점에서 문학 언어의 특성이 강하다. 동학이 철학이 아니라 종교인 것처럼 보이는 까닭도 그 때문이라 할 수 있다. 하지만 동학 언어는 우리 시대에 긴요한 문학 언어의 예시로 삼을 만하다.

【5. 나가는 말 — 기학, 역사, 동서, 젠더】

대등생극론은 기(氣)가 대등의 관계를 가지고 생극하는 것을 밝히는 철학이라고 하였다. 동학에서는 기를 바르게 해야 한다고 말한다[正氣]. 기에는 바른 기와 바르지 못한 기가 있다는 뜻이다. 기가 바르면 천지와 더불어 우주적 힘에 합하고(氣有正而心有定故 與天地合其德), 기가 바르지 못하면 천지와 더불어 우주적 운동 원리에 어긋난다(氣不正而心有移故 與天地違其命, 『동경대전』「동학론-논학문」). 기가 바른지 아니면 바르지 못한지는 천지의 힘에 부합하는지 아니면 천지의 운동 원리에 어긋나는지와 상통한다. 별자리론으로 말하면, 기는 별이고 천지의 힘과 운동 원리는 별자리라고 할 수 있다. 기존 별자리 바깥에 있는 별이 새로운 별자리를 드러낸다. 인내천론으로 말하면, 기는 개체이고 천지의 힘과 운동 원리는 전체다. 기존 전체의 극단에 있는 개체가 더욱 참다운 전체를 나타낸다. 기존보다 새로운 별자리를 드러내는 별이 바른 기이다. 다시 말해서 기존의 좁은 전체보다 더 넓은 전체를 드러내는 개체가 바른 기이다.

대등생극론에서 기가 대등의 관계를 가지고 생극함을 밝힌다면, 인내천론 또는 별자리론은 바른 기와 바르지 못한 기가 '어떻게' 대등하게 생극하는지를 밝힌다. 별이 새로운 별자리를 드러내고 나면 자기 바깥의 별과 이어질 때까지 기존 별자리에 머문다. 이를 세계 역사에 적용하면, 근대 문명은 근대 이전 문명과는 다른 전체를 제시하였지만, 자기 바깥을 배제하고 자기를 고집하는 데 갇혀서 온갖 병폐를 일으킨다. 근대 문명의 다시개벽은 근대 문명이 배제한 바깥에서 비롯한다. 그것은 이미 진행 중이다. 서구중심주의가 배제한 문화에서 근대의 폐단을 넘어설 대등생극론과 인내천론 등의 사유가 나온다.

남성중심주의와 이성애중심주의가 억눌러 온 사람들이 거대한 변혁의 물결이 되어 굽이친다. 인간중심주의에 따라 착취당하는 지구가 제 목소리를 낸다. 이렇게 인내천론 또는 별자리론은 대등생극론을 입증하면서 보완한다고 생각한다.

홍박승진
◈ 모든 것은 언어라고 생각한다 ◈ 다만 인간의 말로 여겨지는 언어와 인간의 말이 아닌 것으로 여겨지는 언어 사이의 그릇된 경계가 있을 뿐이라고 느낀다 ◈ 인간의 말이 아닌 것으로 여겨지는 언어를 인간과 소통시키는 행위 또는 과정이 예술이며 그 예술의 극단이 시라고 믿는다

논쟁의 진행 방향

조동일

【다시 시작하면서】

'토론'을 하자고 하니, '논쟁'을 하겠다고 했다. 말이 거칠어져야 하겠는데, 오히려 부드러워졌다. 견해차가 커졌으리라고 여기며 읽고, 예상과는 반대로 아주 줄어든 것을 발견했다.

기이하게 생각하고, 불만으로 여긴다. 어떤 점이 기이하고, 왜 불만인지 자세하게 말한다면 김이 샌다. 진행 방향을 바로잡아, 토론의 열기를 살려야 한다. 격렬한 논쟁을 일으켜야 한다. 내가 할 일을 하려고 짐짓 불을 지른다.

잡담 제하고, 대뜸 말한다. "인내천론과 별자리론은 대등생극론을 입증하면서 보완한다고 생각한다." 마지막으로 한 이 말이 모든 논의의 요약이면서 결론이다. 이에 대해 세 가지 의문이 있다.

(1) '인내천론과 별자리론'이라는 것이 이론 또는 철학일 수 있는 요건을 갖추었는가? (2) 그것이 대등생극론(의 타당성)을 입증하는가? (3) 그것이 대등생극론(의 미비점)을 보완하는가? 이것이 세 가지 의문이다.

(1)이 근본적인 의문이다. 이 의문이 잘 해결되어 이론 또는 철학일 수 있는 요건을 갖추었다고 인정해야, (2)나 (3)의 의문이 제기될 수 있다. (1)의 의문을 해결하려고 '인내천론과 별자리론' 내부를 점검하면 길을 잃고 헤맬 염려가

있다. 이론 또는 철학의 성립 요건을 분명하게 하면 시비를 가릴 수 있다.

이론은 간명할수록 좋다. 이론은 포괄적인 개념을 내놓아야 한다. 이론은 체계와 논리를 갖추어야 한다. 이론은 다른 이론과의 논쟁을 알리고 있어야 한다. '대등생극론'은 이런 요건을 갖추고 있다.

'대등생극론'은 다섯 자뿐이다. '대등'·'생극'·'대등생극'이 포괄적인 개념, 체계적인 관계, 일관된 논리를 갖추고 있다. '대등'은 '차등'과 '평등'을 논쟁의 대상으로 한다. '생극'은 상생이 상극이고, 상극이 상생임을 말하고 있다. 변증법과 더불어 타당성·유용성을 다툰다.

'인내천론과 별자리론'은 이름이 둘이고, 둘이 어떤 관계인지 알기 어렵다. 포괄적인 개념, 체계적인 관계, 일관된 논리를 갖추고 있는 것으로 보이지 않는다. 이런 것들을 안에 들어가 찾아보려고 하면 너무 힘들어 포기하게 된다. 다른 어떤 이론을 논쟁의 대상으로 하는지 아는 것은 더욱 어렵다.

연역과 귀납을 합쳐야 한다는 주장은 평가할 만하지만, 왜 필요하고 어떤 의의가 있는지 알기 어렵다. '인내천론과 별자리론'의 타당성과 유용성을 입증한 것 같지 않다. "達觀(달관)은 요약이면서 상징이다"고 한 명제에 대한 토론이기에는 거리가 너무 멀다.

'인내천론과 별자리론'은 사변적인 논의를 아주 훌륭하게 전개한 듯이 보이지만, 이론일 수 있는 요건이 미비하다고 솔직하게 말하지 않을 수 없다. 철학이라고 하면 더 난처해진다. 뜻한 바는 좋다고 인정해도, 이런 이유에서 대등생극론의 타당성을 입증하고 미비점을 보완하기에는 역부족이다.

이런저런 설명을 한 것이 도움이 된다고 해도, 포괄적인 개념, 체계적인 관계, 예사롭지 않은 논리를 산만하게 하고 흐리게 만들어, 공든 탑이 무너지게 한다고 솔직하게 말하지 않을 수 없다. 방해 공작으로 말썽을 일으켜 관심을 끌려고 하는 것이 아닌가 하는 의심이 들기까지 한다.

그래서 논쟁을 그만두자는 것은 아니고, 방향을 크게 선회한다. 하늘에서 땅으로의 전환을 한다. 고매한 철학보다 일상적인 관심사가 더 긴요한 것을 확인한다. 철학이 죽게 된 이유를 알고, 잡동사니 가운데서 되살린다.

이론이나 철학은 그 자체의 필요성 때문에 만들지 않는다. 자족적인 완성품이 아니고, 절박한 상황을 진단하고 해결하고자 하는 방안이다. 이런 사실을 분명하게 하지 않아, 논쟁이 공허하게 될 염려가 있게 된 잘못을 심각하게 반성한다.

대등생극론이 어떤 절박한 상황을 어떻게 타개하고자 하는 방안인지 밝힌다. 효용에서 타당성을 입증하려고, 구체적인 논의를 아주 사소한 것들까지 들어 다채롭게 전개한다. 누구나 관심을 가지고 참여해, 논쟁이 뜨거워지기를 기대한다.

【철학이 망해서】

나는 철학 전공자가 아니고, 철학 이웃의 학문을 한다. 담 밖에서 바라보니, 철학 집에 불이 났다. 안에서는 모르고 있는 것 같다. 소통되지 않아 어쩔 수 없다면서 물러나지 않고, 불을 끄러 나선다. 주거침입을 했다고 고발할 것인가?

철학은 공동주택의 지붕이라고 해도 된다. 지붕이 깨져서 비가 새는 것을 집주인은 모른다. 잠만 자고 있는지 출타하고 없는지 소식불통이다. 옥상은 주인만의 공간이니 출입금지라고 한 말을 어기고, 입주자 누구라도 지붕을 고치러 올라가야 한다. 공동주택을 공공으로 소유하지 못하고 있는 것이 불만이다.

물은 고여 있으면 썩고, 세차게 흘러야 신선하다. 전공자는 기득권을 지키려고 구태의연한 수작이나 되풀이하고, 인접 분야에서는 발상이 자유로워 경천동지할 소리를 들려줄 수 있다. 이것이 어디든, 어느 학문에서도 타당한 말이다.

철학은 모든 학문의 원론을 제공하는 임무를 지닌다. 문패를 학문학이라고 고쳐 다는 것이 좋고, 達觀(달관)을 갖추어야 기대에 부응한다. 그런데 철학이 자폐증에 걸려, 자기 특수성 옹호에 매몰되어 있다. 철학과를 없애고, 모든 학과에 철학자가 있어 그 학과 학문의 원론이라도 마련하도록 하는 것이 적절한 수술이다.

철학 전공자들은 '철학알기'를 철학이라고 여겨 철학을 망치고 있다. 철학알기도 수입해 온 것들이다. 전공을 세분해 총체적인 탐구는 가능하지 않게 하고 있다. 선도자 학문은 하지 못하고 추종자 학문이나 한다.

이런 잘못을 안에 들어가면 바로잡을 수 없다. 깊이 들어가면 방향 감각을 상실하고 기득권에 매몰되어 잘못이 있는 줄도 모른다. 밖에서 알고 경고 신호를 보내고, 바로잡는 방법을 찾아야 한다. 수입학을 넘어서는 창조학을, 추종자 학문이 아닌 선도자 학문을 스스로 해야 한다. 유럽문명권이 지배하는 근대를 청산하고 다음 시대를 바람직하게 창조하는 방향을 제시하는 학문을 해야 한다. 이것이 창조의 기본 과제임을 알고 실질적인 직업을 해야 한다.

철학만 잘못되고 있는 것은 아니다. 수입학을 할 것인가, 창조학을 할 것인가? 이것이 우리 학문에 제기되는 가장 심각한 문제이다. 철학이 수입학을 일삼아 다른 학문도 창조학으로 나아가지 못하게 막는다. 구태의연하다, 지붕이 샌다, 불이 났다고 한 것은 수입학의 폐해를 넌지시 지적해, 반발하지 말고 받아들이도록 하는 작전이다.

창조학을 해야 한다는 당위론을 되풀이하면 창조학이 저절로 나타나는 것은 아니다. 일을 맡아, 몸을 아끼지 말고 분투해야 한다. 소비자가 아닌 생산자가, 나그네가 아닌 주인이, 마름이 아닌 일꾼이, 구경꾼이 아닌 선수가, 교수가 아닌 학자가 〈대등생극론〉이라는 창조물을 실제로 내놓는다.

차등론은 경쟁에서 이기는 것을 공부의 목표로 삼도록 한다. 승리자는 자만심을 가지고 우쭐대며 패배자를 깔보게 한다. 패배자는 그 때문에 열등의식에 사로잡힌다. 패배자의 열등의식뿐만 아니라 승리자의 자만심 또한 자기 가능성을 스스로 말살하는 자살 행위이다. 대등론의 가치를 훼손하고 파괴해, 삶이 투쟁이고 세상이 지옥이게 한다.

이런 근본적인 문제는 덮어두고, 엉뚱한 짓만 한다. 명문대 입시 경쟁을 공정하게 해서 불평이나 불만이 없도록 하는 것을 국정 수행의 우선 과제로 삼고, 대통령이 진두에서 지휘한다. 사교육을 막고 공교육만으로 입시 경쟁을 공정하게 하도록 하는 비방을 알고 실현해 그 칭송이 대통령에게 돌아오게 하려고 간절하게 희구하고, 엄중하게 지시한다. 교육학의 자칭 선두주자들은 평가의 공정성 확보에 관한 연구에 진력해 이에 호응하려고 한다. 여러 대통령이 거듭 실패한 전례를 무시하고, 새로운 대통령은 항상 성공을 다짐한다.

무엇이 문제인지 다시 더욱 분명하게 말한다. 치열한 경쟁을 당당하게 물리치고 명문 정상의 대학에 입학한 승리자는 일생의 목표를 달성했다고 자만하고, 이것이 당연하다고 다른 사람들이 인정한다. 대단한 인재가 되어 엄청난 과업을 수행해 혜택을 널리 베푸리라는 기대를 모으기까지 한다. 이것은 허상이고, 허위이다. 교육의 심각한 위기를 알지 못하게 하는 가림막이다.

승리자의 자만심은 모든 가능성을 파괴한다. 일생의 목표를 달성했으니 더 노력하지 않아도 된다고 한다. 공부란 놈은 경쟁에 이기기 위한 필요악이라고 여겨 이미 써먹었으니 더 돌아볼 필요가 없다고 버린다. 증세가 악화되면, 자만심이 오만이 되어 사람됨을 스스로 훼손하고, 장래를 기대하는 것이 망상이게 한다.

그 실상에 관한 내 체험을 말하기 전에 다른 분의 것을 먼저 들 수 있어 다행이다. 「나는 왜 이 길을, 서울대 교수를 버리고 무대로, 연광철 베이스」라는 글이 있다. (『월간 독자 Reader』라는 잡지 2023년 6월호) 세계를 무대로 활동하는 성악가가 서울대학 교수를 6년 하다가 그만둔 이유를 말했다. 요긴한 대목을 든다.

> 교육자로서 저는 학생들에게 기르쳐 줘야 할 것을 쏟아 붓고 싶은 심정인데 얘네들은 이미 '너무 잘하는 서울대생인데 뭐 굳이…' 하면서 받아들이지 않으려는 느낌을 받았어요.
>
> 그래서 어떤 애들한테는 심지어 "너한테 진실을 말할까? 아니면 거짓말을 하고 그냥 4년을 보낼까?" 물어봤어요. "진실을 말해주세요" 해서. "너 노래하지 마라" 했더니 상처 받아요. "내가 어떻게 서울대에 들어왔는데. 교수가 나더러 그만두라고 하나" 얘기하고 다니죠.

나는 아주 다른 분야 국문학를 가르쳤는데, 같은 느낌을 계속 받았다. '이미 서울대학생이 된 우리가 무슨 공부를 더 해야 합니까? 웃기만 해도 학점이 잘 나오는 과목이 인기인 것을 모르십니까?' 대학원생들도 다르지 않았다. '학위를 쉽게 따도 경쟁자들보다 이미 앞서고 있어 장래가 보장되는데, 무슨 억하심정으로 고생을 시킵니까? 악취미가 아닌가요?' 어느 해 전교 신입생에게 강연을 하라고 해서, 작심하고 독한 말을 했다.

> 여러분의 입학은 올림픽선수촌에 입촌한 것과 같다. 올림픽에 출전해 금메달을 따기 위한 훈련을 해야 한다. 선수촌에 입촌해 일생의 목표를 달성했다고 여기고 안심하니 얼마나 한심한가?
>
> 중학교 때쯤 공부에는 희망을 가지지 않고 운동을 열심히 하기로 작정하고, 바로 그날 올림픽 금메달을 목표로 정한 친구들이 있었을 것이다. 너희들이 내심 얕잡아본 그 친구들은 올림픽 금메달을 목표로 했는데, 너희들은 올림픽 선수촌 입촌을 목표로 한 것을 부끄럽게 여겨야 한다.

> 크게 반성하고 세계적인 학문 선수와 시합을 해서 이길 준비를 해야 한다. 체육 선수는 경기장에서 만나지만 학문 선수는 책에 있다. 체육 선수는 산 사람만이지만, 학문 선수는 죽어서도 현역이다. 세계적인 학문 선수와 시합해서 이기려고 하지 않고 숭배하고 추종하려고만 하면 어리석다.
>
> 할 일을 하지 않고 자리만 차지하고 있으면, 이승에서는 무사할지 몰라도 저승에 가면 염라대왕이 용서하지 않을 것이다. 지옥의 형벌이 두려우면 당장 자퇴하라. 자퇴하지 않으려면 학문의 올림픽에 나가 세계적인 학문 선수와 겨룰 준비를 하라.

이렇게 열을 올리면서 필요 이상 과격한 말을 해도 효력이 나타나지 않았다. 올림픽 선수촌에 입촌해 일생의 목표를 달성해 족보에 올릴 만한 영광을 얻었다는 무리가 대다수여서 마이동풍이다. 조금 나은 녀석들은 세계적인 학문 선수들이 누구인가 알아보고 숭배하고 추종하는 것을 자랑하고, 평생의 먹거리로 삼으려고 한다.

주입교육은 추종자를 양성한다. 창조교육을 해야 선도자가 나타날 수 있다. 추종자가 되는가 선도자가 되는가는 개인의 차원을 넘어서서 나라의 운명과 직결되는 문제이다. 후진국에서 중진국으로 나아가는 발전은 선진국 추종자가 담당할 수 있었다. 이제 중진국을 넘어서서 선진국이 되어야 하는 단계에 이르렀으므로 앞길을 개척하는 선도자가 있어야 한다. 어느 선진국과도 경쟁해 앞설 수 있는 능력을 가진 각계의 선도자들이 나라를 이끌어야 한다.

과학 연구를 위해 막대한 투자를 해도 기대하는 성과가 나타나지 않는다고 야단이다. 그 이유는 선도자 연구는 하지 않고 추종자 연구만 하는 데 있다. 주입교육에서 기른 추종 능력이 빼어나 유학 가서 박사학위를 취득하고 교수가 된 사람들이 대학을 지배하다시피 하고 있다. 남들이 이미 한 연구에 한몫 끼어, 그쪽에서 알아준다는 학술지에 많은 논문을 발표하고 인용빈도수가 높다고 자랑하기나 하고 선도자가 되어 앞질러 나갈 생각은 하지 않는다.

과학 연구를 추종자 수준에서 하는 것은 그대로 두고 창조경제를 해야 한다고 역설하는 것은 무리이다. 창조경제는 하라고 지시하면 할 수 있는 것은 아니다. 창조경제를 하기 싫어서 하지 않는 사람은 없다. 할 수 없는 일을 하라는 것은 면피용 정책에 지나지 않는다. 면피용 정책을 간판을 바꾸어 다시 하면서 사태를 더욱 악화시킨다.

이에 대한 비판에 열을 올리고. 방향 전환을 역설해도 역설해도 반응이 없었다. 혼자 힘으로 학생들이 달라지게 할 수는 없었다. 실망하지 않고 다른 길을 찾았다. 연구와 저술을 더 열심히 하는 시간을 확보하려고 했다. 서울대학을 떠나기로 하고, 구직광고를 언론에 냈다. 연구에 전념하는 연구교수 자리를 주면 어디든지 가겠다고 했다. 그런 자리는 없었다. 당시까지는 국법이 허용하지 않았다, 성악가는 서울대학을 떠나 무대로 가면 되지만, 학자는 가르치면서 벌어먹어야 했다. 연구교수 자리가 내 주장이 어느 정도 힘을 보태 그 뒤에 생겼으나, 아직 강의교수보다 하위직이라고 여겨진다.

정년퇴임을 하고 20년 가까운 기간 동안 모든 시간을 연구에 바치는 연구교수가 되어, 입시경쟁을 비롯한 교육의 거의 모든 차질이 차등론 때문에 생긴 것을 분명하게 밝히고, 대등론의 교육철학을 대안으로 제시한다. 대등생극론 철학을 이룩하는 데 이르러, 오랜 문제를 새롭게 고찰하고 해결한다.

처음으로 돌아가 한 가지 말을 다시 하자. 차등론의 경쟁이 가져오는 승리자의 자만심과 패배자의 열등의식은 둘 다 자기 능력을 마멸시켜 함께 해롭다. 차등론을 대등론으로 바꾸어 승리자도 패배자도 없다고 해야, 각기 지니고 있는 상이한 능력을 발현할 수 있다. 그래서 서로 도울 수 있게 된다.

이런 혁신은 생각하지 않고, 입시 경쟁을 공정하게 해서 불평이나 불만이 없도록 하려고 한다. 이것은 아주 어리석은 짓이고, 나리가 뒤로 가게 한다. 역대 대통령이 후퇴 경쟁을 하면서 선진화를 부르짖는다. 좌우가 다르다고 하는 것은 득표용 허언이다. 정도의 차이를 가리지 않고 일괄해 나무라지 않을 수 없다.

이런 사태를 그냥 두고 볼 수 없어, 개혁의 기본 이론인 〈대등생극론〉을 서둘러 내놓는다. 모든 문제를 총괄해 고찰하고 해결하자고 하면서, 교육 혁신을 긴요한 과제로 포함시킨다. 그 전부를 이해하고 토론하기 바란다.

【차등과 대등의 관련】

1.

차등론에서 대등론으로의 전환을 막연하게 역설하면 말을 낭비할 따름이다. 필연적인 이유를 밝혀야 한다. 차등론의 논거를 무너뜨려야 한다. 차등론에서 차등 자체로 관심을 돌려, 차등과 대등의 구조적 관련을 밝히는 작업을 해야 한다.

內外　大小
安危　賢愚

대등의 양상은 이 넷으로 정리해 말할 수 있다. 자기는 안을 차지하고, 상대방은 밖으로 밀어낸다. 유형 또는 무형의 위세가 자기는 크고, 상대방은 작다고 한다. 자기는 안전하게 하고, 상대방은 위태롭게 한다. 자기는 슬기롭다고 하고, 상대방은 어리석다고 한다. 　이런 경우를 많이 들 수 있는데, 넷으로 줄인다. 넷이 전형적인 본보기라고 할 수 있기 때문이다. 어떻게 해서 전형적인 본보기인가 고찰하기 위해, 가로 [가]·[나], 세로 [a]·[b]라고 구분하는 기호를 사용한다.

	[가]	[나]
[a]	內外	大小
[b]	安危	賢愚

[a]는 추상적 개념이고, [b]는 실질적 내용을 갖춘다. [a]에서 '內外(내외)'는 2차원, '大小(대소)'는 3차원의 차이이다. [b]에서 '安危(안위)'는 객관적 사실, '賢愚(현우)'는 주관적 평가의 차이를 대표한다고 할 수 있다.

[가]와 [나]의 차이는 단순하지 않아 자세한 고찰이 필요하다. 먼저 [가]에서 든 것 둘 가운데 '內外(내외)'를 살펴보자. '내외'의 차등은 위치를 옮기면 반대가 된다. 지구는 공 모양을 하고 있어, 표면에는 중심이 없다. 누구든지 자기가 있는 곳이 중심이고, 안쪽이라고 생각할 수 있다.

다음에 '安危(안위)'를 살펴보자. '안위'는 절대적이지 않고 상대적이다. 안전하다고 자부하는 것이 다른 면에서는 위험하고, 위험하다고 경고하는 것이 다른 면에서는 안전할 수 있다. 갖가지 자연재해를 피해 안전하게 살고 있다고 하면, 누적된 공해나 스트레스가 인공재해를 일으켜 생명을 위협할 수 있다. 양쪽의 위협에서 다 벗어나 전적으로 안전하려면 저승에 가야 한다.

[나]에서 든 것 둘 가운데 '大小(대소)'를 살펴보자. '대소'가 절대적이지 않고 상대적인 것은 더욱 명백해 긴 논증이 필요하지 않다. 한쪽이 크면 다른 쪽은 작다. 외연이 크면 내포는 작은 것이 당연하다. 우주 공간이 크므로 밀도는 낮고, 지구는 작으므로 밀도가 높다. 원자는 가장 작아 응결력이 가장 크다.

'賢愚(현우)'는 어떤가? 글이냐, 삶이냐 하는 데 따라서 달라진다. 글공부를 잘해서 '賢(현)'이라고 하는 슬기로움을 얻었으면, 삶 공부는 모자라 '愚(우)'라고 하는 어리석은 상태에 머무르지 않을 수 없다. 이와는 반대로, 삶 공부를 잘해서 '현'이라고 하는 슬기로움을 얻었으면, 글공부는 모자라 '우'라고 하는 어리석은 상태에 머무르지 않을 수 없다. 양쪽 다 '현'이기를 기대하지 말아야 한다. 양쪽 다 '우'일 수는 없으니 낙담하지 말아야 한다.

[가]는 조건이 달라지면 차등이 반대로 될 수 있다. 차등론이 부당하고 대등론이 정당하다고 해야 하는 소극적인 논거를 제공한다. [나]는 그 자체로 차등의 역전을 내포하고 있다. 차등론이 부당하고 대등론이 정당하다고 해야 하는 적극적인 논거를 제공한다.

2.

서두에서 몇 가지 사태가 심각해, 깊이 우려하지 않을 수 없게 한다고 했다. 大中小(대중소)의 본보기, 강대국의 패권 다툼, 여야의 극한 대립, 학교 폭력을 들었다. 이 셋의 공통적인 이유가 되는 차등론을 대등론으로 바꾸어, 심각한 사태를 해결하고 우려에서 벗어나는 방법을 말해 보자.

강대국의 패권 다툼을 두고 첫째 할 일은 '內外(내외)'의 중심 이동이다. 강대국 중심의 '내외'를 내 중심으로 바꾸어 동심원을 다시 그리는 것이다. 그다음에 할 일은 '大小(대소)' 역전의 원리에 따라 '國大學小 國小學大(국대학소 국소학대)'를 말하는 것이다. '學小(국소)'는 패권주의를 옹호하는 차등론이고, '學大(학대)'는 그것을 철폐하는 대등론이다.

여야의 극한 대립은 '安危(안위)'와 '賢愚(현우)'를 함께 들어 논의하는 것이 적절하다. 자기 쪽이 '安(안)'을 확보하려고 상대방을 '危(위)'에 빠트리는 술책이 '賢(현)'이라고 생각하지만, 사실은 '愚(우)'이다. 바라는 성과에 이르지 못하고 역전을 거듭해, '안'은 없어지고 '위'만 가중된다. 국민은 '위'의 책임이 적은 쪽을 선택하기 어려워 정치를 온통 불신하게 된다.

그러면 어떻게 해야 하는가? 긴 논의는 생략하고, 필요한 처방을 간명하게 내놓는다. 정치는 차등론을 본질로 하지만, 대등론에 근접해야 한다. 여야가 다르기 때문에 서로 필요로 한다고 인정해야 한다. 피차 도움이 되는 싸움을 해야 한다.

학교 폭력은 '大小(대소)'와 '賢愚(현우)'의 관점에서 검토할 필요가 있다. 가해자는 가진 것이 많아 '대'임을 과시하려고 그렇지 못해 '소'인 상대방을 괴롭혀 피해자를 만든다. 이렇게 하는 것이 '현'이라고 여기고, 피해자의 '우'를 조롱하면서, 차등론의 위세를 확대한다. 그러다가 피해자와 대등의식을 가진 다수가 '대소'나 '현우'의 차등을 역전시킨다. 대등의 유대에서 제외된 외톨이는 살아갈 수 없게 된다.

이렇게 하는 효과가 당장 나타나지 않더라도, 방향을 바꾸면 희망이 있다. 논박할 수 없는 논리를 갖추면 힘이 생긴다. 필연을 인식하면 실행을 위한 구체적인 노력을 어렵지 않게 할 수 있다. 철학이 이런 일을 맡아, 실천을 위한 설계를 한다.

3.

위에서 한 논의 가운데 강대국의 패권 다툼이 가장 크고 중요해, 한층 구체적인 검토를 한다. 지금 세상이 시끄럽다. "미국과 중국이 패권 경쟁을 하니, 어느 쪽을 따라야 할 것인가?" 문제는 이렇게 한꺼번에 제기하고, 대답은 갈라서 한다.

[가] 지는 쪽을 따르지 말고, 이기는 쪽을 따라야 한다. [나] 손해가 되는 쪽을 따르지 말고, 이익이 되는 쪽을 따라야 한다. [다] 그른 쪽을 따르지 말고, 옳은 쪽을 따라야 한다. 이 가운데 어느 것을 선택할 것인가? 이런 논란에 휘말려 들고 있다. 사태가 심각하다.

[가]는 비겁하고 기회주의적 선택이어서, 나라의 품격을 낮춘다. [나]는 슬기롭다고 할 수 있으나, 떳떳하지 못하다. 군사 안보에서는 미국을 따라야 하지만, 중국과의 경제적 관계도 소중하다. 이런 소리나 하면서 우유부단한 태도를 계속 보이면 체면이 말이 아니다. [다]는 말썽을 만들어낸다. 중국의 공산·전체주의를 따르지 말고, 미국의 자유·민주주의를 따라야 한다. 서방 제국주의의 상속자 미국을 따르지 말고, 오랜 내력을 가진 동방의 자존심을 되살리는 중국을 따라야 한다. 이런 저질의 주장이 충돌해 분열을 공연히 확대한다.

그러면 어떻게 해야 하는가? 문제 제기를 잘못해 쭈그러든 것을 알아차리고, 창조주권을 드높이는 질문을 다시 해야 한다. "미국과 중국의 패권 경쟁을 어떻게 끝낼 수 있으며, 이를 위해서 우리는 무엇을 해야 하는가?" 이 문제를 제기하고 해결하려고 노력해야 나라의 체면을 살리고 품격을 높인다. 국민이 떳떳하고 슬기롭다고 할 수 있다. 방향 전환을 학계에서 주도해, 패권주의의 잘못을 바로잡는 철학을 제시해야 한다.

미국과 중국을 둘보다 더 큰 힘으로 굴복시키자는 망상을 하는 것은 아니다. 힘이 아닌 힘을 찾아, 패권주의를 평화주의로 끝내야 한다. 패권주의는 차등론의 확대판이다. 평화주의는 대등론에 근거를 둔다. 상극의 투쟁은 상극이 상생인 생극론으로 해결해야 한다. 대등론과 생극론을 함께 갖춘 철학이 대등생극론이다. 대등생극론은 패권주의 경쟁의 장래를 예견하고, 해결 방안을 제시한다.

4.

패권주의는 극단으로 치닫다가 공멸하는 길로 들어선다. 싸움이 격화되어 둘 다 상처를 입고, 무리한 모험으로 자해를 확대하는 것이 공멸의 내부적 이유이다. 패권주의 경쟁은 누가 희생자를 더 많이 내고, 희생의 양상을 한층 처참하게 하는가 하는 경쟁이다. 그 때문에 피해자들이 일제히 반발하고 분발하게 한다. 마침내 선후 역전이 일어나, 강약 역전으로 진행된다. 이것이 패권주의 공멸의 외부적 이유이다.

사람이 하는 활동은 물질적인 것과 정신적인 것으로 나누어져 있다. 군사·정치·경제·예술·철학 가운데, 앞의 것일수록 더욱 물질적이고, 뒤의 것일수록 더욱 정신적이다. 패권주의 차등론은 앞의 영역을 키우려고 뒤의 영역은 쪼그라들게 한다. 패권주의를 퇴치하는 대등론은 뒤의 영역에서 일어선다.

앞의 영역에서는 우리 한국이 미국이나 중국보다 많이 모자란다. 군사력을 더 키워 그 둘 다 물리치거나, 제3의 강자가 되는 것은 가능하지 않고 생각할 필요도 없다. 미국이나 중국에서는 쪼그라들어 있는 뒤의 영역에서 활력을 얻어, 차등론을 넘어서는 대등론을 이룩해야 한다. 이미 하고 있는 일을 더 잘 해야 한다.

예술을 보자. 한국에서 생겨난 한류예술이 미국도 중국도 뒤흔든다. 미국이나 중국의 예술은 나라의 크기에 걸맞게 대단한 듯하지만, 갖가지 차등론에 오염되어 순수성을 잃었다. 대등의식을 일깨워주지 않아 감동이 없다. 한류예술이 다가가 점화하니, 오염이나 상실이 치유되어 예술 본래의 생명을 되찾는다. 그 때문에 환호성을 지른다.

미국과 중국의 철학은 어떤가? 미국은 서방철학의 오랜 전통에다 실용주의라는 싸구려 페인트를 칠하고, 중국은 동방철학의 빛나는 유산에다 공산주의에서 가져온 족쇄를 채웠다. 차등론을 위해 봉사하려고 그런 저속한 조처를 해서, 철학을 초라하게 만들고 거의 마비되게 했다.

이제 철학의 대안도 제시해, 깊은 작용을 하게 해야 한다. 대등생극론이 철학을 되살려 심각한 질환을 치료하려고 나선다. 이것이 '國大學小 國小學大(국대학소 국소학대)'의 핵심을 이룬다.

5.

미국과 중국만 잘못된 싸움을 하는 것은 아니다. 자기 쪽은 상생으로 나아가, 축복받을 평등과 평화를 실현해 전적으로 정당하다. 상대방은 상극으로 치달아, 저주스러운 차등과 투쟁을 획책해 전적으로 부당하다. 이런 주장을 앞세워 서로 헐뜯고 공격하는 소용돌이가 크게 확대되고 있다.

특수성을 중요시해 개별 사례에 각기 접근하면, 어느 한쪽의 주장에 휘둘려 논리를 상실하고 판단력이 마비된다. 자기 쪽의 차등론은 평등론이라고 하는 어용학문이나 하고 만다. 그렇지 않으려고 하면, 험악한 비난을 듣거나 모진 탄압을 받을 수 있다.

그 모든 잘못을 대등생극론이 바로잡는다. 어째서 그럴 수 있는가? 이에 대해 몇 단계 대답을 한다. 개별적인 사안을 각기 다루는 근접전을 하다가 상처를 입지 않고, 모든 경우에 두루 적용되는 원칙론을 분명하게 해서 설득력을 높인다. 물리적 수단에 전연 의지하지 않는 설득력으로 마음을 움직이는 범위를 극단론자들에게까지 확대한다.

자기는 차등론을 평등론으로 해결하고 상대방은 차등론을 확대한다고 하는 말을 서로 하면서 다투는 사태를, 차등론의 대안이 평등론이 아닌 대등론임을 밝혀 해결한다. 자기는 상생, 상대방은 상극으로 나아간다는 비방전을, 상생이 상극이고 상극이 상생인 생극론에 입각해 원천적으로 해소한다. 萬人對等生克(만인대등생극)은 萬生對等生克(만생대등생극)에 근거를 두고, 만생대등생극은 萬物對等生克(만물대등생극)에 근거를 두는 것을 분명하게 한다. 어떤 폭력도 이 모두를 무너뜨릴 수 없다.

대등생극론 철학이 한류예술과 상승작용을 하면서 인류 역사의 위기를 해결할 것이다. 낙관적인 기대를 가지고 성실하게 노력하자. 〈대등생극론〉이라는 작은 씨앗이 부지런한 동학들 덕분에 세계인의 거목으로 자라날 것이다.

【대등생극론의 역사철학】

1.

차등론은 강자의 주장이다. 평등론은 차등론에 대한 약자의 부적절한 반발이므로 자충수에 빠져 또 하나의 차등론이 된다. 대등론은 대다수가 잠재적으로 가지고 있는 자연스러운 관계를 자각하고 명명한 것이다.

차등론 쪽의 왜곡이나 평등론이 퍼뜨리는 착각이 없으면, 대등론이 전적으로 타당하다고 인정되는 것은 너무나도 당연하다. 대등론이 표면으로 올라와, 차등론이나 평등론의 폐해를 시정하리라고 기대해도 무리가 없다. 밖에 방해가 있고, 안의 각성이 모자라, 역사는 곧장 앞으로 나아가지 못하고 굴곡이 있으며 차질을 겪는다.

대등의 실현이 필연적이라고 하는 논리를 그럴듯하게 전개해 대등론 역사철학라고 내놓으면 빛이 낮지만, 삼가는 것이 좋다. 논리가 단단하고 철학이 잘 다듬어져 있을수록, 역사의 실상과 멀어질 수 있다. 굴곡이나 차질을 시정하는 방안을 분명하게 알고 하나하나 실행해야 한다. 한꺼번에 좋은 결과를 얻을 수 없고, 많은 노력이 필요하다.

차등론과 대등론이 허공에서 말뜻이나 논리적 타당성을 다투고 있지는 않다. 실제 상황에서, 역사적 현실에서 타당성이나 유용성을 다툰다. 타당성보다 유용성이 판단하기 쉽다. 타당성 논란은 보류하고 유용성부터 가리면 시간을 절약하고 진통을 줄일 수 있다. 차등론이 타당하지만 대등론이 유용해 선택한다고 해도 된다. 그래도 차등론이 대등론으로 바뀐다.

차등론은 하늘 높은 줄만 알고, 평등론이나 대등론은 땅 넓은 줄 아는 데서 논의를 시작한다. 평등론은 땅이 평평해야 한다고 주장하고, 굴곡이나 기복은 잘못되었다고 여긴다. 결론을 이미 내놓았으므로, 거기까지 이르는 과정에 대해서는 진지한 관심을 가지지 않는다. 역사철학이라고 할 것이 너무 단순해 없는 것과 그리 다르지 않다.

대등론은 땅과 하늘의 관계를 바르게 이해하려고 하면서 땅의 굴곡이나 기복에도 하나하나 관심을 가진다. 넓은 땅의 다양한 모습을 실상대로 알아내는 역사학의 과업을 충실하게 수행해 탐구의 밑면을 넓힌다. 다양한 것들을 총괄해 일관된 이론을 이룩하는 철학의 장기를 살려 연구의 꼭짓점을 높인다. 밑면은 아주 넓고, 꼭짓점은 무척 높은 세모뿔을, 학문을 바람직하게 하는 모형으로 삼는다.

세모뿔의 밑면과 꼭짓점은 서로 밀어주어, 넓고 높게 한다. 밑면을 줄여 꼭짓점을 높이거나, 꼭짓점을 낮추어 밑면을 넓히는 것은 어리석다. 더 어리석은 짓은 심각한 파탄을 가져온다. 외래의 모자를 씌워 꼭짓점이 더 높게 보이게 하려고 하지 말아야 한다. 밑면을 이루는 자료를 편협한 관점 특히 정치사 위주의 사고로 선별하고 정리하지 말아야 한다.

어리석어지지 않으려고 이말 저말 닥치는 대로 한다. 다양성과 포용력을 되도록 넓혀 꼭짓점이 저절로 높아지도록 한다. 논술의 순서를 잘 갖추려고 하다가 기존 관념을 재확인할 수 있다. 정규전보다 유격전이 더 유익하다. 횡설수설이 탁견일 수 있다.

2.

옛 노래 둘이 대등론과 차등론이 어떻게 달라, 역사 전개의 물고를 대등론은 터주고 차등론은 막는지 알려준다. 이것을 대등론 역사철학의 서설로 삼을 만하다.

> 이런들 어떠하며 저런들 어떠하리
> 만수산 드렁칡이 얽어진들 어떠하리
> 우리도 이같이 얽어져 백년까지 누리리라

이런들 어떠하리, 저런들 어떠하리, 만수산(萬壽山) 드렁칡이 얽어진들 어떠하리. 우리도 이같이 얽어져 백년(百年)까지 누리리라. 만수산은 고려 왕궁 수창궁(壽昌宮)에 있는 가산(假山)이다. 풀이하면 이런 말이다.

> 이 몸이 죽고 죽어 일백 번 고쳐 죽어
> 백골이 진토 되어 넋이라도 있고 없고
> 임 향한 일편단심이야 가실 줄이 있으랴

이 몸이 죽고 죽어, 일백(一百) 번 고쳐 죽어, 백골(白骨)이 진토(塵土) 되어 넋이라도 있고 없고, 임 향(向)한 일편단심(一片丹心)이야 가실(없어질) 줄이 있으랴. 풀이하면 이런 말이다.

조선왕조를 창건해 장차 태조가 될 이방원(李芳遠)이 앞의 노래 〈하여가(何如歌)〉를 지어 들려주니, 정몽주(鄭夢周)는 뒤의 노래 〈단심가(丹心歌)〉를 지어 응답했다고 한다. 새 왕조 창건에 참여하라는 이방원의 권유를 물리치고, 정몽주는 고려를 위한 충절을 다짐했다고 한다. 이런 설명을 넘어서서 작품의 실상을 곡진하게 이해해야 한다.

두 노래는 시조의 기본형을 충실하게 지킨 점이 같으면서 말투가 아주 다르다. 앞의 노래는 우리말 서술어를 이리저리 둘러대 흐드러진 느낌을 주며, 자유로운 발상을 참신하게 보여준다. 뒤의 노래는 경색된 한자어 명사를 격식에 맞게 배치하는 데 힘써, 근엄한 자세를 처연하게 보여준다. 앞에서는 무어라고 명시하지 않은 가능성이 무한하다고 하고, 뒤에서는 융통성 없는 불가능을 분명하게 해서 숨을 죽인다.

앞에서는 고정관념을 깨자고 한다. 하고자 하는 말을 내비치지 않고 계속 풍성하게 뻗어나는 것들을 잔뜩 내놓는다. 만수산은 만년이나 수명을 누리자는 산이다. 드렁칡은 처음 보는 말이지만, 어감으로 짐작하면 마구 얽힌 칡이다. 한역(漢譯)을 찾아보면 蔓葛(만갈, 덩굴진 칡), 葛蘽(갈류, 칡 덩굴), 葛藟(갈류, 칡 얽힘)이다. 만수산 드렁칡에 얽혀 함께 뻗어나면 무한한 가능성이 있으니 백년의 영화를 마음 놓고 누리자고 한다. 고려를 무너뜨리고 새로운 왕조를 창건하자고 드러내놓고 말할 수는 없다. 이 정도로 암시하고, 이미 다 된 일을 함께 추진해 보장되어 있는 행복에 떳떳하게 동참하라고 권유한다.

뒤에서는 불가능한 것들을 열거하기만 한다. 백년까지 누리리라고 한 말을 받아서 일백 번 고쳐 죽더라도 뜻이 변하지 않으리라고 한다. 일백 번 다시 죽을 수는 없다. "백골이 진토 되어 넋이라도 있고 없고"는 극언 가운데 극언이다. 생각을 바꿀 수 없는 이유가 오직 임금에 대한 충절은 절대적이라는 것이다. 충절을 되풀이해 강조하면서 불가능을 전제로 삼아, 발상이 고갈되고 출구가 없다. 고정관념을 교리로 숭앙하면서 매달리기나 하고, 고려를 지켜야 할 이유, 지킬 방책은 생각하지 않는다. 무너져 내리는 가운데서도 자기만은 충신이라는 평가를 얻어 구원받으려는 것이 아닌가?

가능과 불가능, 여유와 경색, 풍성과 고갈의 싸움은 승패가 정해져 있다. 이방원은 득의한 자세를 여유 있게 보인다. 정몽주의 비장한 충성심에는 패배 의식이 짙게 깔려 있다. 정몽주를 희생시키고, 이방원이 말한 대로 역사가 진행된 것이 예상한 바와 같다. 그런데 조선왕조는 안정되자 변혁을 막으려고 〈단심가〉의 충절 교리를 높이 평가해 더욱 경색되게 하고, 〈하여가〉에서 보여준 참신하고 풍성한 발상을 잃어갔다.

〈하여가〉는 만물대등의 무한한 가능성을 말해준다. 〈단심가〉는 차등론이 어떤 궁지에 몰리는지 알 수 있게 한다. 대등론에서 여는 길을 차등론으로 막는 것은 가능하지 않다. 대등론은 만수산 드렁칡처럼 뻗어나는 철학이다. 차등론은 일백 번 고쳐 죽겠다고 하는 극단론으로 사고를 고갈시키는 억지 철학이다.

3.

기독교와 이슬람의 관계를 보자. 이 둘은 교리가 다르고 이해관계가 상충되어 적대적인 관계를 가지고 싸우기만 하지 않고, 서로 가까워지기도 했다. 이슬람의 공세에 맞서서 기독교를 수호하는 영웅을 찬양하는 서사시에서, 양쪽 사람들이 피를 섞고 생각을 합치지 않을 수 없게 된 것을 시인하고 평가했다. 몇 가지 본보기를 고찰하자.

아르메니아인은 7세기에 침공한 아랍인과의 싸움을 다룬 연작 서사시를, 10세기 무렵에 처음 짓고, 터키나 페르시아에게 수난을 당하는 기간 동안 개작해 오늘날까지 구전하고 있다. 4대까지 이어진 주인공 가운데 제3대의 다비드(David)에 관한 대목이 가장 장편이고 인기가 높다. 다비드는 이슬람교도의 위협을 제거하고 아르메니아의 민중이 편안한 삶을 누리도록 하려고 분투한 영웅이어서, 뜨거운 지지와 깊은 공감을 얻었다.

그런데 싸워서 죽인 이슬람의 적장이 알고 보니, 아버지의 피를 함께 나눈

이복동생이었다. 다비드 자신도 혈육에게 살해되었다. 여성 술탄에게 유혹되어 낳은 딸이, 출생의 비밀을 모르고 아버지인 다비드를 죽였다. 이런 전개는 양쪽이 얽히지 않을 수 없었던 역사적 사실을 말하는 것 이상의 의미가 있다. 싸우고 죽이는 사람들이 가까운 관계임을 알고 반성해야 한다고 말하고자 했다.

동방기독교의 종주국 비잔틴제국에도 서사시가 몇 편 있었다. 영웅서사시가 범인서사시의 면모도 어느 정도 갖추고, 비잔틴문명의 폐쇄성을 시정하고 다른 문명과의 교섭을 긍정하는 방향으로 나아갔다. 그 가운데 하나인 〈디게니스 아크리타스〉(Digenis Akritas)라고 하는 것은 기독교도와 이슬람교도 사이의 관계를 다룬 작품이며, 12세기경에 이루어졌다고 추정된다.

비잔틴의 땅을 습격해서 기독교도 처녀를 사로잡은 이슬람교도 족장이 그 처녀와 결혼을 하고, 자기 집단 전체가 기독교로 개종했다고 했다. 두 사람 사이에서 태어난 아들을 "두 가지 피를 지닌, 변방 사람"이라는 뜻의 '디게니스 아크리타스'라고 이름 지었다. 이 아이가 용맹스러운 젊은이로 자라나 펼치는 투쟁과 사랑의 이야기가 그 뒤에 전개되었다. 사랑을 성취하기 위해서 싸우고, 나라를 위협하는 도적을 물리쳐서 큰 공을 세웠다. 황제가 벼슬을 내려도 거절하고, 아내와 함께 조용하게 살겠다고 했다.

비잔틴제국을 무너뜨린 오스만터키의 지배를 받던 세르비아와 크로아티아 일대에서는 항거의 주역을 칭송하는 〈마르코〉(Marko) 서사시를 노래해 왔다. 마르코는 초인적인 능력을 발휘해 터키인을 물리치는 영웅이면서, 터키인에게 복속된 처지를 한탄하는 범인이기도 하다. 영웅서사시가 범인서사시로 바뀌면서 민족 사이의 적대감은 줄어들고 사건을 설정하고 소재를 구하는 범위가 확대되었으며, 남녀관계가 새로운 관심사가 되었다. 용기 있는 청년이 거듭되는 시련을 물리치고 선망의 대상이 되는 아내를 맞이하는 사건을 멋지게 꾸며대려면, 터키인을 주인공으로 삼는 것이 마땅하다고 여겼다.

〈알리 오르소비치(Ali Ograsovic)의 결혼〉이라는 것을 보자. 옛날이야기를 노래로 하면서 노는 즐거움을 하느님이 준다고 했다. 하느님은 기독교의 하느님이고, 노래에 등장하는 주인공은 알라를 섬기는 터키인이다. 그것은 아무 상관이 없는 일이다. 노래를 끝낼 때에는 모든 갈등이 해결되고 원만한 결말에 이르렀다고 했다. 모든 사람이 서로 화합하게 하는 것이 노래 부르는 사람이 할 일이라고 했다.

기독교와 이슬람은 적대적인 관계를 가지는 종교이지만, 양쪽에서 하는 이야기가 왕래하면서 섞였다. 문학에는 경계가 없어, 양쪽의 혈통을 지니거나 두 세계에 다 속하는 인물이 최고의 인기를 누리는 주인공이었다. 종교나 정치에서 계속 확대하는 차등을 대폭 줄이고, 대등을 이룩하는 방향으로 나아가는 것이 문학의 임무임을 확인할 수 있다.

4.

임진왜란 때 일본군은 조선인을 10만 명쯤 납치해 갔다. 여러 분야의 기술자나 하인으로 부릴 일반 백성이 대다수이고, 더러는 문사(文士)도 있었다. 문사는 일본의 문화 수준을 높이는 데 필요한 전문인이었다.

그 가운데 강항(姜沆)도 있었다. 강항은 문과에 급제하고 관직이 형조좌랑에까지 이르렀으며, 성리학 공부가 상당한 수준이었다. 일본에서 무사히 귀환해 견문한 바를 적은 〈간양록(看羊錄)〉을 남겼다. 〈간양록〉에서 일본에도 훌륭한 사람이 있다고 했다.

舜首座(슌슈소)라는 승려와 가까이 지내면서, 학식과 인품을 평가했다. 슌슈소는 조선의 유교에 대해 거듭 묻고, "애석하게도 나는 중국에서 나지 못하고 또 조선에서도 나지 못하고, 일본에서도 이런 시대에 태어났단 말인가?"라고 했다. 두 사람은 사제 관계가 아니고 대등한 토론자여서, 그쪽에서 더 많은 것을 얻었다.

강항은 슌슈소가 힘을 써주어 무사히 귀국했다. 슌슈소는 승려 노릇을 그만두고 藤原惺窩(후지와라세이카)라는 유학자가 되어 일본 성리학을 주도했다. 다음과 같은 말을 남겨, 동아시아의 이상을 함께 지니는 문명권의 영역을 확인했다.

> 理가 있다는 것은 하늘이 덮지 않은 것이 없고, 땅이 싣지 않은 것이 없음과 같다. 이 나라도 그렇고, 조선도 그렇고, 안남도 그렇고, 중국도 그렇다."

안남을 잊지 않고 중국을 맨 나중에 든 것을 주목해야 한다. 대등론을 분명하게 하는 논의이다. 강항(姜沆)을 포함한 조선의 성리학자들과의 선후 역전을 이룩했다.

2백년쯤 지나 최한기(崔漢綺)는 〈불통 제거〉(「除祛不通」, 『神氣通』 권3)라는 글을 썼다.

> 사람의 일에 통하지 않는 자는 반드시 자기의 일만 뽐내고 자랑하며, 타인의 일은 비방하고 훼손한다. 집안의 일에 통하지 않는 자는 반드시 자기 집의 일만 기리고 추키며, 다른 집의 일은 헐뜯고 나무란다. 나라 일에 통하지 않는 자는 반드시 본국의 일만 칭찬하고 자랑스럽다고 하며, 타국의 일은 깔보고 싫어한다. 다른 종교의 교리에 통하지 않은 자는 반드시 자기 종교만 높이고 대단하게 여기며, 다른 종교는 물리치고 배척한다.
>
> 불통하는 폐단이 아주 심해지면, 자기에게 속한 것은 비록 지나치고 모자라는 차질이나 잘못이 있어도, 이것을 말하는 사람을 반드시 성토한다. 상대방에게 속한 것에 착하고 이로우며 적중한 경지에 이른 단서가 있어도, 취해서 사용하는 사람을 반드시 침 뱉고 꾸짖는다. 이것은 자기를 협소하게 하고 자기를 죽이는 짓이다. 비록 한때 상승하는 세력을 얻고, 상당한 정도로 자기 도당이 보호하고 선전해도, 어찌 멀리까지 이를 수 있겠는가.
>
> 이 병을 고치려고 하면, 깊이 감염된 것을 쓸어내고, 넓고 크게 공평해져서 많이 듣고 많이 보아, 여러 사람이 잘하는 것을 취해야 한다. 물(物)과 내가

통하는 마땅함을 얻으면 나와 타인이 서로 받아들여, 사람의 도리가 이룩된다. 다른 집안과 나의 집안이 서로 화목해 선한 풍속이 형성된다. 크고 작고 멀고 가까운 나라들이 마땅함을 지키면, 예의와 양보가 생겨나고, 윤리에 따라 법률이 이루어진다. 인정에 맞게 교육을 하면, 법률과 교육이 밝게 정비된다. 삶을 소중하게 여기고, 죽음은 소중하게 여기지 않는다. 사물을 취하고 버리는 것은 이로운가 해로운가에 있고, 이쪽이냐 저쪽이냐에 있지 않다. 이것이 변하고 통하는 방법이 된다.

사람·집안·나라·종교라고 한 것은 특정 사항을 지목해 하는 말이다. 비록 많고 적고 크고 작은 구분이 있으나, 점차 통하면 그 실상이 하나이다.

후지와라세이카는 동아시아 여러 나라가 공통된 이념을 지녀 서로 대등하다고 했다. 최한기는 대등의 범위를 천하만민으로 확대했다. 갖가지 차등론 때문을 생긴 불통을 제거하고 서로 소통해 천하만민이 대등한 관계를 가져야 한다고 했다. 최한기보다 더 나아가야 하는 것이 오늘날 우리의 임무이다.

나는 만물대등생극·만생대등생극·만인대등생극을 함께 말하는 〈대등생극론〉을 써서 이 임무를 감당하려고 한다. 많이 모자라 더욱 분발해야 한다. 많은 도반이 모여들어 토론으로 힘을 보태고, 개작이나 신작을 적극적으로 추진하기를 바란다.

5.

명나라와 청나라가 패권 경쟁을 시작하는 것을 보고, 조선의 군주 광해군은 어느 편도 아닌 중립의 제삼자이고자 했다. 인조반정을 일으켜 광해군을 축출하고 인조를 국왕으로 추대한 서인정권은 명나라 편에서 청나라와 맞서다가 병자호란의 참변을 당했다. 남한산성이 포위되어 있는 극단적인 상황에서도, 청나라와의 화친을 거부하는 척화파(斥和派)의 강경한 주장이 주도권을 잡았다. 그 결과 인조가 항복의 예식을 거행해야 하는 치욕이 벌어졌다.

그 뒤에 청나라를 쳐서 원수를 갚겠다고 하는 북벌(北伐)을 추진하면서, 방해가 되는 생각은 하지 못하게 엄하게 단속했다. 이에 대한 반발이 없을 수 없어, 청나라에서 배울 것은 배워야 한다는 북학(北學)이 나타났다. 북벌과 북학은 차등론을 근거로 하는 공통점이 있으면서, 중국과의 우열을 무력으로 뒤집어야 하는가 학습으로 좁혀야 하는가를 두고 논란을 벌였다.

북벌은 가능하지 않고, 북학은 타당하지 않다. 그러면 어떻게 해야 하는가? 대소나 강약은 표리가 역전되어 전환이 이루어진다. 국대학소(國大學小)이고 국소학대(國小學大)이다. 세강지약(勢强智弱)이고 세약지강(勢弱智强)이다. 북학을 한다고 한 홍대용(洪大容)이나 박지원(朴趾源)의 기(氣)철학은 중국보다 앞서서 새 시대를 창조하는 지침을 제시했다. 이 사실을 알아차리지 못하거나 감추어 자존(自尊)의 차등론으로 기울어지지 않았다. 최한기는 무명의 시정인 처지에 머물러 자세를 더 낮춘 덕분에 더욱 획기적인 성취를 할 수 있었다.

나는 국소학대(國小學大)나 세약지강(勢弱智强)을 이룩한 나라에 태어난 행운을 누리며, 학대(學大)나 지강(智强)의 유산을 물려받아 고금합작의 창조학을 한다. 동아시아 어디에도 없는 「동아시아문명론」을 쓰고, 대등생극론을 정립하고 있다. 「동아시아문명론」은 일본·중국·베트남어로 번역되었다. 대등생극론은 온 세계로 나아가 난제 해결을 감당하며, 다음 시대 창조에 기여하고자 한다.

중국은 국대학소(國大學小)이고 세강지약(勢强智弱)인 쪽이다. 오래전부터 그랬던 것이 청나라 때 분명하게 되었다. 청나라는 조선의 항복을 받고 더 나아가 명나라는 멸망시키고 중국 대륙의 새 주인이 되었다. 그 여세를 몰아 주위의 여러 나라나 민족을 복속시켜 지배 영역을 크게 넓혔다. 이것은 자랑할 것이 아니고 실수이다. 세계사에 전례가 없는 대실수여서 국대학소나 세강지약의 규모를 최대한 키웠다.

그것이 실수라고 하는 이유는 우선 대제국을 만들어 자기네 민족국가를 말살한 데 있다. 청나라를 세운 만주족이 중원을 차지하려고 내려가지 않고 고토를 지켰으면, 민족국가를 오늘날까지 이어올 것이다. 명나라의 뒤를 이은 나라가 여럿일 수 있다. 티베트나 위구르는 물론 다른 여러 민족도 독립국가를 이루어 왔을 것이다. 유럽처럼 나누어진 여러 나라가 생극의 관계를 가져, 상극이 큰 만큼 상생도 클 수 있다.

청나라를 세운 만주족은 적은 인구를 데리고 남쪽으로 내려가 고토를 비웠으므로, 후일 중국의 지배민족 한족(漢族)이 차지했다. 만주족은 안에서 한족의 안전을 보장해주고, 밖으로는 정복전쟁을 계속하는 동안에 힘을 탕진했다. 국정수행을 위해 끌어들이지 않을 수 없는 한족에게 동화되어 민족어를 잃고 다른 문화적 특색도 상실했다. 그래서 민족이 소멸했다. 강대(强大)가 지나쳐 자살이 되고 말았다.

너무 큰 나라를 다스리려고 하니 극단적인 방법을 무리하게 사용해야 했다. 권력이 절대적인 가치를 가진다고 하는 정치적 차등론을 극대화하고, 대등론이 반론을 제기하지 못하도록 철저하게 탄압했다. 학문의 자유를 없애 창조학이 자라나지 했다. 그 때문에 한국과의 선후역전이 이루어졌다. 이(理)철학을 선도하던 중국이, 기(氣)철학의 발전에서는 한국 뒤로 처진 것이 역전의 명백한 증거이다.

청나라의 대실수를 정산하지 않고, 중화인민공화국이 고스란히 물려받았다. 대단한 영광의 이면에 심각한 파탄이 있다. 권력의 절대적 가치가 새로운 이념이 되어 더욱 빛난다. 공산당의 최고지도자가 위대하다고 더욱 높이 받들고, 누구나 그 지도를 받아야 한다. 국가 설계를 최고지도자가 독점적인 권위를 가지고 주도해 추진하고, 공산당에서 세부까지 완성한다.

철학자라도 간섭이나 시비는 하지 말고, 설계도대로 집을 짓는 데 필요한 일꾼 노릇이나 해야 한다. 설계가 잘되었다고 선전하는 말을 그럴듯하게 하면 할 일을 한다. 아니면 철학사와는 다른 철학 자료사를 써서 건축 자재 공급에 기여하면 살아갈 수 있다. 철학 창조가 기능하지 않아 희망이 없다.

전국을 '화해(和諧)'라는 말로 도배를 했다. 두 글자는 같은 뜻이다. "공자(孔子)는 '화이부동(和而不同)'이라고 했는데 '부동(不同)'은 어디 갔는가?" 「동아시아문명론」에서 이렇게 한 말을 중국어 번역에서는 삭제했다. 『중화문학통사(中華文學通史)』를 써서, 수많은 소수민족이 중원의 정권에 충성하고 대단결에 적극 기여했다고, 사실과 다른 말을 했다.

소수민족 자치구나 각 성이 독립한다면, 모두 함께 살아난다. 각기 자기 말을 공용어로 하고, 서로 대등한 관계에서 생극의 창조를 위한 경쟁·토론·합작을 할 수 있다. 나라가 너무 커서 생기는 폐해에서 벗어날 수 있다.

6.

신채호(申采浩)는 망명지 중국에서 쓴 「조선혁명선언」(1923)에서 "일본 강도 정치 하에서 문화운동을 부르짖는 자는 누구이냐?"라고 하고, "종족 보존도 의문이거든, 하물며 문화 발전의 가능이 있으랴"하고 반문했다. "검열, 압수 모든 압박 중에", "강도의 비위를 거슬리지 아니할 만한 언론이나 주장하며, 이것을 문화발전의 과정으로 본다 하면, 그 문화발전이 도리어 조선의 불행인가 하노라"라고 했다. 문화 발전은 불가능하니, 헛된 기대를 걸지 말라고 했다.

문화 발전을 말하기 전에 조선의 문화 수준이 어느 정도인가 하는 것이 문제였다. 일제는 조선인은 미개하고 문화 수준이 낮아, 일본의 식민지가 되어 교화를 받는 것이 당연하다고 했다. 이런 논설을 펴고 조선인 교화를 주도한 주역이 高橋亨(다카하시토루)였다.

다카하시토루은 동경제국대학 한문과를 졸업하고, 대한제국 시대에 와서 우리말을 익혀 언어 학습(『韓語文典』, 1909), 설화(『朝鮮の物語集』, 1910), 속담(『朝鮮の俚諺集』, 1914)에 관한 책을 냈다. 조선 교화에 관한 논문(「朝鮮の教化と教政」, 1919)을 써서 박사학위를 받았다. 경성제국대학 창립위원회 간사로 활동하다가, 1926년에 대학이 설립되자 조선문학 교수가 되었다. 조선문학에 대한 본격적인 이해를 할 능력은 없어 설화나 속담 정도의 자료나 가

볍게 다루면서, 조선은 민족성이 열악하고 문화가 저급하다고 하는 강의를 하고 글을 썼다. 경성제국대학 조선문학 강의가 그뿐일 수는 없어, '선식한문(鮮式漢文)'이라는 과목을 개설하고 한학자 정만조(鄭萬朝)에게 맡겼다. 정만조는 한문으로 집필한 강의교재 「조선시문변천(朝鮮詩文變遷)」에서 "爲詩文 必本乎經學"(위시문 필본호경학; 시나 문이 이루어지려면 반드시 경학에 근본을 두어야 한다)고 했다. 중국에서 이루어진 전범을 충실하게 따른 작품이라야 가치를 인정할 수 있다고 했다.

한문학은 중국문학이고, 사대주의의 산물이라고 여기게 하는 논거를 대학에서 분명하게 제공했다. 문단에서는 모든 고전문학을 일거에 매도하고, 신문학을 해야 한다고 했다. 신문학은 자생일 수는 없고 이식이어야 한다면서, 서양문학의 일본어 번역을 다시 번역하는 것 같은 작품이 크게 행세했다. 민족성이 열악하니 개조해야 한다는 주장이 그런 풍조와 함께 나타났다.

'조선어로 창작한 조선문학은 수준 이하여서 볼 만한 것이 없으니, 조선은 열등하다.' 이렇게 생각하도록 한 것이 식민지 통치의 교활한 술책이 여러 면에서 작용한 결과이다. 조선문학은 버리고 일본문학을 애독하는 것이 당연하다고 여기도록 만들어, 식민지 통치가 마음속까지 들어가 확고하게 자리 잡으려고 했다. 심각한 위기가 조성되었다.

이에 대해 어떻게 대처해야 했던가? 강도 일본이 한 짓이니 무장투쟁으로 맞서 싸워야 하는 것은 아니다. 일제에 대해 비난을 퍼부으며 말로 공격하는 것도 적절한 방법이 아니다. 민족정신을 잊지 말아야 한다고 훈계를 일삼으면 효과는 없고 반발을 산다.

일본은 강도이기만 하지 않고 사기꾼이기도 하다. 강도가 강제로 하도록 하는 짓을, 사기꾼은 피해자가 자발적으로 하도록 유도한다. 사기꾼을 퇴치하고 정신을 차리려면, 신채호가 매도한 문화 발전을 높은 수준으로 해야 한다. 일본과의 선후 역전을 이룩해야 한다.

조선은 열등하지 않다. 조선문학은 훌륭하다. 누가 보아도 이렇다고 인정할 수 있는 확실한 증거를 제시하면 사기꾼의 책동이 효력을 잃는다. 그 증거로 만주에서 울리는 광복군 노래보다, 국내에서 검열을 받고 출판한 시집 김소월(金素月)의 『진달래꽃』(1925)과 한용운(韓龍雲)의 『님의 沈默(침묵)』(1926)이 더 큰 기여를 했다.

두 시집은 절실한 느낌이 미묘하게 울리는 음악이면서 깊은 깨달음을 되새기는 철학이어서, 서정시의 극치를 보여준다. 전통과 깊이 연결되어 이루어진 새로운 창조로 신문학의 자생을 입증한다. 시대의 고민에 온몸으로 대처하는 진지한 자세를 보여주어 민족의 공감을 오래 확보한다. 그러면서 단조와 장조, 소박과 심오, 감성과 사변의 차이가 상보적인 관계를 가진다.

이런 노래는 당대의 특정 개인이 남다른 개성으로 창작한 것이 아니다. 연원이 오랜 민족의 역량을 발휘해 이루어졌다. 전통이 재창조되어 온 내력을 보면, 장래의 변혁을 예상할 수 있다. 이런 말을 분명한 증거를 갖추어 해야 한다.

조윤제(趙潤濟)가 그 과업을 맡아 『조선시가사강(朝鮮詩歌史綱)』(1937)을 내놓았다. 선행 연구가 거의 없는 형편이어서, 자료 수집에서 체계적인 논의까지의 모든 일을 혼자 맡아 엄청난 수고를 했다. 모두 470쪽에 이르는 대저이다. 1935년에 탈고했으나 맡아주는 곳이 없는 탓에 출판이 지연된 것이 안타깝다.

사실을 밝히려고 진력하면서, 사실을 넘어서는 역사의 의의를 명백하게 했다. "장래의 힘찬 건설은 반드시 그 과거의 역사를 배경으로 하지 않으면 아니될 것을 안다." "역사는 편편 고기록의 단순한 나열이 아니고, 장래로는 새것을 생산할 생명을 가진 것"이다. 이런 말을 서두에 내놓았다.

『조선시가사강』에다 시가 이외의 문학을 보태 문학사를 총괄해 서술하는 작업을 일제 통치가 극악하게 된 시간에 은밀하게 진행하다가, 광복을 이룩하자 본격적으로 추진해 『국문학사(國文學史)』(1949)를 내놓았다. 이 책 전후에 문학사가 여럿 나와 국문학 연구와 교육이 활성화된 것 같았으나, 많은 문제가 남아 있었다.

나는 조윤제 학문의 의의를 확대하고, 결함은 시정하려고 노력해 『한국문학통사』 전6권(1982-2005)을 내놓았다. 조윤제는 국문문학만 다루었는데, 나는 구비문학·한문학·국문문학의 상관관계를 고찰했다. 조윤제는 총체를 하나로 파악하는 민족사관을 내놓았는데, 나는 둘이 상생이기도 하고 상극이기도 한 관계를 가진다는 생극론을 정립하면서 문학과 철학을 근접시킨다. 조윤제는 한국문학만 고찰했는데, 나는 일반 이론 학대와 비교연구를 통해 동아시아문학사로, 다시 세계문학사로 나아간다.

자국문학사 서술은 일본이 먼저 시작하고 작업 분량이 대단하지만, 이론은 수입학에 의존해 쇄신이 가능하지 않고 침체를 초래하고 있다. 한국은 식민지 통치가 조성한 악조건 때문에 작업의 시작이 늦었으나, 조윤제가 시도한 창조학을 조동일이 더욱 발전시켜 세계적인 범위에서 문학사 일반이론을 혁신한 성과를 내놓는다. 문학사에 관한 광범위의 비교고찰인 〈문학사는 어디로〉(2015)를 이룩하는 데까지 나아갔다.

일본은 수입학에 힘쓰고 미시적 고증을 장기로 한다. 한국은 창조학을 지향하며 거시적 이론을 갖추려고 한다. 근대 동안에는 일본이 이룬 성과가 크게 앞서고, 한국에서 하려고 하는 작업은 초라한 후진이었다. 그런데 이제 선후역전이 일어난다. 수입학의 원본이 생기를 잃고, 새로운 시대를 창조하는 방향을 제시하는 임무가 넘어와 창조학이 분발하게 한다.

『한일 학문의 역전』(2023)에서 이런 사실을 알리고, 유럽중심주의 차등론을 타파하고 인류가 모두 함께 대등의 행복을 누리도록 하는 데 한국과 일본이 긴밀하게 협조하자고 했다. 일본이 강도 노릇을 하고 우리가 그 피해자라고 해서 적대감만 가져야 하는 것은 아니다. 맞불을 질러 이기려고 하지 말고, 불을 끄는 물이 되어 도움을 주는 것을 가장 큰 승리로 해야 한다. 미래를 바람직하게 창조하는 지침이 되는 철학 대등생극론이 동아시아가 세계에 내놓는 선물임을 확인해 공동의 연고를 가지고 함께 관리해야 한다고 했다.

순국선열의 희생이 헛되지 않게 하려고 하면 일본보다 훨씬 좋은 나라를 만들어야 한다. 이에 관해 신채호도 딴 말을 하지 않을 것이다. 좋은 나라를 만들기 위한 학문을 하는 것이 선결 과제이다. 원색적인 투쟁에 방해가 된다고 여기는 학문은 모두 친일파 매국노가 하는 소리라고 매도하는 허무주의자의 자살폭탄이 생길까 염려한다.

상극이 크면 상생도 크다. 이 이치의 타당성을 가장 큰 범위에서 입증하는 학문을 하는 것이 바람직하다. 그 혜택을 받도록 하는 범위에서 어떤 원수도 제외할 것이 아니다. 일본이 먼저 달라져 세계가 달라지도록 하는 데 힘을 보태는 동반자가 되기를 바란다.

이렇게 해야 일본이 진정으로 반성할 수 있다. 탈아입구(脫亞入歐)로 우월론을 갖추려고 한 출발부터 잘못된 것을 알아차리고 철저한 반성을 할 수 있다. 일본을 겁박해 반성하도록 하는 것과는 아주 다르다. 겁박하면 반발이나 하고, 반성은 하지 않는다. 내심의 차등론을 대등론으로 바꾸어놓을 수 있게 해야 한다.

제국주의의 악행은 일본만 저지르지 않은 세계사의 수치이다. 일본이 차등론을 버리고 대등론에 입각해 반성하고 잘못을 바로잡는 데 앞서면 세계사의 역전이 쉽게 이루어진다. 일본이 이렇게 깨닫도록 도와주는 연구를 충분한 설득력을 갖추어 해야 한다.

7.

박섭, 『식민지의 경제 변동: 한국과 인도』(문학과지성사, 2001)는 역사 이해를 쇄신한다. 세계사로 나아가는 길을 열어준다. 역사철학을 바르게 정립하는 논거를 제공한다.

먼저 사실을 제시했다. 한국은 식민지 시대인 1913-38년에 공업 성장률이 7.1%로 높았지만, 인도의 성장률은 4.0%로서 한국과 비교하면 낮았다고 했다. 그러면서 경제의 성격이 문제라고 했다. 양적인 비교보다 질적인 비교가 더욱 소중하다고 했다.

인도에서는 식민지 시대 경제가 인도의 경제였다. 그 때문에 독립 후에 경제 파탄을 겪지 않았다. 인도의 강철 생산량은 1937년에 90만 톤, 1947년에 127만 톤, 1949년에 137만 톤, 1955년에 173만 톤이었다. 식민지 시대 한국 경제는 일본 경제의 일부여서, 공업생산이 독립 후에 크게 감소했다. 그 지수가 1939년을 100으로 할 때 1946년에는 25에 지나지 않았다. 다시 100을 넘어선 것은 1956년의 일이었다고 했다.

인도의 총독은 행정권만 가지고, 입법권은 인도의회가 맡았다. 인도인 기업가가 지원하는 국민의회 정당이 의회 다수당이 되자 정책적 지원을 받을 수 있었다. 그 세력이 축적한 경험을 활용해 독립 후의 인도를 이끌었다.

일본 총독은 조선에서 행정권과 입법권을 함께 행사했다. 조선에는 의회가 없고, 조선인은 참정권을 행사하지 못했다. 기업인들은 통치에 예속되기만 했으므로, 독립 후에 민주주의를 실현할 정치세력이 성장할 수 없었다. 이런 이유에서 민주주의는 민중운동이 성장함으로써 비로소 가능하게 되었다고 했다.

식민지 통치 기간에 경제성장이 있었다는 것을 사실이다. 그러나 그것이 한국인을 위한 것이 아니었다. 경제 성장이 일본을 위한 것이었음을 총독 정치의 특성과 관련시켜 해명했다. 교육의 특징도 아울러 고찰했다. 조선인이 조선인임을 잊고 일본인이 되게 하는 교육을 실시했으나, 일본어를 읽고 쓸 수 있는 조선인은 1930년에 8.6%, 1940년에는 16%였다.

많은 사실을 밝혀 논한 공적이 있으면서, 과거의 상태와 비교하는 데 소홀했다. 식민지 이전 시대에 대한 이해와 고찰이 불충분한 것이 결함이라고 하지 않을 수 없다. 인도의 경우는 이미 연구된 바를 더러 이용했으나, 한국 쪽은 아주 허술해 비교에 허점이 있다. 과거사는 무시하고 근대만 논하니 깊이 있는 고찰이 이루어지지 않았다.

식민지로의 전환을 마련한 토지조사사업에 대한 고찰과 비교가 너무 소홀한 것도 문제점이다. 차이점을 말하는 데 치중하고 공통점을 대강 넘겼다. 경작자의 권익을 부정하는 토지 소유권 확립이 어떤 의미를 가지는지 기본 성격에 관해서는 고찰하지 않았다. 그것이 식민지 통치자가 수입을 늘이는 방책으로 필요했고 목적 달성에 차질이 생기자 수정했다는 측면에서만 고찰했다. 토지조사사업 비교론을 본격적으로 발전시켜야 한다.

그 과제를 독립운동사의 전개와 관련시켜 더욱 철저하고 풍부하게 다루어야 한다. 지금 당장 들 수 있는 일거리만 해도 아주 많다. 인도에서는 합법적인 운동, 비폭력의 투쟁이 가능했지만, 한국은 그럴 수 없었던 이유를 밝혀 논해야 한다. 우파와 좌파의 노선 대립이 달랐던 점도 고찰해야 한다.

인도의 독립운동사는 많은 연구를 간명하게 정리해 쉽게 읽을 수 있는 것들이 나와 있고, 교재로도 쓰인다. 사실을 존중하고 영국의 통치에 대해서도 객관적인 서술을 하고 있다. 아래의 네 책은 2002년 2월에 인도에 갔을 때 캘커타대학 근처의 고서점에서 샀다. 흔히 볼 수 있는 것들이어서 쉽게 구했다.

박섭의 위의 책에서는 이런 것들을 하나도 참고로 하지 않았다. 중등학교 교재는 무시해도 된다 하겠지만, 전문연구서이이고 대학 교재로 사용하는 것은 그럴 수 없다. 영국의 식민지 통치를 아주 잘 분석한 성과가 있는 것을 참고서적에서 제외한 것은 이해하기 어렵다.

데사이, 『인도민족주의의 사회적 배경』(A. R. Desai, Social Background of Indian Nationalism, Bombay: Popular Prakashan, 1948, Fifth edition 1976)은 인도가 독립한 그다음 해에 나온 책인데 내용이 알차다. 인도 민족주의 운동의 사회적 배경에 대한 구체적인 연구가 이미 많이 축적되어 그럴 수 있었다고 생각된다. 연구한 결과를 정리해 알기 쉽게 서술했다. 거듭 출판되어 널리 읽혔다. 제5판 머리말에서 대학 교재로 널리 사용된다고 했다.

영국 통치 시기 인도에서 일어난 변화는 영국 자본주의의 이익을 취한 것이지만, 의도한 바와는 다르게 새로운 길을 열어주는 질적 변화를 인도에 가져다주었다고 했다. 그런 사실을 사적 유물론의 사관에 입각해서 고찰한다고 했다. 각 장 말미에서 영국이 끼친 피해를 극복하고 인도사회가 정상적인 발전을 이룩하려면 어떻게 해야 하는지 방향 제시를 했다. 우리 경우에는 같은 수준의 연구 성과가 아직도 없다.

농업의 변화를 고찰하면서 인도 전통사회에서는 귀족이 토지를 소유한 지주가 아니고 세금 수취자에 지나지 않았다는 사실부터 말했다. 토지는 사실상 마을 공동체의 소유였다. 영국이 토지 사유제를 도입했다. 세금 수취 담당자를 지주로 하거나, 자영농이 토지를 소유하게 했다. 그 둘 다 절반 정도의 비중을 가졌다. 토지를 사고팔게 했다. 세금을 현금으로 내도록 해서 농산물을 상품화했다.

그 결과 공동체가 무력하게 되어 전통적인 농촌이 파괴되었다. 세금이 과도해 농민이 가난해졌다. 빚을 많이 지게 되고 고리대금업이 성행했다. 농업에 종사하지 않은 지주가 늘어났다. 투자도 기술 혁신도 없어 농업 생산은 줄어들었다. 그것은 유럽에서 이루어진 농업의 자본주의화와는 정반대가 되는 변화였다.

인도의 수공업을 파괴하고 산업화를 시작하면서 영국 자본주의의 인도 침략은 본격화되었다. 산업화는 농업생산물 일차 가공업에 치중하고, 중공업이 없어 기형적이었다. 원자재를 실어 나르기 위해 건설한 철도가 지역의 폐쇄성을 넘어서서 사람들이 오고가게 하고, 인도 전체의 민족주의가 태동할 수 있게 했다.

영국이 근대교육을 실시한 이유를 들었다. 행정기구와 기업경영에 보조원이 필요했다. 영국문화를 세계화해서 우월감을 과시하려고 했다. 교육을 시키면 순응하리라고 생각했다. 그런 교육에 대한 비판도 들었다. 기술교육은 도외시했다. 학비가 너무 비싸 가난한 사람은 배울 수 없었다. 인도 정부의 예산 3분의 1을 군사비로 쓰고 교육에 대한 투자는 너무 적었다. 인도의 역사와 현실을 왜곡했다. 그런 교육이라도 긍정적인 기여를 했다. 인도 민족주의가 자라나게 했다.

식민지 통치의 피해와 기여는 생극의 관계를 가진다. 모든 나쁜 일에는 좋은 측면이 있다. 좋은 측면을 발전시킨다고 해서 나쁜 일이 좋아지지는 않지만 피해를 줄일 수는 있다. 좋은 측면의 경우에 따라 다르다. 우리는 민족주의가 이미 있었다. 한국은 인도처럼 크고 복잡한 나라가 아니어서 철도가 없을 때에도 국내 교통이 가능했다. 일본어는 영어만큼 큰 구실을 하지 못했다.

보세, 『인도민족주의 운동 개관』(Nemai Sadhan Bose, The Indian Nationalist Movement, an Outline, Calcutta: Firma Klm, 1965)을 보자. 18세기까지는 상당히 발전되고 번영을 누리던 인도가 영국의 식민지 통치 때문에 비참하게 되었던 사실을 서두에서 말하고, 구체적인 증거를 들어 논했다. 그런 작업을 우리도 해야 한다.

찬드라 외 공저, 『자유를 위한 투쟁』(Bipan Chandra and others, Freedom Struggle, New Delhi: National Book Trust, 1972)은 교육부에서 관계 학자들에게 의뢰해서 공동으로 집필하게 한 중등학교 교과서이다. "우리 독립을 위해 희생당하고 괴로움을 겪은 몇 백만의 인도인과 그 지도자들에게 경의를 나타내기 위해 계획한 책이다"라고 했다. 사실 위주로 차분하게 서술했다. 장황한 논의를 펴서 이해하기 어렵게 하지 않고 사리를 명백하게 했다.

영국 식민지 통치의 성격 변화를 사회경제사적 관점에서 설명하고 영국 자체가 달라진 양상을 중요시 했다. 산업혁명 이전과 이후의 차이를 명확하게 했다. 식민지통치에는 그것대로의 모순이 있고, 모순을 해결하려고 하다가 더 큰 피해를 끼친다는 사실을 중요시하면서 사태의 진전을 설명했다.

서두의 「영국 통치의 영향」에서 총괄론을 폈다. 영국인이 인도에서 근대교육을 실시한 것은 식민지 통치에 필요한 인력을 본국에서 데려오면 경비가 너무 많이 들기 때문이라고 했다. 원료 약탈과 제품 판매를 대량으로 하기 위해서 교통 시설에 투자하지 않을 수 없었다고 했다. 그렇게 하는 데 소요되는 경비는 인도인에게 거두어들이는 세금으로 충당했다. 인도에 수출되는 영국의 제품은 자유무역의 혜택을 누리고, 영국에 수출되는 인도의 제품에 대해서는 무거운 관세를 부과해 4백 퍼센트에 이르렀다.

19세기 후반에는 노동자와 농민의 요구가 증대되어 자본주의 사회가 무너질지도 모른다는 우려를 대외적인 팽창으로 해결하기 위해 식민지 지배를 확대하고 강화했다. 인도는 영국인의 우월감을 충족시켜주는 최상의 식민지였다. 인도 병사는 영국군 전투력의 주요 부분을 이루었다. 증가하는 통치비용 조달을 위해 무거운 세금을 부과해 인도가 더욱 궁핍해지므로 세원은 줄어들고 항거는 확대되는 것이 식민지 통치의 기본 모순이었다. 인도는 수천 명 영국 중산층에게 일자리를 주고, 인도가 얻는 수입의 3분의 1을 급료로 지출했다.

토지제도는 둘이었다. 하나는 간접 지배이다. 과거의 토지관리인이 지주가 되어 소작농이 된 경작자에게서 거두어들인 지대로 세금을 내도록 하는 방식이다. 농민이 예속민의 처지로 떨어졌다. 또 하나는 직접 지배이다. 농민이 직접 토지 소유자가 되어 세금을 내도록 하는 방식이다. 세금이 과도해 소유권을 유지하기 어려웠다. 그 어느 쪽이든 농민은 영국의 통치 때문에 큰 고통을 받았다. 농민의 궁핍이 심각해진 것을 이용해 고리대금업이 성행한 것이 영국 식민지 통치가 초래한 최대의 불행이었다.

> 인도의 빈곤은 지리의 산물도 아니고, 천연자원의 결핍 탓도 아니고, 주민의 성격과 능력에 어떤 '내재적' 결함이 있기 때문도 아니다. 빈곤이 무굴시대 또는 식민지 이전 시대의 유산도 아니다. 빈곤은 지난 두 세기 역사의 산물이다. 그전에는 인도가 서부 유럽의 여러 나라보다 뒤떨어지지 않았다. (24쪽)

영국의 통치에 대해 폭력으로 저항하는 테러리즘이 대중을 움직일 수 없어 성공하지 못한 한계를 지적하고, 목숨을 버리고 싸운 그런 순교자들이 있어 인간의 자부심이 되살아나게 했다고 평가했다. 간디는 민중을 움직이는 힘을 가진 것이 최대의 장점이라고 했다. 우리도 독립운동사 교과서가 필요하고, 독립운동사를 교과목으로 해야 한다.

히흐스, 『자유를 위한 인도의 투쟁 1857-1947』 (Peter Heehs, India's

Freedom Struggle 1857-1947, Delhi: Oxford University Press, 1988)에서는 식민지 통치 후 농민의 소득이 8분의 1로 줄어든 사실을 밝혀, 농촌의 가난이 인도 전통사회의 유산이 아님을 알렸다. 우리도 밝혀야 할 사실이다.

우리는 독립운동사 개설서가 없다. 크게 반성하고 분발할 일이다. 다른 사례, 예컨대 프랑스의 통치에 대한 베트남 독립운동과의 비교를 힘써 해야 한다. 더 나아가서 식민지통치-민족항쟁에 대한 전반적인 비교연구가 바람직하다. 세계 전역의 식민지통치와 민족해방투쟁을 다룬 책에는 어떤 것이 있는지 살피고 논의를 계속해야 한다.

라인하르트, 『식민지주의 소사』(Wolfgang Reinhard, Kleine Geschichte des Kolonialismus, Stuttgart: Kröner, 1996)라는 것이 있다. 식민지주의 개념, 경과, 결과를 정리한 간략한 개설서이다. 거점식민지·이민식민지·지배식민지를 구분했다. 통치자는 자유무역제국주의(Freihandelsimperialismus)였다가, 고차원제국주의(Hochimperialismus)로 바뀌었다고 했다. 개념 구분에 장기가 있다. 「식민지주의의 결산」이라는 총괄론에서 정치, 역사와 문화, 경제 등의 측면에서 식민지주의가 어떤 특징을 가지는지 정리했다.

페로, 『식민지통치의 역사』(Marc Ferro, Histoire des colonisations, Paris: Seuil, 1994, Colonialization, a Global History, London: Routledge, 1997)는 좀 더 큰 책이다. 구형 식민지, 신형 식민지, 식민지화하지 않는 제국주의를 구별했다. 신형 식민지는 산업혁명과 더불어 출현했다고 했다. "지연된 탈식민지화"라는 장을 두고 미국이 식민지화하지 않는 제국주의의 주역으로 등장한 시기의 상황을 다루었다. 사건 위주의 서술이고, 구조적인 분석은 아니다. 한국은 일본이 16세기부터 침략을 시작했다고 한 번만 언급했다.

둘 다 식민지주의라는 세계사적 사건을 시작에서 결말까지 개관하고자 했다. 뒤의 책은 반식민주의가 일반화된 시대의 생각을 보여준다고 하면서 가해자에 관한 고찰에 치중하고 피해자의 사정은 중요시하지 않았다. 식민지 통치를 받고 항거를 한 경험이 피해자에게 어떤 의의를 가지는지 문제 삼는 주체적인 시각은 결여되어 있다.

가해자 쪽에서는 할 수 없는 연구를 우리가 해야 한다. 우리 자신에 대한 의문을 풀기 위해 비교연구의 범위를 세계 전역으로 확대해야 하고, 피해자의 일반론을 정립해야 한다. 그렇게 하려면 피해자들끼리의 국제적인 교류와 협력이 절실하게 요망된다.

키어난, 『인류의 주인, 제국주의 시대 유럽인이 다른 문명에 대해서 보여준 태도』(Victor Kiernan, The Lord of Human Kind, European Attitudes to Other Cultures in the Imperial Age, London: Serif, 1995)라는 것도 있다. 저자는 영국의 마르크스주의 사학자라는 사람이다. 1969년에 낸 책의 신판이다. 제국주의의 식민지 지배를 문화의식의 측면에서 고찰했다. 인도, 아시아 다른 곳들, 이슬람세계, 극동, 아프리카, 남태평양, 라틴아메리카에 관한 논의를 두루 갖추었다. 취급의 범위에서 한 시대의 모습을 총괄한 세계사라고 자부할 만하다. 그러나 너무 많은 것을 다루어 내실이 부족하다.

극동 편 「한국, 티베트, 샴」이라고 한 곳에서 한국에 관해서도 반 면 정도 언급했다. 일본의 식민지가 된 사실을 들고, 유럽인의 인상기를 몇 개 인용했다. "자연이 놀랄 만큼 아름답다"는 말도 있고, "세계에서 가장 더럽고 가장 혐오스러운 나라"라는 대목도 보인다.

세계 질서를 수립하고 문명을 전해준다고 자부하면서 유럽인이 인종에는 우열이 있다고 하고 다른 사람들을 무시한 수많은 사례를 들었다. 잘못을 비판한다고 말을 앞세웠지만, 많은 사례를 열거하는 데 힘쓰고 비판적인 논의를 전개하지 않았다. 반론을 펴지 않았으며, 피지배민족이 발언할 기회를 주지도 않았다. 인도를 다룰 때 간디도 네루도 등장시키지 않고, 영국인들이 하는 말만 들려주었다. 식민지 지배의 역사이기만 하고 독립운동사는 아니다. 사태의 양면 가운데 한 면만 취급했다.

신판 서문을 길게 썼다. 그 사이에 사정이 달라져 해방전쟁이 치열하게 전개되고, 유럽인에게 배운 고문이 널리 자행되고, 신생독립국의 독재자들이 무기를 다수 수입하고, 소수민족이 억압받는 등의 바람직하지 않은 사태가 벌어진다고 했다. 어디서든지 비관적인 상황이 벌어지고 있으나, 유럽은 달라져서 사회정의, 인권 차별 철폐, 국제 친선 실현을 선도하고 있다는 말로 끝을 맺었다. 식민지통치를 하면서 문명을 전파한다고 할 때와 생각이 달라지지 않았다. 제3세계는 잘못 되고 있는 사례만 들어 절망이 지배한다고 하고, 제1세계는 잘 되고 있는 측면만 들어 인류의 희망이라고 한다.

레 탄 코이, 『교육과 문명, 현대세계의 출현』(Lê Thành Khôi, Éducation et Civilizations, genèse du monde contemporain, Paris: Bruno Leprince, 2001)은 우리가 할 만한 일을 다른 누가 한 것이라고 할 수 있다. 프랑스 소르본느대학 비교교육학 교수이고, 유네스코 자문위원인 베트남인 학자가 탈식민지화의 문제를 자기 전공의 관점에서 고찰했다. 유럽문명권 중심주의에서 벗어나는 새로운 방향을 제시하고자 했다.

제1부에서 근대화가 이루어지고 시민의 시대가 시작되면서 교육이 어떻게 달라지는지 서술하고, 20세기의 교육을 위한 공산주의 경험과 자본주의 국가의 사정을 고찰했다. 제2부에서는 식민지지배에서 벗어나 민족해방을 이룩하면서 근대 교육이 세계 도처에서 이루어진 과정을 아메리카와 카리브해 연안, 아프리카, 아시아에서 이루어진 과정을 고찰하고, 민족문화 부흥운동의 양상을 특별히 주목하고, 교육 발전의 과제를 논의했다.

민족문화 부흥운동을 통해 민족의식을 각성하는 양상을 널리 비교해 논의한 것이 소중한 내용이다. 그 부분이 「이슬람 문예부흥」, 「중부 및 동부 아시아의 각성」, 「검은 아프리카의 전진」, 「주체성을 찾는 라틴아메리카」로 이루어졌다. 두 번째 절에 「유교에서 마르크스주의로」, 「인도적인 것의 분열」, 「불교와 혁신」이 있다. 베트남의 경우를 자세하게 다루고, 한국에 관한 고찰에 상당한 비중을 두고 했다.

그러나 근대 이전의 교육은 다루지 않고 모든 것이 근대에서 시작되었다고 했다. 근대의 가치를 지나치게 평가하는 근대주의를 기본관점으로 삼아 비교

고찰이 균형을 상실하고, 잘못 진행되게 했다. 유럽이 아닌 곳에서 유럽의 식민지가 되기 전에 어떤 교육이 어떻게 실시되었는지는 말하지 않아 논의가 출발점에서부터 빗나갔다.

민족문화를 부흥하고 민족의식을 고양하고 주체성을 찾는 교육이 유럽의 지배에 대한 반발이라고 이해하는 데 그치고, 자기 전통을 어떻게 찾는지 논의하는 내용이 빈약하다. 인도인은 박티(bhakti)의 전통에 대해서 스스로 많이 말하니 소개했을 따름이고, 다른 문명이나 나라의 경우에는 그런 논의가 없다. 근대는 민족주의의 시대이므로 자기 것이 소중하다고 하기만 하고, 그 이상 나가지 못했다. 인류의 이상을 실현하는 보편주의를 발견하고 육성하는 데 유럽 밖의 다른 여러 문명이 어떤 기여를 하고 있으며 해야 하는가 하는 더 큰 문제를 제대로 다룬 성과가 없다.

사태 추이의 경과를 자세하게 말하려고 사실을 열거하는 데 치중해 교육에 관한 검토가 심화되지 못한 것도 결함이다. 교육의 기본방향 또는 교육철학에 관한 논의가 불충분하다. 태국에서 이루어진 불교교육철학을 소개로 본문 서술을 마치면서 그것이 비인간적인 근대화 사조를 뒤집을 수 있을까 하는 의문을 제기했다. 새로운 천년을 전망한다는 마무리 말에서 모방이 아닌 창조에 대한 막연한 기대를 말하는 데 그쳤다.

자기 사상을 창조한 성과가 있어야 그런 한계를 넘어설 수 있다. 유럽 밖의 다른 문명이 인류의 미래를 위해 어떤 적극적인 기여를 할 수 있는가 하는 질문에 대답하는 사상 창조를 실제로 하지 않고, 근대화와 전통, 모방과 창조의 관계를 논해서는 설득력이 없다. 창조학은 비교연구를 수반해야 한다.

8.

민족해방투쟁의 세계사를 힘써 연구해야 한다. 이것이 우리 학계가 감당해야 할 세계학의 커다란 과제이다. 식민지 통치에서 신음한 제3세계 나라들 가운데 연구할 수 있는 여건이 가장 좋은 편이므로 세계 도처의 동지들을 위해 봉사해야 한다.

이 작업은 가해자가 할 수는 없으며, 피해자가 하는 것이 당연하다. 피해자가 분발해 세계사의 불행을 정리하고 다음 시대로 나아가는 지침을 마련해야 한다. 그렇게 해서 학문의 역사를 바꾸어놓고, 후진이 선진임을 입증해야 한다.

지금 하고 있는 문명의 충돌 논의는 유럽문명권의 세계 제패를 지속시키려고 하는 작전이다. 인류가 이룩한 여러 문명은 직접적인 교섭이 제한되어 있는 기간 동안에도 동일한 이상을 추구해 왔다는 사실을 밝혀, 반론의 근거로 삼아야 한다. 근대에 이룩된 차등을 시정하고 대등의 관계를 다시 이룩하는 지침을 마련해야, 문명의 충돌을 문명의 화합으로 바꾸어놓을 수 있다.

문명의 충돌과 세계화는 상반된 것 같지만 표리를 이루고 있다. 문명과 국가의 범위를 넘어서서 지구상의 모든 지역을 경제, 정보, 문화 등을 단일화하겠다고 하는 세계화는 미국이 앞장서서 유럽문명권의 주도권을 확고하게 하겠다는 주장이다. 문명권의 충돌에서 유럽문명권의 승리를 관철시키자는 전략을 세계화라는 이름으로 일컬어 반론을 제기하기 어렵게 한다.

그렇다고 해서 세계화를 거부하고 저지할 수는 없다. 이미 상당한 정도로 진행되고 막강한 힘을 가진다. 국경을 봉쇄하고 고립되고자 하는 나라는 더 큰 피해를 입는다. 세계화라는 명분은 그 자체로 잘못이 아니므로 거부하지 말고 잘못된 세계화를 바람직한 세계화로 바꾸어놓기 위해 분투해야 한다.

한국은 현재의 세계화로 상당한 피해를 보면서 더러 이득을 얻는다. 이득에 현혹되어 기존의 논의를 추종하면서 부유한 선진산업국 말석이라도 얻게 된다는 환상을 가지지 말아야 한다. 가난하고 발전되지 못한 나라의 선두에 서서 피해자의 처지를 대변하면서 세계화를 바람직하게 바꾸어놓는 방안을 제시해야 한다. 산업·경제·정치에서는 그렇게 하지 못한다고 물러나 있는 잘못을 문화·학문·사상에서 맡아서 시정하면서 앞으로 나아가야 한다.

문명의 충돌에 대한 대안을 화합에서 찾는 작업을 설득력 있게 전개해야 한다. 잘못을 그 자체로 시비하고, 말을 잘 지어내 수습책으로 삼으면 되는 것은 아니다. 제시하는 대안이 세계적인 경쟁력을 가지고 누구든지 동의할 수 있게 해야 한다. 이러려면 특별한 비방이 있어야 한다. 고금합작이 좋은 방안이다. 우리 선인들이 이룩한 화합의 사상을 그 원천으로 삼아 오늘의 세계문제를 푸는 탁월한 발상을 마련하는 것이 바람직하다.

이런 일을 맡는 한국학은 곧 세계학이어야 한다. 세계 전체의 범위에서 학문의 발전을 새롭게 하고 인류의 미래를 바람직하게 설계하는 일반이론 정립의 출발점이면서 도달점인 학문이 한국학이어야 한다. 나는 『세계문학사의 전개』를 비롯한 일련의 저서에서 한국학이 곧 세계학일 수 있게 하려고 했다. 생극론을 기본원리로 해서 세계문학사에 대한 새로운 이해를 이룩한 것을 핵심 작업으로 삼아, 유럽문명권중심주의의 잘못을 시정하면서 근대를 넘어서서 다음 시대로 나아가는 방향을 찾았다. 그 과업의 의의와 방향에 관해 다음과 같이 말했다.

세계문학은 개별적인 문학의 집합체라고 여기면 세계문학사는 성립되지 않는다. 세계문학은 온 세계에서 이루어진 문학의 총체이면서 그 구성요소가 각기 독자성을 가진다. 세계문학사 전개의 어느 국면을 밝힐 수 있는 소중한 증거를 지금까지 흔히 무시해온 문학에서 발견할 수 있다. 세계문학사 전개의 보편적인 양상을 선명하게 구현한 사례를 널리 찾아내, 통일성과 다양성을 함께 확인하는 것이 긴요한 과제이다.

세계문학사를 민족문학사끼리의 각축장으로 여기는 관습을 청산하고, 그 상위영역으로 관심을 돌려야 한다. 민족문학사의 상위영역인 문명권문학사에서는 다수의 민족문학이 하나이면서 여럿이고, 문명권문학사의 상위영역인 세계문학사에서는 다수의 문명권문학이 하나이면서 여럿인 다층적인 구조를 밝혀내야 한다. 문명권 밖의 문학은 문명권 안의 문학과의 비교를 통해서 성격과 위치를 파악할 수 있다.

문학은 문명권·민족·계급·개인의 차원에서 서로 다르면서 같고 같으면서 다르며, 싸우면서 화합하고 화합하면서 싸운다. 같은 것과 다른 것을 서로 매개로 삼아 확인하면서, 화합과 싸움이 하나이면서 둘이고 둘이면서 하나임을 밝혀내야 한다. 표면상의 승리가 이면에서는 패배일 수 있고, 싸우는 쌍방이 화합을 이루는 공동 창조의 작업을 함께 수행하기도 한다. 그래서 변화가 생기고 발전이 이루어진다. 모든 것이 다 그런 보편적인 이치를 문학에서 특히 선명하게 파악할 수 있다.

그 모든 현상을 다 파악하는 작업은 영원히 계속되어야 할 탐구의 과제여서, 세계문학사를 한 번 써서 감당할 수는 없다. 이 책에서 진행하는 작업은 그 일부에 지나지 않으며, 차등의 관점을 버리고 세계문학사의 전개를 대등의 관점에서 이해하는 것을 가장 긴요한 과제로 삼는다. 수나 힘의 우세 때문에 문학의 승패가 결정되지 않고, 문학은 표면의 승패를 역전시키는 기능을 수행하면서 다음 시대 창조의 방향을 제시한다고, 사실 차원에서 밝혀 논해야 한다.

역사가 시작된 이래로 줄곧 있어 온 우세집단과 열세집단, 중심부와 변방, 다수민족과 소수민족 사이의 불평등, 근대 이후 세계를 제패한 유럽열강과 그 피해지역의 불행한 관계에 대해서 반론을 제기하는 것이 문학의 사명이다. 정치나 경제에서의 우위가 사상과 의식에서는 역전된다는 것을 보여준다. 표리의 역전이 선후의 역전으로 바뀐다. 이렇게 말할 수 있는 결과를 구체적인 증거를 갖추어 제시해야 한다.

지금 말할 수 있는 원리에서 사실 입증으로 나아가면 할 일을 다 하는 것은 아니고, 그 둘을 합치는 더 큰 작업을 해야 한다. 과거와 현재를 연결시키는 데서 더 나아가, 미래를 예견해야 한다. 세계 어디에서 사는 사람들이라도 역사를 창조하면서 세계사 발전에 동참해온 과정을 밝혀내는 새로운 역사철학을 정립해야 한다. 오늘날 세력을 떨치고 있는 세계체제론의 일방적인 주장에서 벗어나 자본주의 세계체제의 주변부에서 다음 시대 창조를 선도할 수 있다는 것을 입증해야 한다.

경제성장에 의한 빈곤 해결, 정치적 자유의 확대와 신장뿐만 아니라, 내심의 표현을 함께 즐기는 행위에서 얻는 자기만족의 고조, 세계인식의 역동적인 경험 축적 또한 역사발전이다. 그 가운데 어느 한쪽의 일방적인 발전은 다른 쪽의 후퇴를 가져온다. 외면의 발전을 지나치게 추구하면서 남들과의 경쟁에서 승리하는 것을 능사로 삼는 쪽은 내면이 황폐화되어 세계사의 장래를 암담하게 만드는 데 가담한다.

피해자가 된 쪽은 인간의 존엄성과 문화의 주체성을 지키기 위한 힘든 노력을 하면서 평화의 이상을 더욱 고양시켜 인류의 지혜를 향상하는 데 기여한다. 그 가치를 스스로 인식하면 세계를 변혁하고 재창조할 수 있는 활력을 얻는다. 가해에 반드시 수반되는 자해행위는 스스로 알아차리지 못해 계속 키우다가 회복되기 어려운 지경에 이르러 자멸의 원인이 된다. 그렇게 해서 승리가 패배이고, 패배가 승리이게 하는 커다란 전환이 이루어진다.

이것은 바로 양(陽)이 극에 이르면 음(陰)이 시작되는 이치이다. 정치나 경제의 위력을 자랑하는 강자가 세계를 유린하는 이면에서, 패배가 승리이고, 갈등이 조화임을 입증하는 문화의 반격이 진행되어 후진이 선진이게 하는 것이 지금의 상황이다. 양기의 강성함을 다투어 예찬하는 다른 여러 학문과 결별하고, 음기의 성장을 주목하고 평가하는 더욱 중요한 일을 문학사학에서 감당한다.

구비문학보다 기록문학이, 필사본보다는 인쇄본이, 기증용의 인쇄본보다는 영리적인 출판물이 전달의 범위가 넓다는 점에서는 발전된 문학이다. 그러나 그런 발전의 이면에 창조자와 향유자 사이의 거리가 멀어져서 공감의 밀도가 흐려지는 퇴보가 있다. 중세국가의 지배민족이 기록문학을 확립하고, 근대화를 먼저 달성한 사회에서 영리적 인쇄본 기록문학 발전을 선도한 것은 평가할 만한 일이지만, 그 때문에 상실된 가치도 지적해서 말해야 한다. 지배민족의 기록문학에 구비문학으로 대응하는 소수민족, 근대화의 중심권에서 밀어닥치는 출판물의 일방적 우세에 구비문학의 가치를 다시 입증하는 창조활동으로 맞서는 제3세계작가는 후진이 선진임을 입증한다.

역사를 이해하는 관점을 중세의 순환론에서 근대의 발전론으로 바꾸어놓아 오랜 논란이 해결된 것은 아니다. 순환론과 발전론은 둘 다 한쪽에 치우쳐 있어 잘못되었다. 순환이 발전이고, 발전이 순환임이 진실이다. 발전은 순환을 갖추면서 이룩해야 한다. 순환은 발전을 동반해야 의의가 입증된다. 중세의 순환론과 근대의 발전론을 하나로 합칠 수 있어야 역사를 실상대로 인식하고 올바르게 창조할 수 있다.

순환을 배제하고 일방적으로 추진하는 발전은 지속적인 의의를 스스로 부인하는 위태로운 모험이다. 발전을 거부하고 순환에만 집착하면 침체에 빠지고 생기를 잃어 수호해야 할 가치가 무엇인지 모호하게 만든다. 그 양극단에서 벗어나 음양의 화합과 투쟁이 생성과 극복으로 나타나는 양면이 둘이면서 하나이고, 하나이면서 둘임을 밝혀, 순환이 발전이고 발전이 순환임을 분명하게 해야 한다.

문학사의 시대구분은 문명권문학과 민족문학과, 중심부의 문학과 주변부의 문학, 외면의 역사와 내면의 역사, 역사의 발전과 순환의 상관관계를 명시하면서 이루어져야 한다. 그 양상이 민족문학사마다, 문명권문학사마다 다르다는 것을 말해주는 개별 작업보다는, 민족문학사끼리, 문명권문학사끼리 같다는 것을 말하는 통괄작업이 지금은 더욱 긴요하다. 통괄 이해에 먼저 힘쓰면서 그 성과에 힘입어 차이점도 밝혀내는 것이 마땅한 방법이다.

시대구분을 하기 위해서는 명확한 데서 불명확한 데로, 단순한 데서 복잡한 데로, 문학만의 현상에서 문학과 다른 것들이 서로 얽혀 있는 현상으로 나아가는 것이 그 반대의 경우보다 유리하고 유익하다. 사회적 토대의 역사를 먼저 밝혀야 그 상부구조에 해당하는 문학의 역사에서도 시대구분을 할 수 있다는 주장은 인정할 만한 결과를 이룩하지 못하고, 불필요한 서론만 연장시키는 폐단을 자아냈다. 문학사에서 사회사로 나아가는 일은 문학사학에서 하고, 사회에서 문학으로 나아가는 일은 사회사학에서 해서 장차 그 둘이 하나가 되기를 기약하는 것이 마땅하다.

자기 시대에 이르러 역사가 완결되었다고 한 과거의 모든 착각은 허위로 판명되었다. 근대가 문학사의 도달점이라는 생각을 버리고, 역사가 끝났다고 하는 따위의 허언에 현혹되지 말고, 다음 시대를 예견하고 창조하는 방안을 마련해야 한다. 현재에서 미래로 나아가기 위해서는 과거에서 현재까지의 변화과정에 대한 탐구가 반드시 필요하다.

근대를 이룩하면서 중세를 부정하고 고대를 계승한 것이 당연한 일이었듯이, 근대를 극복하기 위해서는 중세를 긍정하고 계승해야 한다. 중세의 신분차별을 시정하고 한 민족 공동체의 구성원은 원칙적으로 평등하다고 한 근대의 공적은 평가해야 한다. 그러나 그 때문에, 중세의 이상이었던 보편주의를 부정하는 배타적 민족주의를 내세워 침략과 억압을 일삼는 근대의 과오를 용납할 수 없다.

근대를 극복하기 위해서 고대 또는 원시 시기의 문학 또한 다시 활용할 필요가 있다. 기존의 강자를 무너뜨리고 새로운 역사를 창조한 고대영웅서사시 주인공의 투지는, 그런 서사시를 아직까지 구전하고 있는 집단의 짓밟힌 주체성을 고양시키는 발판이 되고, 더 나아가 오늘날의 세계체제 전체를 뒤집어놓을 수 있게 하는 의지의 표상이기도 하므로 널리 받아들일 만하다. 원시서사시에서 제시한 사람과 다른 생물, 생명체와 무생물 사이의 화합은, 오직 투쟁만 소중하다고 여기는 근대인의 가해와 자해를 치유하는 지혜의 원천으로 삼을 수 있다.

고대에는 뒤떨어진 민족이 중세를 만드는 데 앞섰다. 이슬람교를 창건한 아라비아 사람들이 그렇게 했다. 중세의 열등생이 근대화를 선도했다. 영국인과 일본인이 그 본보기를 보여주었다. 과거의 사실에 대한 인식을 미래의 설계에 응용해서, 근대를 극복하고 다음 시대를 만드는 작업에서도 후진이 선진일 수 있는 원리를 정립하고, 실제 작업에서 입증하는 것이 세계문학사 서술에 부과된 과제이다.

그 모든 작업을 하는 기본 원리는 동아시아 철학의 가장 소중한 유산을 재

창조한 생극론(生克論)이다. 조화로운 생성 과정인 상생(相生)과 모순을 투쟁으로 해결하는 극복의 과정인 상극(相克)이 둘이 아니고 하나라고 하는 것이 그 기본명제이다. 그렇게 해서 제1세계 세계문학사의 기본전제를 마련한 헤겔의 관념변증법, 제2세계 세계문학사 서술의 지침이 된 마르크스의 유물변증법에 대한 대안을 제시한다. 그 둘이 상극에 의한 발전을 일방적으로 강조한 데 맞서서 상극이 상생이고 상생이 상극이며, 발전이 순환이고 순환이 발전임을 밝혀 막힌 길을 활짝 연다.

이제 동아시아가 선두에 나서서 다른 곳을 이끌어야 하는 것은 아니다. 유럽문명권의 독주 때문에 빚어진 불행한 역사를 청산하고 다음 시대를 열기 위해서 일제히 노력하는 데 동아시아도 다른 여러 문명권과 함께 적극 기여하는 것이 마땅하고, 한국에서도 할 일을 해야 한다. 나는 내가 할 수 있는 범위 안에서 그 임무의 일단을 수행하면서, 주위의 다른 사람, 이웃 나라 학자, 다른 문명권의 학계의 분발을 촉구한다.

생극론은 내가 맡아서 새롭게 활용하고 있으나 지적 소유권을 주장할 수 없는 우리 모두의 공유물이다. 동아시아 학자들만 그 지분을 가진 것도 아니다. 말이 달라 용어는 같지 않아도 기본적으로 같은 발상을 하는 동지들이 세계 도처에 있다고 믿는다. 모두 힘을 합쳐 세계사 전환의 거대한 과업을 담당하자고 널리 제안한다.

주체적이면서 세계적인 학문을 할 수 있는가 하는 어리석은 질문은 그만하자. 이런 학문을 실제로 한 지 오래되고 축적된 업적이 상당하다. 가능성을 의심하면서 공연한 걱정을 할 단계는 아니다. 걱정하는 사람이 선두에 서 있다는 착각은 버려라. 계속 혼자 나아갈 수 없어 동지를 널리 구하니 주저하지 말고 참여하기 바란다.

9.

세 가지 엄청난 차등론의 도전을 감당해야 하는 불운이 행운이어서, 대등론 역사철학을 깊고 넓게 제시한다.

중국의 차등론 압력에 학업에 열중하고 사고의 수준을 높이면서 대응해, 동아시아문명의 보편적 가치를 입증하고 확대한다.

일본의 침략에 맞서 민족의 역량을 고양시켜, 전 세계 모든 피지배민족 동지들이 희망을 가지게 하는 세계사의 전환을 선도한다.

유럽문명권의 패권주의 차등론을 반면교사로 삼고, 온 인류가 대등한 자격을 가지고 다음 시대를 창조하는 지표를 제시한다.

이 모든 논의가 아직 미흡하다. 총론과 각론 양면에서 더 해야 할 일이 아주 많다. 대등론 역사철학을 더욱 분명하고 역동적이게 하는 공동의 노력이 절실하게 요망된다.

영화 〈수라〉 그 후

이희연

끝없는 풀이 펼쳐졌다. 이곳이 바다였다는 것을 나는 상상할 수 없었다. 무성한 풀과 초록의 생명은 언제나처럼 아름다웠지만, 나부끼는 풀에 마음이 할퀴어졌다. 그러나 풀은 잘못이 없다. 잘못이 있다면 인간에게 있을 뿐. 갯벌을 간척한 죄, 무수히 많은 생명을 죽인 죄, 생태계를 파괴한 죄, 그리고 이전의 "아름다움을 본 죄." 그 아름다움을 본 죄로 황윤 감독은 영화 〈수라〉를 만들었음을 말했다. 〈수라〉를 보고 새만금으로 간 나는 아름다움을 찾아 헤매며 스크린으로나마 아름다움을 엿본 죄를 풀고 싶은 것일까. 광활한 새만금은 바람 소리와 공사 소리가 뒤엉켜 마음을 더 복잡하게 했다.

【평화가 사라진 땅에는 아무도 살 수 없다】

나는 평화학 연구자다. 평화의 여러 이슈 중에서도 죽음의 정동과 느린 폭력에 관심이 있다. 서서히 죽음을 발생시키는 정동이 어떻게 일어나는지 폭력의 관계를 살피고, 그것을 끊을 방안을 고민한다.

새만금은 글로만 접한 곳이었다. 나는 1992년생으로 1991년 새만금 사업이 시작된 후 태어났다. 새만금 공사가 한창일 때 나는 초등학생이었다. 중고등학교 시절을 지나 대학생이 되었을 때 환경에 관심을 가지고 활동을 하며 새만금을 알게 되었지만, 가 볼 생각은 하지 않았다. 먼 곳의 이야기로 느껴졌다. 그 후 평화학을 공부하며 삼보일배 오체투지 운동에 대해 자세히 들여다보며 내가 아무것도 몰랐던 시기에 많은 분들이 남긴 운동의 흔적으로 뒤늦게 대규모 생태학살을 막기 위해 사람들이 어떻게 얼마나 애썼는지 알 수 있었다. 그렇게 나는 오랜 시간이 흘러서 새만금에서 일어난 폭력과 죽음을 마주하게 되었다.

공사가 시작된 후 새만금에서는 여러 생물이 죽어갔다고 한다. 떼로 죽고, 홀로 죽고, 온갖 죽음이 난무했다. 그리고 거기에는 사람도 있었다. 뻘을 밟으며 그 생명력을 느끼며 함께 살아가던 사람들은 갯벌이 사라지자 같이 말랐다. 생계수단을 잃었고, 삶을 잃었고, 생명을 잃었다. 생명과 평화 대신 죽음과 폭력이 들어선 자리에는 아무도 살 수 없었다.

폭력은 궁극적으로 땅에 생명이 뿌리내릴 수 없게 만든다. 갈아엎어진 땅에서 순식간에 수많은 생명이 숨이 막혀 죽었을 것이다. 화학 약품에 절여지거나 독성 물질에 죽어 가도 말을 할 수 없었을 것이다. 사람도, 새도, 갯벌의 작은 생물들도. 폭력이 난무한 자리에는 빠르게, 동시에 느리게 죽음이 계속된다. 그렇기에 영화 〈수라〉에서 나온 생태학살의 장면에서 나는 펑펑 울 수밖에 없었다. 이 많은 생명이 이미 죽었다는 것이, 내가 지금 할 수 있는 게 우는 것밖에 없다는 것이 나를 숨 막히게 했다. 그 때문이었을 것이다. 오래전에 들었지만 가보지 않았던 새만금에 가야겠다는 결심을 단숨에 한 것은. 어떻게 죽음이 일어났는지, 지금은 어떤 폭력이 자행되고 있는지 봐야 했다.

그 땅에는 아직도 내가 살아온 시간 이상으로 공사가 진행 중이다. 그만큼 그 안의 생은 점차 죽어 갔고, 죽어 가고 있다. 생명의 모습이 사그라든 자리에 각종 장비와 공사의 모습이 보였다. 그중 하나인 해창갯벌에서는 세계잼버리 대회가 열리고 있다. 생태학살의 현장에서 아이들은 무엇을 얻어갈 수 있을까. 그보다 무더위가 기승을 부리고, 폭우가 지나간 땡볕 아래서 아이들은 무사할

2023.06.21
감독 황윤 제작/배급 스튜디오 두마, 미디어나무 전체관람가
제27회 부산국제영화제
다큐멘터리 경쟁
제48회 서울독립영화제
장편 경쟁 | 관객상
제20회 서울국제환경영화제
한국 경쟁 대상
바다를 바란다
수라

수 있을까.

죽음의 장소에서 생명을 배울 수는 없을 것이다. 그저 그들이 무탈하기를 바랄 뿐이다. 또한, 강과 바다가 만나는 곳, 갯벌이 사라진 자리에서 폭력과 권력이 만났다는 것을 먼 곳에서 온 아이들은 모를 것이다. 하지만 언젠가 자신이 밟았던 땅에 대한 호기심이 생겼을 때, 오랜 시간 수라를 지킨 새만금 시민생태조사단이나 황윤 감독과 같은 기록자들로 인해 아이들은 뒤늦게 알 수도 있을 것이다. 평화가 사라진 땅에는 아무도 살 수 없다는 것을.

【우리는 아직 전쟁을 하고 있다】

미군기지 옆, 과거에 갯벌이었던 넓은 들판을 바라보며 마음이 싱숭생숭했다. 전쟁이 보였기 때문이다. 평화학을 공부하며 폭력과 전쟁은 언제나 뗄 수 없는 주제였다. 일상적 폭력과 극단적 폭력, 빠른 폭력과 느린 폭력 등 다양한 케이스들을 보며 나는 한국에서 일어난 '과거'의 전쟁과 '현재' 일어나고 있는 일상의 폭력을 떠올렸다. 하지만, 새만금에서 본 풍경은 '현재'의 전쟁이었다.

도시의 사람들이 각기 다른 이유로 바쁘게 살아가는 와중에 사람들의 시선에서 벗어난 새만금에서는 전쟁을 위한 포석을 까는 공사들이 진행되고 있었다. 군산공항을 폐쇄하고, 아주 가까운 곳, 미군기지 바로 옆에 신공항을 짓겠다는 계획, 미국-일본이 제2의 동아시아 전쟁(더 나아가 세계대전)을 준비하기 위한 전초 기지로 군산을 쓰고 있다는 것이 분명했다. 한국 역시 그 전쟁에 동참하고 있다고 볼 수밖에 없었다. 군기지 바로 옆에 공항을 짓는다면 그것이 민간공항으로 쓰이기 위함은 아닐 것이다. 필시 미래에 그곳은 전쟁을 위한 군 공항이 될 것이다.

전쟁은 하루아침에 일어나지도, 끝나지도 않는다. 전쟁을 준비하기 위한 제반 시설 마련과 사람들의 혐오와 극단적 폭력을 불러일으키기 위한 사회문화적 상황이 갖춰졌을 때, 국가는 전쟁을 시작한다. 그리고 어느 한쪽이 더는 전쟁을 지속할 수 없는 상황이 되었을 때 끝이 난다. 즉, 전쟁은 누군가를 죽일 수 있는 장비와 죽여야 한다는 또는 죽이고 싶다는 마음 없이는 일어날 수 없고, 그것이 사라지기 전까지 끝날 수도 없다.

새만금 시민생태조사단에 참여하며 건네 들었던 주민들의 부푼 희망은 공항이 지어지면 어떻게든 잘 될 거라는 것이었다. 공항이 들어서고 농지로 쓰이기로 했던 곳이 용도변경을 하여 산업단지로 쓰이면 경제 개발이 되고 발전이 될 것이라는 개발주의의 희망. 그러한 희망이 얼마나 많은 생명을 죽여 왔는지는 중요하지 않아 보였다. 그리고 얼마나 큰 폭력을 불러일으킬 수 있는지도.

개발은 목적이 분명하다, 돈. 이는 전쟁 역시 마찬가지다. 전쟁을 이용하는 사람들은 돈을 벌기 위해 생명을 파괴한다. 개발의 가장 끝, 가장 돈이 되는 개발은 전쟁이다. 전쟁은 사람들의 혐오를 부추겨 부흥한다. 그 혐오는 '나만 아니면 돼' 혹은 '나만 잘 살면 돼'라는 이기주의에서 시작된다. 그 마음이 내가 감당해야 할 책임을 전가하고, 개인의 폭력성을 극대화한다.

지금 우리의 시계는 서서히 전쟁을 향해 흐르고 있다. 북유럽 및 동유럽 국가들의 나토 가입을 유도하기 위해 우크라이나-러시아 전쟁이 발생한 것처럼 미국과 일본은 한국을 향해 전쟁의 손길을 내밀고 있다. 이 상황에서 개발한다는 것은 한반도를 전쟁터로 삼겠다는 것이다. 적자가 난 공항 옆에 또 다른 공항을 짓는다. 그 옆에는 미군기지가 존재하고 있다. 인근의 땅은 이미 미국에게 넘어간 상태이다. 이 말은 훗날 그곳이 전쟁기지가 될 거라는 말이나 다름없다. 우리는 전쟁을 쉬고 있지만 멈춘 적이 없다. 그 말은 누군가는 전쟁을 준비하고 있다는 것이다. 그 씨앗은 폭력이 튀어나오는 곳에 자리한다.

【녹색 죽음】

우리는 녹색을 이야기하며 생명을 떠올린다. 하지만 녹색 성장과 그린 워싱은 죽음을 연상하게 한다. 생태계의 죽음, 존재의 죽음, 관계의 죽음. 녹색이라는 이름을 앞에 내건 경제 성장은 죽음을 끌고 다닌다. '수라'는 그 무수한 죽음 가운데 하나이다. 하나임과 동시에 모든 것이다. 그 하나에 셀 수 없는 생명이 연결되어 있다. 인간의 눈에 보이지 않는 생명이 사라지고 있다. 그 끝에 인간은 살 수 있을까.

서구적 근대화가 진행되면서 종교의 자리를 대신한 과학은 이성의 힘을 앞세웠다. 사람들은 이성이 우리를 다시금 구원해줄 것이라 믿었다. 그렇게 이성의 이상이 시작되었다. 신화가 아닌 신화, 즉 성공 신화라 불리는 경제적 착취가 사람들의 마음을 마비시켰다.

경제적 착취는 전가를 기본 전제로 한다. 내가 쓰는 에너지를 내가 만들지 않는다면 그것은 어디서인가 에너지를 생산하는 곳이 있다는 말이다. 내가 입는 옷을 내가 만들지 않는다면 그것은 어디서인가 옷을 생산하는 누군가 있다는 말이다. 이는 내가 해야 하는 것을 누군가 하고 있다는 것이다. 만일 내가 무엇을 직접 생산하지 않아도 그 과정을 볼 수 있고, 알 수 있다면 무분별한 전가는 쉽게 발생하지 않는다. 내 눈앞에서 극심한 폭력이 행해진다면 모두가 그것을 보고만 있지는 않을 것이기 때문이다. 하지만 현대 사회는 그 과정을 사람들의 시야에서 없애면서 전가로 인한 폭력을 점점 심하게 가속화하고 있다.

선진국이라 불리는 경제 성장국들은 생산을 전가하는 시스템을 가지고 있다. 사람들의 눈에서 본인이 쓰고 있는 모든 것이 만들어지는 과정을 숨기고, 돈으로 그것을 거래하게 한다. 즉, 만들어지는 과정에서 어떠한 폭력이 일어나고 있는지 개인이 알 수 없다는 말이다. 이는 식민지배의 방식과 동일하다. 식민지에서 필요한 것들을 가지고 오면서, 그것을 쓰는 사람들은 그것이 어떻게 나에게로 오는지 모른다.

흔히 한국은 원조 받던 나라에서 원조하는 나라로 성장했다고 치켜 올려세워진다. 한국에 사는 많은 이들도 급속한 경제 성장을 자랑스러워한다. 하지만 그 말은 단순히 이 나라의 경제가 윤택해졌다는 것만 의미하지 않는다. 이는 우리가 식민 지배에서 벗어나 식민 지배를 행하고 있다는 것을 말한다. 국가 단위에서, 지역 단위에서 식민 지배의 행태들이 반복된다. 그렇기에 기후위기에서 더 피해 받는 것은 생산 공장이 있는 나라이고, 지역이다. 그러니 우리는 알아야 한다. 내가 쓰는 것이 어디서 오는지 모른다면 내가 지금 무언가를 착취하고 있다는 것이다.

【지속 가능한 사회】

생태경제학자 사이토 고헤이는 한 포럼에서 "마르크스가 종교가 인민의 아편이라고 했다면, 지속가능발전목표(SDGs)는 현대의 아편"이라 말했다. 왜 그랬을까. UN은 2015년에 SDGs를 채택했고, 그에 따라 기업들은 지속 가능한 성장과 개발을 외치며 ESG 부서를 만들었다. 그 후 정부와 기업들은 자본주의의 한계에 다다른 개발 사업에 친환경을 붙이며 그린 워싱을 시작했다. SDGs는 빈곤, 기아, 성차별 등을 주제로 사람을 위한 개발을 내걸며 인권과 환경을 이야기한다. 결국은 개발하겠다는 말이다. 경제 성장국들은 제국주의와 식민주의가 만들어낸 지금의 개발주의를 깰 생각이 없다.

개발주의와 지속 가능한 사회는 공존할 수 없다. 개발주의는 존재의 목소리를 죽이기 때문이다. 토마스 베리가 말했듯 인간을 비롯한 모든 존재는 지구의 구성원들로서 지구 공동체에서 그 자신의 목소리를 지닌다. 그 목소리로 우리는 다른 존재와 영적 교류를 하고 관계를 맺으며 살아간다. 하지만 슬프게도 지금의 사회와 국가는 그 관계망들을 부수는 일에 열중하고 있다.

새만금은 거대한 생명파괴의 현장이다. 파괴의 주체는 국가이고 사람이다. 이렇듯 국가폭력은 인간을 넘어서 모든 생명에게까지 영향을 미치고 있다. 오랜 시간 전쟁과 독재로 인해 발생한 국가폭력이 범위를 확장하여 생태계로 간 것이다. 전쟁에서 인간이 학살당하듯 갯벌에서 생명이 학살당한다. 아무것도 모르는 채 그저 죽음을 맞이해야 하는 그들의 목소리는 어디에 있는가.

침묵은 가장 극한의 폭력에서 발생한다. 사회적, 문화적, 구조적 폭력이 집약되어 존재를 말살할 때, 존재는 살아있으나 죽은 것이 된다. 목소리를 잃은 존재는 자기 자신을 잃고, 타인에 의해 혹은 자신에 의해 결국 목숨을 잃는다. 새만금 간척은 수많은 존재의 목소리를 앗아가는 폭력을 행하고 있다. 목소리를 잃는다는 것은 인간이 지구를 잃는 것과 같다. 인간이 지구를 잃지 않기 위해서는 더 늦기 전에 침묵 속에서도 살아남은 소중한 존재들의 소리를 귀 기울여 들어야 한다. 새만금 시민생태조사단이 20년이 넘는 시간 동안 그 소리를 찾아온 것은 지구에서 다시 함께 살 수 있는 인간의 마지막 기회일지도 모른다.

지속 가능성이 계속 여러 곳에서 화두로 나온다. 과연 무엇이 지속 가능한 것일까. 작은 생명 하나 살지 못하는 곳에서 인간은 지속 가능할 수 있을까. 영화 〈수라〉를 보며 분명해진 것은 인간이 생존하려면 가장 작은 생명 역시 생존할 수 있는 환경이 갖춰져야 한다는 것이었다. 모든 생명을 죽이고 위에 서는 것은 아무리 반짝일지라도 살아 있는 것이 아니다. 우리는 녹색을 앞세워 어떤 죽음을 만들어내고 있는가. 푸르게 펼쳐진 새만금은 그 답을 품고 있다.

독일로 간 생명평화 기행

전희식

요즘 세상에 외국 한 번 안 나가 본 사람이 없을 것이다. 비행기도 안 타 본 사람보다 타 본 사람이 훨씬 더 많을 것이다. 비행기 타고 외국 다녀온 얘기를 하려고 한다. 보름 동안 독일을 갔었다. 현재 독일 교민이 5만 명이나 되고, 유학이나 사업차 출장을 가는 경우도 많을 것인데 딱 보름 다녀온 내가 독일 얘기를 하려고 한다. 다음 비유를 미리 깐다.

한국에 겨우 보름 동안 다녀간 외국인이 자기 나라 돌아가서 신나게 떠든다고 해 보자. 그걸 한국에서 나고 자란 한국인이 듣는다고 할 때, "아니. 화장실 깨끗한 게 그렇게 신기해?"라든가, "식당에서 반찬 하나 추가하는 게 공짜 건 당연하지 않아?"라고 되물으며 어이없어 할 수 있다.

공공시설이건 민간시설이건 대부분 냉온수가 설치되어 공짜로 물을 마실 수 있는 걸 가지고 놀라워하는 그 외국인이 이상해 보일 것이다. 내가 하는 독일 얘기도 그런 면에서 유용성이 있었으면 한다.

【어디든 갖다 대면 한글로 보여 주는 이미지 번역기】

꼭 독일이어서는 아니겠다. 이번 여행에서 가장 인상적이고 놀라운 건 구글 이미지 번역기다. 길가의 간판이건 지하철의 광고판이건 독일 책이건 뭐든 구글 이미지 번역기를 갖다 대면 바로 한글로 보여준다. 이미지 번역기가 이렇게나 발전해 있을 줄은 꿈에도 알지 못했다. 구글의 텍스트와 음성 통·번역 성능도 입이 딱 벌어질 정도였다. 자음과 모음으로 이뤄진 텍스트는 컴퓨터 학습이 쉽겠지만 철자 하나도 이미지가 수십, 수백 개가 넘는데 이미지 번역기는 그걸 다 학습해버린 모양이다.

베를린의 슈프레 강 옆에 있는 '미래로 가자'는 의미의 퓨처리움 박물관에 갔을 때 하마터면 사고를 칠 뻔했다. 소책자는 물론이고 전체 3층에 전시된 다양한 부스의 안내판들을 실시간 한글로 읽을 수 있게 된 나는 휴게실에서 파는 환경 관련 독일 책을 서너 권 집어 들고 사려고 했었기 때문이다. 책도 스마트폰을 갖다 대면 순식간에 한쪽 전체를 한글로 보여주었기 때문이다. 다행히 사고를 치지는 않았는데, 번역기 덕분에 퓨처리움 박물관 관람은 독일 사회의 현재와 희망을 실시간으로 알 수 있었다.

10가지 질문과 1000가지 대답이라는 부스가 생각난다. 환경 질문이 하나 있었는데 세 가지 답이 있었다. 답 중 하나는 "미래에는 나는 비행체는 줄어들고 로봇 교사가 많을 것이다."이고 두 번째는 "자동차보다는 공원, 자전거도로, 놀이터가 늘어나야 한다."이고 세 번째는 "미래의 도시는 화성에 가 있을 것이다"였다. 지구는 살 수 없어서 화성에 도시를 건설한다는 상상이다.

혹시나 하고 우리나라 네이버에서 서비스 중인 '파파고'를 실행해서 이미지 번역을 해봤다. 편의성에서 구글 번역기보다 나았다. 1~2년 전 내 기억에는 파파고가 구글 번역기에 훨씬 못 미치는 걸로 되어 있었는데 역전된 느낌이다. 어쨌든 브란덴부르크 문 앞에서 열린 후쿠시마 핵 오염수 반대 집회에서 시위하고서 주워 온 독일어로 된 전단들과 성명서, 생태 도시 프라이부르크에서 가져온 자전거 이용 안내 책자를 귀국한 뒤에 꼼꼼히 읽고 이 글을 쓸 수 있는 것도 이미지 번역기 덕분인 건 분명하다. 인공지능 발달로 수많은 일자리가 사라질 것이라는 예측이 있어서 마냥 좋아할 일은 아니지만 이런 흐름은 더

거세질 것이다.

【시민 양심 교통 티켓】

'양심 티켓.' 이게 무슨 말일까? 버스, 트램(지상과 지하를 다니는 독일의 전철), 기차, 지하철 등을 양심껏 탄다. 양심껏 탄다는 건 알아서 표를 끊고 알아서 탄다는 말이다. 독일은 모든 대중교통이 개찰구도 없고 검표기도 없고 검표원도 없다.

어느 날 버스에서였다. 버스 안에 있는 표 판매기 앞에서 한 남자가 동전을 찾는지 호주머니 양쪽을 뒤져 표를 끊었다. 오래 기다렸던 뒷사람은 카드로 표를 끊는다. 어떤 사람은 동전이 모자라는지 일행에게 동전 몇 개 얻어서 표를 끊었다.

줄을 서서 기다리는 사람들은 여유만만했다. 버스는 계속 달리고 있었기 때문이다. 그렇게 끊은 버스표를 꼬깃꼬깃 호주머니에 넣든지 쓰레기통에 버렸다. 더 이상 표는 필요하지 않아서다.

시골 노인인 내가 서울에서 공짜 지하철을 타려면 신분증을 들고 경로 우대 일회용 표를 사면 된다. 500원짜리 동전만 있으면 된다. 내리는 곳 개찰구 근처에서 반환용 기계 앞에 가면 500원도 돌려받는다.

급할 때 이렇게 하려면 지하철 한두 대 놓치기는 하지만 서울에서 천안까지도 공짜다. 버스도 타고 지하철도 타야 하는데 교통카드를 깜빡하고 안 가져갔다면 환승 혜택은 못 받지만 그래도 이게 어딘가 싶다. 참 좋은 세상이다.

그런데 독일에 와서 더 좋은 세상을 만난 것이다. 바로 이 양심 티켓이다. 사람들이 표 끊느라 차편을 놓치는 일이 없다. 버스나 지하철에 일단 올라타고 그 안에 있는 자동 발급기에서 표를 산다. 그걸로 땡이다. 우리처럼 버스에 탈 때 운전석 옆에 있는 엔에프시(NFC 근접 결제 시스템)에 교통 칩이나 스마트폰을 갖다 댈 필요도 없다. 그런 장치도 없다. 양심 티켓 하나면 된다.

독일의 무 검표 시스템은 교통 당국과 시민들 간의 믿음의 표상이라 하겠다. 표를 안 끊고 타는 얌체족으로 인한 손실보다는 개찰구의 초정밀 검표 시스템 비용이 더 든다는 결론을 내렸을 것으로 보인다. 그래서 이런 독일의 교통 시스템을 '시민 양심 교통 티켓'이라고 부른다는 것이다.

표는 일회용, 하루 용, 도시 티켓, 카드 티켓 등이 있다. 고속열차 외에 모든 교통수단을 한 달 내내 탈 수 있는 49유로 티켓도 있다. 49유로 티켓은 지하철 s 반, 지상 u 반, 마을버스처럼 짧게 다니는 트램, 2층 전철, 버스 등을 무제한 탈 수 있다. 우리는 독일에 도착하자마자 모두 해당 홈페이지에 들어가서 49유로 티켓을 끊었다.

우리나라는 기차는 코레일 앱, 시외·고속버스는 티머니, 비행기는 스카이스캐너 등 여행사, 숙박은 여행사나 에어비엔비 등에서 표를 끊는다. 독일은 Omio 앱 등 통합된 앱으로 버스나 기차, 비행기 표를 끊는다. '플릭스 버스(Flixbus)'를 타면 39개국 3000여 도시로 갈 수 있다. 이런 교통 시스템의 목표는 승용차 이용을 줄이기 위한 것으로 보인다.

기차도 마주 앉는 의자, 큰 의자와 작은 의자, 가족실, 마트 수준의 차량 내 매점이 있다. 버스에 있는 자전거 전용칸, 버스 안에서 현 위치를 노선도 위에 실시간으로 보여주는 전광판, 에너지 절약을 위해 출입문 버턴을 눌러야 개별 출입문이 열리는 지하철 도어 시스템 등이 인상적이다.

우리도 기차는 개찰구가 없다. 검표를 안 한다. 그러나 실제로는 늘 실시간으로 확인한다. 내가 그걸 어떻게 알게 됐냐면 이런 적이 있었다. 기차에 올라 급한 김에 눈에 띄는 빈자리에 앉았다. 문자를 보내야 할 곳이 있어서다. 바로 역무원이 내 앞에 왔다. "이 자리가 고객님 자리인가요? 표 좀 보여주실래요?" 라고 확인하러 온 것이다. 아마 빈자리에 누군가가 앉으면 그게 역무원 개인 기기 위에 표시가 나나 보다. 나는 곧장 내 자리를 찾아가야 했다. 독일에서 우리 일행들은 49유로 티켓을 보름 동안 사용하면서 온갖 교통수단을 이용했는데 한 번도 검표를 요청받지 않았다.

사실 현대의 모든 첨단 시스템들은 불신을 전제로 하는 것들이라 할 것이다. "나 너 믿지 않아"를 공공연히 드러낸다. 열쇠, 비밀번호, cctv 등이 다 그렇다. 불신한다고 말해도 아무도 놀라지 않는다. 그런 사회라는 게 참 놀랍다. 양심 티켓이 돋보이는 이유다.

【유리병 생수와 부드러운 현수막】

부러워하면 진다는 말이 있는데 자꾸 부러운 이야기만 하는 것 같다. 부럽다는 것은 그렇게 되고 싶다는 것이다. 평소 바람의 접점을 발견했을 때 부러움이 생기는 것이다. 지하철에서였다. 세계적인 초국적기업 맥도날드의 광고판이 있었다.

"나는 행복해요. 곧 아름다운 책이 될 수 있거든요."라는 광고 문구가 보였다(당연히 이미지 번역기로 읽었다). 자세히 봤다. 왕창 찌그러진 종이컵 사진이 그 문구 옆에 있었다. 일회용 종이컵 하나도 재활용하자는 공익성 광고다. 기업이 좋은 이미지를 만들고자 하는 이런 유의 광고가 한국에도 많다. 그러나 내가 이 광고를 놀라워한 것은 계도하는 권유형이나 교훈형으로 되어 있지 않아서다. 종이컵을 의인화 한 고백형이라는 점에서 감동이 컸다.

일반 시민들이 내건 현수막도 비슷한 느낌이었다. 한번은 숙소 앞에 있는 버스 정거장 근처에서 개인 집에 걸린 현수막을 보았다. 2층 연립주택으로 보였다. 현수막 끝부분에는 예쁜 토끼 그림을 포함한 동물 이모티콘이 세 개쯤 그려져 있었다. 얼른 스마트폰의 이미지 번역기를 대봤다. "휴게 공간 없는 도시는 광대 없는 서커스단이다"라고 되어 있었다.

조금만 걸어가면 냇물도 있고 천연소재의 놀이터도 있는데 녹지공간을 더 조성해 달라는 현수막이었다. 무엇무엇을 '하라!'라든가, '결사반대'라는 글귀에 익숙한 나게 신선했다. 광대 없는 서커스단이라. 밋밋해 보이지만 부드러운 설득력이 있었다. 장난삼아 이 현수막을 한국형으로 바꾸어보자는 얘기가 나왔다. "숨 막혀 못 살겠다. 녹지공간 늘려라."라는 말이 나왔고, "녹지공간 추가 확보 끝까지 투쟁하자"라는 말도 나왔다.

'슈투트가르트21' 등 독일에서 내가 본(내 눈에 띈) 개인과 집단의 사회적 발언들은 부드러웠다. 부드러웠지만 명료했다. 뒤에 언급하겠지만 이는 독일식 정당명부제와 비례대표제가 주권자의 의사가 정치적 의사결정에 반영되는 통로가 정치적으로 잘 확보되어 있는 것 때문으로 보였다. 고래고래 소리 지르고 과격한 행동을 할 필요가 없지 않나 싶다. 정치적 소수자들도 의회 의석을 쉽게 확보할 수 있기 때문이다.

이 대목에서 '회복적 정의'가 떠오른다. 강제와 처벌을 중심으로 하는 근대 국가들의 '사법적 정의'와 대립하는 말이다. 상처가 큰 사회나 개인은 거칠고 차갑다. 거칠고 과격한 사람은 언젠가 어디선가 부당한 상처를 받았다는 전제를 둔다. 이게 사법적 정의의 출발점이기 때문에 처벌보다 치유에 관심을 둔다. 뒤집어 보면, 억울하고 부당하게 피해를 본 사람은 잠재적 가해자가 된다는 말이다. 당해 본 사람이 해코지한다는 말과 같다. 놀라운 가설이다. 민간인 학살, 전쟁, 분단 등 우리와 역사적 트라우마가 엇비슷한 독일이 정치적·사회적으로 우리와 큰 차이를 보이는 점은 관심의 대상이다.

유리 생수병 얘기도 하고 싶다. 베를린에 있는 하인리히 뵐 재단(Heinrich-Böll-Stiftung)에 갔을 때다. 개인 물병을 들고 물을 따라 마시러 행사장 뒤편에 갔을 때, 큰 생수병이 있었는데 모두 유리병이었다. 녹색당 중앙당사에 갔을 때도 그랬다. 유리병이라 무겁다. 값도 비싸다. 물어봤더니 페트 물병보다 700원쯤 비싸다고 한다. 나들이 가려면 선뜻 유리 생수병에 손이 잘 가지 않을 것 같다.

이보다 놀라운 것은 유리병뿐 아니고 페트병과 캔도 환급금을 준다는 점이다. 우리는 페트병과 유리병, 캔을 알뜰히 모아서 가게에 가져가 돈으로 바꾸든지 물품을 살 때 공제받았다.

4~5년 전에 당시의 환경부 장관인 김은경 님과 환경단체 간담회를 하는 자리였다. 그때는 대형 마트의 무료 비닐봉지 제공을 통제하는 방안이 검토되는 시기였다. 계도 기간을 거쳐 중소형 마트까지 비닐봉지 사용을 제한하는 방안이 나오고 있었다. 나는 맥주병이나 소주병에 매기는 환경부담금을 아예 술값에 고가로 매길 것을 요청했다. 1000원 이상 매기면 빈병 회수율이 획기적으로 높아지지 않겠냐고 했다.

농사용 멀칭 비닐도 비닐 값의 두 배를 환경부담금으로 매기고 비닐이 회수되면 이를 돌려주고 격려금도 덧붙이자고도 했다. 당시에 폭 1미터, 길이 200미터 멀칭 용 비닐이 기껏해야 15,000~18,000원 했다. 그 얇고 가벼운 비닐을 1킬로그램 모아 가면 겨우 60원에서 150원 준다. 그러니 폐비닐 수거율이 턱없이 낮을 수밖에 없다.

공익을 위해 불편을 기꺼이 견딘다는 것. 공익은 개인의 이익으로 되돌아온다는 믿음. 이런 게 독일 사회에 형성되어 있는 느낌이었다. 뒤에 따로 언급하겠지만 생태순환마을인 '보봉 마을'에 갔을 때다. 그곳 시 당국에 요구만 하는 시민들이 아니었다. 그곳 공유 공간의 일부는 시민들이 사유지를 기부한 것이었다. 자동차가 없는 마을이 조성되자 시민들이 자동차 주차 공간으로 하려던 부지를 내놓아 공공의 레크리에이션 장소를 만들기도 했다(보봉 마을 5번 지구).

【보봉 마을의 플러스 하우스?】

말이 나온 김에 '보봉 마을'을 둘러보자. 생태에너지 자립마을이라고도 불린다. 프라이부르크(Freiburg)에 있는 마을인데 독일 사람들이 가장 이사 가고 싶은 곳으로 꼽게 된 것은 독일 녹색당이 2002년부터 2018년까지 집권한 것과 무관하지 않다. 16년 동안 녹색당의 '디터 잘로몬' 시장이 프라이부르크에 재임하는 기간에 패시브하우스(외부 에너지 없는 에너지 자립 주택), 플러스하우스(건물의 에너지 자체 생산량이 쓰고도 남아서 외부로 파는 집), 열병합발전소가 들어섰다.

인터넷에서 검색하면 많은 자료와 여행기가 나온다. 원래 보봉 마을은 17세기에 프랑스 통치하에 있었다고 한다. 프라이부르크에 요새를 지은 17세기 프랑스 원수인 Vauban의 이름을 따서 마을 이름이 되었다.

410제곱킬로미터 면적에 2천500여 가구, 5천여 명이 사는 이 마을은 해외 여행객과 연수단이 끊이지 않고 온다. 한국의 지자체 의원단이나 도시계획 부서 공무원들도 연수를 많이 가는 모양이다. 우리는 아예 마을 근처에 숙소를 잡고 3박이나 했다. 프라이부르크 대학이나 대성당을 갈 때도 보봉 마을 정거장에서 3번 트램을 탔다. 나는 마을의 구조와 조밀한 연결망이 궁금했다.

마을 구성도에 그치지 않고 각각의 기능과 긴밀한 연결성이 궁금했던 것은 그동안 내가 야마기시 공동체나 선애 빌, 밝은누리 공동체나 오늘 공동체 등의 한국의 내로라하는 공동체를 다니면서 관심 갖던 사항들이기도 했다. 에너지, 주거, 이동 수단, 의사결정을 합리적으로 하는 민주주의 시스템 등. 경제생활도 궁금했다.

프라이부르크 시는 독일 연방정부로부터 토지를 매입하여 주민들과 처음에는 '보봉 포럼'을 만들어 에너지, 교통, 경제, 주택, 교육, 주민공동시설을 미래지향적이고 생태 친화적으로 뜻을 모아갔다고 한다. 보봉 포럼이 발전적으로 해체되고 '보봉 시민 자치 조합'이 결성되어 잘 운영되다 보니 주민자치의 본보기가 되었다. 마을의 조성 과정부터 남달랐다.

마을 집들은 3~4층을 넘지 않았고 자동차는 단 한 대도 볼 수 없었다. 대신 자전거가 두세 대씩 있었다. 자전거도 각양각색이다. 아이를 보행기처럼 태우는 자전거 트레일러가 흔했다. 핸들 앞으로 툭 튀어나온 짐칸이 달린 자전거도 있다. 자전거 신호등이 따로 있을 정도다. 집들은 정원이 개방되어 있어서 공유 정원이라고 해도 될 듯싶었다.

마을의 자치 조합에서는 관공서의 업무용 차량 외에는 아예 차량 통행을 금지했는데 자영업자들과 영업소들이 초기에는 반발했으나 장기적으로 매출이 올라가면서 지금은 자동차 없는 마을 확대를 요구한다고 한다. 놀이터와 녹지가 많아 아이 키우기에 좋다는 평을 받는다. 차가 없어서 안전하고, 공기가 맑다. 주택가에도 키가 큰 나무들이 많아서 시원하다. 녹색이 눈 피로도 없앤다. 원목과 그물, 모래 등으로 만들어진 자연 놀이터가 곳곳에 있다.

곳곳이 쉬었다 가기 좋고 아이들이 노는 모습이 정겹다. 그러니 이 마을 인구수가 계속 늘어난다. 그 유명한 헬리오트로프(Heliotrop. 비 오는 날에도 해가 있는 쪽으로 도는 자전형 태양전지판)이 있는 곳이기도 하다.

나는 우리 고장인 장수군에 인구감소 지역 대응 인구정책 추진위원회 민간위원으로 참여하고 있다. 지지난 달 회의에서 보봉 마을과 같은 개념의 생태마을 조성을 발제문까지 만들어 제안했다. 전북연구원에서 장수군의 발주를 받아 발제한 컨설팅 자료가 너무 구태의연하다고 여겨져서다.

모든 농촌 지역이 지역소멸이라는 허풍스러운 구호를 앞세워서 경쟁하듯이 인구 감소 대책으로 편의 시설을 짓고, 출산 지원이나 청년 유인책을 앞다투어 내놔도 효과는 없어 보인다. 지역마다 서로 인구 끌어당기기 경쟁을 한다. 인구가 하늘에서 뚝 떨어지는 것도 아니고, 결국은 '제로섬 게임'인 것이다.

다른 지역에서 사람을 빼오는 식인 방식으로 인구를 늘이기보다는 삶을 포기하는 사람 없고, 다투고 갈등하지 않으며 행복하게 살 수 있게 하는 게 좋을 것이다. 보봉과 같은 기후 위기 대응 생태 마을이 좋은 본보기가 되리라고 본다.

우리를 안내했던 프라이부르크 시의 보봉 마을 홍보 담당 공무원이 마을 안내도 앞에서 마을의 전체 배치도를 설명할 때 또박또박 메모를 하면서 대형 안내판 전체를 이미지 번역기로 다 갈무리를 했다. 간단히 소개하자면 아래와 같다.

마을은 총 10구역으로 되어 있다. 1, 2구역은 공공구역으로 보인다. 마을의 자치센터도 있고 문화센터, 어린이 모험농장도 있다. 지역협의회가 자리 잡고 있으며 매주 수요일에는 주민들이 수제품을 펼치는 자유 장터가 열리는 곳이 있기도 하다. 장터는 곧 소통과 여론 형성의 공간이기도 하다.

3, 4, 5, 6구역은 패시브하우스 단지로 살림집과 일터가 통합되어 있다. 협동조합으로 건축된 이 단지는 30개 이상의 단지가 들어섰다. 한 지붕 아래에 생활과 일이 조화롭게 결합했다고 할 수 있다. 열병합 발전소도 이곳에 있다. 개별 가정에서 지붕이나 베란다에 태양광 발전을 하지만 마을 공동의 열병합 발전소를 세운 곳이다.

특히, 그린시티 호텔로 불리는 '보방(Green City Hotel Vauban)'이 이곳에 있다. 현대건축과 생태 마을의 사회적 기준을 충족한 호텔이라고 할 수 있다. 정신적·신체적 장애가 있는 분들에게 일자리의 절반을 제공하고 있는 것으로도 유명하다.

9구역과 10구역에는 플러스 에너지 주택이 조성되어 있고 태양 궤도를 따라 움직이는 건물인 '헬리오트로프'가 있다. 디자인이 진짜 독특하다. 큰 기둥 위에 원통형인 3층짜리 건물이다. 처음 보면 기이하다. 옥상에 있는 60제곱미터 넓이의 태양전지판을 이용해 에너지를 만드는데, 건물에서 소비되는 전기의 5~6배에 달하는 에너지를 생산한다. 이런 플러스 하우스는 건축비가 일반 주택보다 15% 가량 비싸지만 에너지 소비를 8% 절감할 수 있어 수익성이 충분하다고 한다.

【다하우(Dachau) 강제수용소의 '기억 전쟁'】

7월 8일 오전 일찍 우리는 베를린 외곽에 있는 숙소에서 걸어 나와서 버스정류장으로 갔다. 여행자들의 여유가 한껏 묻어나는 행렬이었다. 자유시장이 열리는 곳을 지나게 되었는데 독일 일반 가정에서 가져온 골동품과 수제품들을 신기한 듯 구경할 때만 해도 곧 직면하게 될 나치의 강제수용소 실상을 상상하지 못했다.

다하우 수용소. 다하우 수용소의 정문에 지금도 원형 그대로 보존된 '노동은 신성하다' 또는 '일하라. 그러면 자유로울 것이다(ARBEIT MACHT FRE)'라는 문구가 있다. 강제 노동을 하는 수용자들이 하루에도 몇 번씩 그 문구를 봤을 것이다. 기가 막혔다.

수용소의 중앙대로도 압도적 위용을 드러낸다. 20여 미터 되는 중앙로 양옆으로 거대한 가로수가 서 있다. 중앙로 좌우편에는 막사들이 있다. 아침마다 중앙로에 모여 하루를 시작했다고 한다. 공간과 시설물은 통제와 심리 압박에 효과적으로 구축되었다고 한다.

그 전전 날에 나는 베를린의 브란덴부르크 문 남쪽에 있는 유대인 학살 추념 공간에 갔었다. 그곳에는 다양한 크기의 콘크리트 관이 2700여 개나 설치되어 있다. 뒤쪽으로 갈수록 관 모양의 추념비는 점점 커져서 사람 키보다도 커진다. 가슴이 철렁한다. 관 숲에 갇힌 느낌이다. 새까만 관 기둥들 속에서 일행을 잃는 순간이 많았다.

그곳의 지하 전시실에는 입체영상으로 나치 학살의 적나라한 모습들을 담고 있다. 바닥과 벽면, 천장이 한 덩어리로 당시의 참혹함을 웅변하고 있다. 베를린 도심 한가운데 이런 공간을 설치한 독일이다. 독일 나치는 유대인, 집시, 장애인, 포로, 공산주의자, 노동조합원 등을 총살, 계획적인 영양실조, 생체실험, 가스실, 강제노동의 방법으로 수백만 명을 살해했다.

그런 역사를 낱낱이 까발리는 나라 역시 독일이다. 빛이 바래고 귀퉁이가 찢긴 손 편지도 전시되어 있다. 언제 죽을지 모르는 처지에서 고향 집 새끼 고양이의 안부를 묻는 내용은 차라리 읽는 이에게 고문이다.

다하우 수용소는 나치 독일 최초의 강제수용소다. 가스실을 지나 생체실험실에 갔었다. "'국가 안보를 위해' 체포된 수많은 정치적 반대자들을 위해 강제수용소를 세울 것이라고 공개적으로 발표했습니다. 나치 친위대 중앙위원이자 경찰국장인 Heinrich lmmler가 말했습니다."라는 걸개 안내판이 있었다.

이처럼 희생자들의 사진 옆에는 학살자들의 실명이 또박또박 적혀 있다. 가스실에서 희생당한 사람들의 나체 시신이 산더미처럼 쌓여 있는 사진 옆에도 당시의 지휘관들 이름이 죽 붙어 있었다. 놀랍고 놀랍다.

독일군 조종사가 추락하여 바다에 빠졌을 때, 몇 시간 안에 구조해야 생명을 건질 수 있는지를 알아보기 위한 생체실험이 있었다. 차가운 겨울 바다와 같은 얼음 통 안에 사람을 집어넣고 서서히 죽어가는 과정을 관찰하는 실제 사진이 전시되어 있다. 안내판에는 온도와 염도, 날씨 등의 조건을 달리해 가면서 실험했다고 적혀 있었다. 비행기가 고공으로 올라가서 기압이 내려가고 산소가 희박해지면 조종사가 버티는데 한계치가 어떤지 생체 실험을 하는 사진들도 있었다. 의사들이 죽어 가는 피험자들을 둘러싸고 계측치를 검사하는 사진이었다. 경악했다. 이를 까발리는 독일이라는 나라에 경악했다.

【복원된 이자르강에서 만난 '뉴스타파'】

임혜지 박사. 그분과 이자르강 옆을 4킬로미터나 걸으며 이자르 강의 재자연화 이야기를 들었다. 그 자리에는 엠비시 피디수첩으로 유명한 최승호 피디도 같이 있었다. 엠비시 사장을 거쳐 지금은 뉴스타파 피디다. 이자르 강 복원 다큐를 찍는 중이고 우리도 출연하게 되었다.

이자르 강은 뮌헨을 거쳐 노나우 강으로 가는 289킬로미터의 강이다. 1900년대 초에 독일은 강을 직선으로 만들고 길고 긴 제방을 쌓았다. 지금 우리의 한강처럼 강의 양옆에 콘크리트 벽을 만들었다. 내세운 목적은 수질개선이었고 홍수예방이었고 지하수 확보였다. 어디선가 들었던 말들이다. 4대강 사업의 판박이다. 윤석열 정부 들어 4대강 악몽이 살아나는 이때에 우리는 그 이자르 강에 갔다.

결과는 어땠을까? 정반대였다. 수질이 악화되고 지하수는 고갈됐다. 심지어 홍수 피해도 심해졌다. 완충지대가 없는 인위적인 직선 수로와 강변의 수초와 모래사장이 사라진 시멘트 벽은 홍수 피해를 키웠다. 뮌헨 시 의회와 시민단체, 시민 등은 '이자르 강 재자연화 사업'에 착수했다. 1989년이었다. 이걸 보면서도 이명박 정부는 4대강 사업을 벌였다.

뮌헨 시는 10년 동안이나 철저한 조사 작업을 벌였다고 한다. 그러고는 12년에 걸쳐 8킬로미터의 구간을 재 자연화(복원)했다. 우리는 그곳에 가서 물놀이도 하며 놀았다. 그러면서 독일에서 건축사로 공학박사가 되어 30여 년을 독일 고건축 현장에서 문화재 실측 조사와 발굴 작업을 한 임혜지 박사의 생생한 당시의 이야기를 들었다. 8킬로미터 복원에 총 22년이 걸렸고 458억 원이 들었다고 해서 입이 딱 벌어졌다.

이자르 강 복원은 대성공이었다. 여울과 모래톱이 생겨났고 강변의 산책로와 자전거도로마저 포장을 하지 않고 강둑 위에 조성했다. 시민들의 사랑을 받는 공간으로 되살아났다. 7월의 여름 낮에 많은 시민들이 강수욕을 즐기고 있었다. 임혜지 박사는 이를 인간과 기술과 자연이 조화롭게 공존하는 모습이라고 했다. 프랑스에서는 연어의 이동을 위해 여러 개의 댐을 폭파했고 수익성이 없다는 점을 파악한 뒤에 수백 개의 댐을 철거한 미국 예도 들었다.

독일은 환경보호를 위하여 많은 하천에서 보의 건설을 법으로 금하고 있다는 얘기도 들려줬다.

22년에 걸친 재자연화의 과정이 눈에 선하게 떠올랐다. 수많은 시민 간의 이해충돌과 이자르 강에 기대 생업을 이어가는 사람들의 생존권 위협이 어찌 없었겠는가. 이미 보상금을 다 받아서 써 버린 사람들도 있었을 것이고 강의 복원에 피해를 보는 사람도 있었을 것이다. 이걸 조정하고 합의 보는 데에 걸린 22년이라는 세월이 결코 길어 보이지 않았다. 최승호 피디는 이 스토리를 다큐로 찍는다고 했다. 이틀에 걸쳐 강가에서 우리와 어울렸다.

【극단적 대립이 없는 연정 전통】

이번에 베를린에만 6일을 머물면서 독일 녹색당과 독일 연방의회, 하인리히 뵐 재단, 에버트 재단 등 진보 성향의 정당과 관련 정치 재단을 방문하여 토론하였다. 환경단체인 분트 베를린 사무소(BUND Berlin)에서 면담도 하였다. 아고라 에네르기벤데(Agora Energiewende) 한국담당 선임연구원인 염광희 박사의 특별 강의도 들었다.

코리아 협의회(Korea Verband) 근처에 숙소를 잡고 사흘간 소녀상 방문과 함께 브란덴부르크 광장에서 "스톱 야판(Stoppt Japan, 일본은 멈춰라)!"이라고 외치는 후쿠시마 핵 오염수 해양 방류 반대 시위도 했다. 녹색당 유럽 당원 모임과 미팅도 했다. 이런 정치 사회적 일정과 만남은 아래와 같이 통합적으로 요약할 수 있겠다.

우리나라 거대 양당은 서로 헐뜯기 바쁘다. 자기 자신에게 해도 전혀 손색이 없을 험담을 상대 정당을 향해 거칠게 쏘아붙인다. 왜 그럴까? 인간성 문제가 아니다. 정치 구조상의 문제라고 봐야 한다. 승자독식의 1등 독차지 선거제도와 황제 같은 대통령제가 핵심이다. 독일의 비례대표제와 연정(연합정부)은 현재의 독일을 이루는 데 절대적인 장치가 되었다고 보인다.

다음은 내가 직접 분석해 본 비교 자료다. 한국은 현재 정당별 국회의원 수가 더불어민주당 173석, 국민의힘 103석, 정의당 6석이고 기본소득당과 시대전환이 각 1석이다. 보수 정당 두 곳은 총 의석 수 300석의 94%를 차지하고 있다. 그런데 두 정당은 21대 총선 때나 지금이나 합산 지지율은 기껏 67% 내외다. 67% 지지로 94%의 의석을 가져가니 도둑질도 그런 도둑질이 없다. 우리 선거법과 정당제도가 그런 도둑질을 보장해 준다. 그 법은 국회의원들이 만들었다.

독일을 보자. 2021년 연방의회 선거 결과다. 사민당 206석, 기민/기사연 197석, 녹색당 118석, 자민당 92석, 대안당 83석, 좌파당 39석이다. 총 736석이다. 39석 이상 되는 정당이 7개나 된다. 그러니 서로 협상하고 양보하고 조절하지 않으면 안 된다. 함부로 다른 정당을 헐뜯거나 막말했다가는 고립된다.

독일 녹색당은 1980년에 창당하여 3년 뒤인 1983년 의회 진출에 성공했다. 내가 당원으로 있는 한국 녹색당은 창당한 지 12년이 됐다. 의석이 단 하나도 없다. 내년 22대 총선에서도 단 1석도 장담 못 한다. 위의 기본소득당과 시대전환 1석도 기만적인 비례대표 제도에 따른 당선자들이다.

【사람이 좋았던 여행】

열차가 제 시간에 안 오고 전철역에 화장실 없는 곳이 많다는 건 불편했지만 마트마다 비건(자연 식물식) 매대가 따로 있어서 채식 소시지까지 있는 건 기후 위기 시대에 합당한 식문화로 보였다. 2000cc에 9천 원 정도 하는 독일 생맥주, 빌딩 블라인드가 창밖에 설치되어 있어서 태양광 열을 시내로 유입되지 않게 한 장치, 단열을 위해 건물 벽이 두껍고 차량 소음을 차단하고자 인도와 차도 사이에 녹지를 조성한 점, 엄청 많은 (2인용) 초소형차들, 공원에 있는 반려견 똥 봉지 나눠 주는 무인 장치 등…. 가장 욕심나는 것은 다양한 모양과 기능의 자전거들이었다. 거리의 왕자는 자전거 같아 보였다.

프라이부르크 대성당 옆 주점에서 만난 아이를 자동차가 아니라 자전거 트레일러에 태워 온 젊은 부부, 유리병뿐만 아니라 페트병까지 재활용 바코드를 표기해서 회수하는 재활용 정책, 생수병도 페트병이 아니라 비싼데도 불구하고 유리병을 쓰면서 불편함을 감수하는 사회 풍조…. 그래서 핵발전소 모두를 폐쇄할 수 있었는지도 모르겠다.

대학교수로 있다가 정년퇴직한 분의 제안으로 평어 쓰기를 하기도 했다. 대학에서 해 봤는데 반응이 참 좋았다고 했다. 30대 초반에서 70대 초반까지의 18명 전원이 평어 쓰기를 해 봤더니 정말 재밌었다. 반말이지만 막말이 아니라 존중어를 얼마든지 쓸 수 있었다. 친숙해지는 속도가 붙었다.

여행이 진짜배기 여행이었다. 어떤 지원도 없이 자비로 온 환경운동연합. 목회자, 녹색전환연구소. 녹색당, 기획사 대표, 생명 단체 활동가, 미혼모 단체 지원센터 활동가, 화가, 농부, 정치 클럽 운영자, 학벌 없는 사회 활동가 등 각양각색의 '우리들'은 보름 동안 단 한 번도 얼굴 붉히는 일이 없었다. 다들 가장 인상적인 것은 "이 좋은 분들과 여행을 하게 된 것"이라고 이구동성이었다.

대절 버스 없이 보름 동안 버스, 트램, 기차, 지하철, 고속 열차 등을 타거나 아니면 걸어 다녔다. 무거운 트렁크를 끌고 계단 오르내릴 때는 서로 밀고 당기고 하면서 '여행공동체'를 잘 꾸려 갔다고 여겨진다.

다인실 숙소에서 잤다. 어떨 때는 2층 철제 침대가 3개 놓인 6인실 방에서 잤고 마트에서 먹거리를 사다가 조리해 먹었다. 베를린에서 뮌헨 갈 때는 기차에서 식재료로 야채 토스토를 만들어 먹었다.

나는 메리야스와 겉옷을 딱 두 벌씩만 가져왔다. 허리띠 손가방에 노트북 가방 하나가 내 여행 가방의 전부였다. 옷과 양말은 빨아 입었다. 숙소에서도 주는 수건은 딱 하나만 썼다. 수건이 없는 숙소는 준비한 손수건이 세 개였기에 그걸로 세수도 하고 샤워도 하기에 부족함이 없었다. 뷔페식당에 갔을 때도 접시는 딱 하나만 썼다. '2023년 독일 생명평화 기행'이었다. 진짜배기 여행이었다.

전희식

◈ 2006년에 장수로 가서 채매 있는 어머니를 모셨다 ◈ 자연 농사를 생활의 중심에 두고 만물과 소통하는 삶을 추구하며 산다 ◈ 몸 움직이는 걸 좋아하고 보이는 것보다 안 보이는 것에 관심이 많아서 정령과 파동에너지에 민감하다 ◈ 만 8년을 같이 산 어머니가 빛이 되어 하늘나라로 가신 지 7년이 되었다 ◈ “내가 죽어서도 너 하나만큼은 잘 되고로 해 주끼마.”라고 한 어머니가 약속을 잘 지키고 있는 것을 확인하는 나날을 보낸다 ◈ 독일, 뉴질랜드, 북유럽, 남미, 인도, 대만, 일본 등의 공동체를 두루 다녔고 공감과 회복의 치유 수련을 지도하며 산다 ◈ 『소농은 혁명이다』(모시는 사람들, 2016), 『마음 농사 짓기』(모시는 사람들, 2019), 『습관 된 나를 넘어』(피플파워, 2022)등 20여 권의 책을 펴냈다 ◈ nongju@naver.com

천도교 수련 4

마음공부의 심화와 확장

라명재

【시정지; 물정심에서 위위심, 강령(시천주), 자천자각(조화정), 해탈, 견성(만사지)까지】

사람이 처음 태어날 때 순수한 한울님 마음을 받아 태어난다. 이를 적자지심(赤子之心), 또는 제일천심(第一天心)이라고 한다. 하지만 살아가면서 스스로 보고 듣고 배운 것으로 좋고 나쁜 것을 판단하면서 자의식이 생긴다. 이를 제이천심(第二天心)이라고 한다. 누구나 현실에서 보고 듣고 자신이 아는 바대로, 즉 제이천심에 의지해 살아간다. 그러나 이는 물정심(物情心), 즉 물건을 접함으로서 일어나는 마음, 곧 반사심(反射心)이다. 유물심(唯物心)이다. 있는 것만 안다. 하지만 우리 눈에 보이는 것이 다인가? 우리가 보는 세상은 얼마나 작은가? 또한 우리의 눈으로 보는 것은 얼마나 부정확한가?

세상은 우리가 볼 수 없는 것들이 보이는 것보다 훨씬 더 크고 깊다. 가시세계로서의 거시세계 너머의 미시의 세계나, 관측 가능한 우주 너머의 무한한 우주 세계도 우리가 도달하기는커녕 볼 수조차 없는 영역이다. 하물며 보이지 않는 마음과 성령의 세계에서랴. 그 무한한 진리의 세상으로 처음 입문하는 것이 도에 드는 것[入道]이다. 그리고 그렇게 보이지 않는 무형한 성령(性靈),

무한한 한울님 생명과 내가 하나로 이어져 있음을 깨닫는 것이 모심 즉 시천주(侍天主)다.

> "처음 배워 덕에 들어가려는 사람은 시천주 석 자로써 덕에 합하고,
> 다시 선생의 포덕을 받아 만사지 석 자로써 대도 견성하는 것이 어떠하고
> 어떠하리오."(授受明實錄)

자의식의 낡은 껍질을 깨고 한울님 모심을 체험하는 것을 강령(降靈)이라 한다. 그를 체험한 뒤에도 우리 마음은 일상 중에 물건에 대한 욕심과 일, 명예, 쾌락 등의 유혹으로 참마음을 수시로 잊는다. 그런 유혹들에도 불구하고 매일 꾸준히 수행하면 한울마음, 그 공변된 마음을 잊지 않는 시간이 길어지는데 이를 '양천주(養天主)'한다고 한다. 이렇게 내 안의 한울마음이 커져 자의식을 완전히 대체하면 한울이 멀리 따로 계시는 게 아니라 스스로 한울을 모신 한울사람임을 자각하게 된다. 이렇게 내가 한울을 모신 한울사람임을 깨닫는 게 자천자각(自天自覺)이다. 그렇게 일체가 한울임을 깨달으면 모든 욕망의 속박에서 벗어난다. 내 마음이 한울마음에서 어긋나지 않으면 어떤 생각과 행을 해도 참에 어그러지지 않으니 자유롭다. 이것이 해탈(解脫)이다. 그 자유로운 얽매이지 않는 한울마음에서 진리를 바로 볼 수 있으니 이것이 견성(見性)이다.

> 나에게 두 마음이 있으니 하나는 사랑하는 마음이라 이르고, 하나는 미워하는
> 마음이라 이르느니라. 사랑하고 미워하는 두 마음이 (참된)마음을 가리운
> 것이 티끌과 같으니라. 사랑하고 미워하는 것은 어디서 온 것인가? 모든 물건이
> 마음에 들어오면 자연히 사랑하는 것과 미워하는 것이 생기나니라. 이렇듯
> 사랑하고 미워하는 것은 물건에 대한 반동심이라, 비유하면 젖먹이가 눈으로
> 물건을 보고 사랑하는 마음이 생기어 기뻐하며 웃다가 물건을 빼앗으면 성내어

싫어하나니, 이것을 물정심(물건에 정든 마음)이라 이르느니라. 물정심은 곧 제이천심이니 억만 사람이 다 여기에 얽매어 벗어나지 못하느니라.

성현은 그렇지 아니하여 항상 나의 (마음과 성품의)본래를 잊지 않고 굳건히 지키며 굳세어 빼앗기지 않는다. 그러므로 모든 이치의 근본을 보아 얻어 모든 이치가 격식을 갖추게 하며, 이치가 마음 머리에 머뭇거리어 둥글고 둥글어 그치지 아니하며, 스스로의 슬기로운 빛 안에서 놀고 놀아 적적하지 아니하므로, 일만 티끌 생각이 자연히 꿈 같으니 이것을 해탈심(굴레에서 벗어나 자유로운 마음)이라 이르느니라. 해탈은 곧 견성하는 방법이니 견성(성품을 보아 진리를 깨달음)은 해탈에 있고, 해탈은 (제이천심에서 벗어나) 자신의 한울을 스스로 깨닫는 것에 있느니라.(無體法經, 眞心不鹽)

물건을 본래 모습대로 사용하는 것일 뿐이건만 그 물건에 얽매여 집착하고, 욕망하고, 소유하지 못하면 괴롭고 안타까워하는 게 사람 마음이다. 그것을 물정심이라고 하였다. 수행하기 전 우리 모습이다. 이런 물질의 욕망과 그 속박에서 벗어나는 해탈심까지의 마음 계단을 삼심관에서의 마음단계와 비교해 볼 수도 있다.(11호 참조)

물정심을 참회하고 진리를 찾아 한울을 위하는 마음을 발하는 것이 마음공부의 시작이다. 이것이 한울을 위하는 마음 즉 위위심(爲爲心)이다.

사람이 태어난 그 처음에는 실로 한 티끌도 가지고 온 것이 없다. 다만 보배로운 거울 (같은 마음) 한 조각을 가진 것뿐이니라. 허공에 도로 비치니 왼쪽 가에 한편은 모두 같고 같아 고요하고 평온하고, 바른쪽 가에 한편은 티끌이 자욱하고 자욱하니라. 그 두 사이에 살면서 비로소 위위심이 생기었고, 위위심이 비로소 생기니 천지가 생기고, 세계가 생기고, 도가 또한 반드시 생기었느니라. (무체법경, 聖凡說)

성품 자리는 비고 고요하니 도가 필요 없지만 티끌이 자욱한 현상 세계는 규칙이 필요하다. 왜 규칙이 필요한가? 물건이 물건답고 사람이 사람답기 위해, 스스로 타고난 성품을 온전히 드러내기 위해 필요할 것이다. 이렇듯 만물이 제 모습을 잡기를 바라는 마음이 위위심일 것이다. 그것은 또한 무한한 사랑이기도 하다. 이 마음이 없으면 세상과 만물이 뒤죽박죽, 제멋대로일 것이니 참으로 큰 마음이다. 천지와 세계와 도를 낳은 어머니의 마음이다.

물정심을 참회하고 위위심으로 수행하면 한울님 마음과 내 마음이 하나 되는 것을 체험한다. 나 혼자 살아가는 것이 아닌, 나를 살아 있게 하는 생명인 내유신령은 잠시라도 나를 둘러싼 한울님과의 상호작용, 즉 외유기화가 없으면 살아 있지 못한다는 자각, 그로써 나와 한울님 기운이 하나임을 절절히 느끼는 그것이 강령이다. 이를 수운 선생은 기화지신(氣化之神)이라고도 하셨다.

또한 내가 생각하지 못했던 것이 깊은 무의식 속에서 떠오르거나, 또는 말소리로 들리는 듯한 형태로 한울님 가르침을 받기도 한다.

> 뜻밖에도 사월에, 마음이 선뜩해지고 몸이 떨려서 무슨 병인지 증상을 잡을 수도 없고 말로 형상하기도 어려울 즈음이었다. 어떤 신선의 말씀이 있어 문득 귀에 들리므로….(東經大全, 布德文)
> 몸이 몹시 떨리면서 밖으로 영이 접하는 기운이 있고 안으로 말씀이 내려 가르치되, 보였는데 보이지 아니하고 들렸는데 들리지 아니하므로…. (동경대전, 論學文)
> 사월(四月)이라 초오일(初五日)에 꿈일런가 잠일런가 천지(天地)가 아득해서 정신 수습(精神收拾) 못할러라 공중(空中)에서 외는 소리 천지가 진동(震動)할 때…. (龍潭遺詞, 安心歌)

그렇게 강령으로 내 몸에 한울님을 모시고 있음을 체득하는 시천주에서 한울님 가르침을 받을 수 있는데, 이를 강화(降話)라 한다. 처음에는 밖에서 들려

오는 듯하지만, 실은 내면의 목소리이기도 하다.

수운 선생이 처음 도를 깨달을 때는 시천주를 몰랐으므로 몸 밖의 한울님께 기도하였다. 그러므로 깨달음의 소리(한울님 가르침)도 밖에서 들리는 것으로 알았을 수밖에 없다. 결국 그것은 수운 선생 내면(內有神靈)의 소리였던 것이다.

> 해월신사께서 한산 모시 두필을 박씨 대 사모님에게 선사 드리고 대신사 각도 당시 상황을 물으신즉, "자기 입으로 말하고 자기 말을 하면서 '한울님이 말씀하신다' 하셨다." 이 말씀을 들으신 신사께서 무릎을 치면서 "그러면 그렇지" 하고 대각하셨다 한다. (묵암 신용구 강화집 글로 어찌 기록하며, 신인간사, 포덕141년, 388쪽)

【시천주-양천주-체천주】

또 다른 방법으로 마음공부의 단계를 설명하는 것이 양천주이다. 수련을 통해 한울님 마음과 하나 되고, 성인이 될 수 있다고 가르치는 게 천도교다. 다만 기존 종교나 철학에서는 성인(聖人)은 특별한 사람들, 교조(教祖)만 그 경지에 오를 수 있고, 보통 사람들은 그런 이상적 목표를 향해 닦을 뿐이라고 하는 고정관념이 있다. 그래서 초심자에게 수련을 안내할 때 가장 흔히 부닥치는 질문이 "수련하면 성인이 될 수 있는가?"이다. 천도교인 중에도 수련에 익숙지 않은 분들은 같은 고정관념으로, '시천주-인내천은 그냥 이상적인 것이다'라고 말씀하는 분도 있다.

그러나 천도교를 신앙한다는 것은, 내 자의식을 넘어 한울님과 하나가 되는 것이다. 그렇게 큰 우주의식과 소통이 되는 순간이 강령이고, 시천주이다. 이런 일시적 강령을 일상에서도 느끼고, 삶에 그러한 체험이 확장이 되면 그것이 양천주의 수행이다.

내 작은 몸에 갇혀 있던 마음이, 내가 보이고 듣고 하는 것만 알던 마음이, 시야가 넓어지고 깊어진다. 마음이 성장하는 것이 아니고 무엇이겠는가?

> 한울을 키울 줄 아는 사람이라야 한울을 모실 줄 아는 것입니다. 한울이 내 마음 속에 있음이 마치 종자의 생명이 종자 속에 있음과 같습니다. 종자를 땅에 심어야 그 생명을 기르게 되는 것과 같이 사람의 마음은 도에 의하여 (마음을 닦고 수행해야 내 마음의)한울이 자라게 되는 것입니다.
> (해월신사법설, 양천주)

자식인 사람이 어버이인 한울을 양한다는 개념과 한울님을 부모와 같이 섬긴다는 개념이 상충되는 것으로 여겨 혼란스러워 하는 분들이 간혹 있다. 그러나 한울을 양한다고 할 때의 한울은 우주 전체의 지기가 아닌 내 몸에 모셔져 있는 신령한 기운(내유신령)을 뜻한다. 누구나 이 신령한 기운을 받아 태어나지만 육신의 감각이 생기고 자아(我相)가 생기면서 이 신령한 기운(천심)을 잊고 습관된 마음과 육관에 의지한 생활을 하게 된다. 이로써 지기와 내유신령이 단절되고 각자위심하게 되는 것이다. 이 모셔진 천심을 다시 회복하는 것이 모심이요, 이를 잊지 않고 지키는 공부가 수심정기다. 내 하루가 습관 된 마음보다 천심으로 생활하는 시간이 많아지면 그만큼 내유신령이 많이 회복된 것이니 한울마음-참 마음을 '기르게 되는' 것이다. 그러므로 양천주가 되지 않으면 시천주는 일시적 체험이고 실천이 되지 못하는 것이다.

강령으로 시천주를 체험하면 그 마음을 잊지 않으려 매사에 한울님께 고하고 한울님 마음으로 행하여야 한다. 이것이 수심정기 공부다. 그렇게 한울마음이 내 습관된 자의식, 욕념, 차별의식을 대체하며 커지면 이것이 양천주다. 그렇게 한울님 마음이 온전히 내 마음과 같아지면 이것이 체천주요 인내천이다.

"한울을 모시고 한울대로 행하므로 이를 「체천」이라 말하고"(의암성사법설, 三戰論)

"인내천으로 교의 객체를 이루고, 인내천을 인정하는 마음이 그 주체의 자리를 점하여 자기 마음을 자기가 절하는 가르침을 본체로 하여, 한울 진리의 지극한 경지에 우뚝 섰다."(의암성사법설, 大宗正義)

해가 뜨면 지게 되고, 태어남이 있으면 죽음이 있게 마련이다. 그러한 순환이 깨지면 어찌 되겠는가? 그래서 무왕불복의 이치라 하신 것이다. 수련도 강령과 강화 받으며 밝게 앎이 있는 듯하다가 일상으로 돌아가면 어두워진다. 다시 주문 외며 참된 마음을 잃지 않으려 정성을 다하면 차츰 밝음이 길어지고 어둠이 줄어들며 지혜가 커지니 그것이 양천주하는 공부이다.

"밝은 가운데서 어둠이 나고 어둠 가운데 밝음이 나는 것이요, 어둠 가운데서 밝음이 나고 밝은 가운데서 어둠이 나느니라."(의암성사법설, 後經 1)

항상 한울의 밝음을 잃지 않는 단계가 되면 인내천이니, 성인의 경지라 할 수 있다. 성인은 귀신같은 마음을 오래 간직하고, 육신에 물이 들었다가도 거기에 완전히 뺏기지 않고 금방 마음을 돌리지만, 보통 사람은 뺏긴다. 가령 맛있는 음식이 있으면 성인은 맛있게 먹지만 요기가 될 만큼만 먹는 반면, 보통 사람이 마음을 빼앗기면 남의 것까지 차지해 배탈 나도록 먹는다. 좋은 물건도 이성관계도 마찬가지. 하지만 그렇게 밝음과 어둠이 계속 교차되는 것이 공부의 과정이니 일희일비할 필요 없다.

【양천주와 수심정기】

불가에는 돈오(頓悟)와 점수(漸修)의 논쟁이 있다. 천도교 수련도 강령 같은 강렬한 체험으로 한꺼번에 몸과 마음이 바뀌기도 하지만, 매일 꾸준한 수행과 실천으로 점차 자신을 바꿔나가는 경우도 있다. 점진적인 수행이 쌓여 어느 순간 큰 깨달음과 변화를 겪기도 한다.

실제 돈오의 순간도 이전에 꾸준한 점수가 있기에 가능한 것이고, 돈오의 체험 이후에도 그를 잊지 않는 꾸준한 수행과 실천이 없다면 깨달음이 있어도 일과성 체험일 뿐이고 의미도 반감될 것이다.

그러므로 수행하는 사람은 꾸준히 마음공부를 이어가야 한다. 사람의 마음은 수시로 변화하는 환경에 끊임없이 관심이 가고 움직이기 때문이다.

> 마음은 유혹에 쉽게 끌려 마(魔)에 빼앗기니, 빼앗기면 혼미해지므로 단련해야 흔들리지 않고 정(定)해지느니라.[1]

한울님을 위하는 위위심을 잊고 각자위심(자기욕심)으로 쉽게 빠질 수 있는 것이다. 이를 경계하고 위위심, 모심, 외유기화에 대한 감사를 잊지 않는 것이 수심정기 공부다.

> 첫째 수심(守心)이니, 사람이 마음을 잠시라도 정맥에서 떠나지 않게 할 것이라. 떠나지 않게 하는 방법은 일용행사 간에 생각하고 생각하여 잊지 말고 마음과 성품과 정 세 가지를 서로 어김이 없게 할 것이며, 둘째 정기(正氣)니, 기쁘고 성나고 슬프고 즐거운 것을 과도하게 말 것이라. 성나는 것이 과하면 맥박이 너무 빨라져 통하지 못하고, 슬픈 것이 과하면 맥이 가라앉아 화하지 못하고,

---

[1] 포덕 47(1906)년 2월22일 宗令 11호로 공포한 〈권도문〉 중.

기쁘고 즐거운 것이 과하면 맥이 고르지 못하나니, 이는 반드시 큰 해가 되는 것이라 삼가고 삼가라. (의암성사법설, 衛生保護章)

어떤 일을 하고자 마음먹으면 실제 동작은 신체 근육이 에너지(精)를 써야 이루어진다. 마음먹은 대로 기운이 전달되지 않거나 근육이 말을 듣지 않으면 그게 곧 병이다. 그렇게 온 몸의 각기 다른 세포와 장기를 나의 의지와 일치시키는 게 한울님 감응이요 간섭이다. 그러므로 몸을 움직이는 정과 마음을 일치시키는 것이 중요할 수밖에 없고 그것이 바로 심고(心告)요 수심이다.

주자학에서는 정(精)이란 욕념이고 억제해야 할 대상으로 보았다. 넘치는 욕념을 제거해야 한울이 부여한 고유 성품을 지킬 수 있다고 한 것이다. 그것이 거인욕(去人欲) 존천리(存天理) 개념이다. 그러나 이 때문에 과도한 금욕을 하기도 하고 속세를 등지기도 한다. 하지만 동학은 이러한 정(精)도 몸을 움직이는 소중한 한울의 기(氣)로 여긴다. 욕념도 제거해야 할 대상이기만 한 것이 아니라, 마음과 성품과 하나 되도록 항상 관심을 가져야 하는 것이다. 하찮은 일상의 모든 행을 한울님께 고하고 행함으로써 거룩한 천지조화의 행으로 승화시키는 것이다. 예를 들면 밥 먹을 때 내 손 움직임이 정이다. 그것이 과하지 않도록 조절하는 것은 마음이다. 손 움직임 하나하나가 한울의 감응임을 느끼고 감사해야 하는 것이다.

한 걸음 더 나아가 손으로 사용하는 수저와 젓가락이 내 몸의 일부처럼 움직이는 느낌을 느껴 본 적 있는가? 그 순간 그 도구들은 내 몸의 일부가 된 것이다. 대상과의 경계가 사라지는 경물(敬物)의 상태인 것이다.

마음을 현재에 집중하는 것이 현대 명상의 요지다. 즉, 머릿속 사고와 감각, 행동을 일치시킬 것을 주문하는데 이를 싱글 태스킹(single tasking)이라고 한다. 여러 가지 일을 화면에 동시에 띄워 놓고 하는 멀티 태스킹(multi tasking)이 현대인들의 특징이라면, 싱글 태스킹은 뇌의 에너지 소비를 줄여서 전두엽을 쉬게 해준다. 이는 곧 지금에 집중하는 수심이다.

기운은 곧 마음이다. 어떤 행을 하고자 하는 것도 마음이지만 어떤 일에 반응하는 것도 마음이다. 또한 기운은 구체적으로 몸을 움직이는 에너지를 구분해 지칭하기도 한다. 여기서는 반응하는 마음, 즉 희로애락을 다스리는 것을 말씀하셨다.

마음과 기운은 똑같이 한울님에게 부여받은 생명의 원기다. 그러나 마음은 조용히 관찰하는 정적인 개념이고 기운은 몸을 움직이는 에너지, 동적인 개념이다. 몸을 움직이는 에너지 중 가장 강력한 것이 희로애락의 감정이다. 사람은 어떤 이익을 위해 일할 때보다 감정이 동해서 일할 때 몇 배 힘을 내기 마련이다. 그러므로 기운, 에너지를 순히 하고 바르게 하려면 가장 먼저 자신의 감정을 다스릴 줄 알아야 한다.

희로애락은 육신 감정이다. 몸이 있을 때는 희로애락이 없을 수 없지만, 한울님 위치에선 좋을 것도 나쁠 것도 없다. 그러므로 희로애락을 무시할 필요도 없지만 과해서도 안 된다. 기본적으로 육신감정은 제이천심이다. 본래 내 마음이 아닌, 지나가는 마음, 잠간 생겼다가 스러지는 감정이다. 그러므로 그것을 한걸음 떨어져 관하고 무엇 때문에 생겨서 어떻게 사라지는지 바라본다. 본래 내 것이 아니므로 이렇게 객관적으로 바라보면 과해지지 않고 자연히 가라앉을 것이다.

> 내 핏덩어리만이 아니어니 어찌 시비하는 마음이 없으리오 마는 만일 혈기를 내면 도를 상하므로 내 이를 하지 아니하노라. 나도 오장이 있거니 어찌 탐욕하는 마음이 없으리오 마는 내 이를 하지 않는 것은 한울님을 봉양하는 까닭이니라. (해월신사법설, 대인접물)

즐거우면 그를 계속하려는 탐욕이 생기고 고통을 느끼면 자동적으로 화가 나는 마음이 생긴다. 즉 몸의 감각에 따라 마음이 움직여 번뇌와 망상이 생기므로, 이런 자동 연결을 끊고 희로애락을 초월하여 객관화하고 과하지 않게 나타낼 수 있어야 한다.

마음공부 하는 사람들은 자기 마음의 상태가 어느 경지에 왔는지, 수행이 제대로 되고 있는지 의구심이 들 때가 많다. 희로애락이 마음대로 조절되는지를 보는 것도 한 가지 방법이다.

> 우선 자기 마음이 편한가, 안한가. 생각해보세요. 편안해졌다 하게 되면 많이 된 거예요. 마음이 편해서 상당히 기뻐졌다. 이거 된 거에요 감사한 생각을 일으킨다. 이거 된 거예요. 또 경외하는 마음이 생겼다. 된 거예요. 오늘 아침에 어느 분한테 그 얘기를 했지만 부동심이 생겨졌느냐? 이게 아직 안 생겨졌다. 이게 모자라는 차이예요. 부동심이 생겨져야 돼요. 희로애락이 자꾸 적어지는 겁니다. 변화되면서 시시각각으로 접어들게 되잖아요. 그렇지만 뿌리가 탁 박히게 되면 흔들리지 않습니다. 마음이 흔들리지 않아야 돼요.
>
> 그러니까 희로애락에 좌우되지 않는다. 희로애락을 거치지만 거기에 물들지 않는다. 좋은 옷을 입지만, 좋은 옷에 마음이 뺏기지 않는다. 맛있는 소고기 돼지고기를 먹지만 먹는데 마음이 뺏기지 않는다. 돈을 지갑에 잔뜩 천만 원을 가지고 있지만 돈에 마음을 뺏기지 않는다. 이게 부동심입니다.
>
> -포덕 134년, 월산 선생 화악산 수도원 강론 중

이런 수심정기의 공부를 이어가면 내안에 한울 마음이 자란다. 각자위심은 줄고 한울마음이 커진다. 그것이 양천주고, 모심은 양천주의 수행으로 실천되고 확장된다. 즉 시천주는 나와 한울이 하나임을 깨닫는 것이지만, 삶의 모든 것이 시천주가 되려면 양천주의 실천과 수행이 있어야 매순간 모심에서 벗어나지 않는 대각(大覺)에 이를 수 있고, 그것이 인내천인 것이다.

나아가 내 안의 한울만이 아니라 세상의 모든 만물을 위하고 본래 모습대로 도와주면 그 모든 것이 양천주가 된다. 그게 아니더라도 개별 생명체들의 정성스럽고 생기 넘치는 삶 자체가 바로 우주 정보를 새롭게 축적하고 우주를

새로이 길러 가는 양천주다.

【6. 견기 공부와 견성 공부】

삶이 움직이는 시간이 있고 멈추는 시간이 있듯이 수련도 움직이는 기운을 공부할 때는 현송(소리 내어 주문 읽는 수행)으로 나의 기운과 한울님 지기가 일치되는 것을 경험하도록 한다. 이것이 기운공부, 견기공부이다.

현송하면 맥박과 호흡, 그리고 신진대사가 활발해진다.

> 마음은 기운이니 심기(마음과 기운)는 둥글고 가득차서 넓고 넓어 흘러 물결치며 움직이고 고요하고 변하고 화하는 것이 때에 맞지 아니함이 없는 것이니라.
> (무체법경, 性心身三端)

일반적인 기수련이나 국선도 같은 수련을 통해서도 정신통일이 되면 몸이 자연스럽게 진동하는 떨림을 경험할 수 있다. 모든 존재는 미시의 양자계에서 거시의 지구와 은하계에 이르기까지 모두 진동하고 있다. 일상 중에 그것을 못 느끼고 있을 뿐.

그러나 한울님 기운과 하나 되는 강령은 단순히 떨림만 있는 게 아니라, 그동안 살면서 겪어 온 모든 희로애락의 감정이 저절로 이해되고 용서가 되며 모든 것에 감사하는 마음이 된다. 즉 마음 깊은 곳에서부터 몸을 움직이는 작은 기운에 이르기까지 송두리째 근본적인 변화를 동반하는 것이 차이가 있는 것이다.

그런 마음의 근본적인 변화가 일어나면 오랫동안 마음에 맺혀있던 것도 풀어지고, 편안하고 오직 감사하는 마음이 된다. 자연히 마음의 응어리진 것이 쌓여 생긴 신체적 질병도 좋아지거나 낫는 것을 경험하기도 한다. 위장병부터 수술이 필요한 디스크에 이르기까지 자연한 치유가 일어나는 것은 무수히 많다.

또한 마음이 감사하고 너그러워지면 생활의 변화도 물론 동반된다. 어려운 일도 자연히 풀리고, 무리한 일을 벌이지 않게 된다. 욕심내서 땅을 싸게 사려다가도, 아차 이건 내 욕심이구나 깨닫고 순리대로 진행한다.

그렇게 개인의 인과들이 자연히 정리되며 자연스럽게 보다 깊은 수행으로 나아가게 된다. 또한 교회나 사회적 역할에 대한 안목도 생긴다.

그러나 움직임이 있으면 멈춤도 있다. 삶이 있으면 죽음이 있는 것과 같다. 생명을 움직이는 기를 공부하는 현송이 있다면, 고요한 멈춤의 자리를 공부하는 묵송(주문을 속으로 생각하며 하는 수행)이 있다.

마음이 흔들리면 진실을 볼 수 없다. 마음을 고요한 맑은 거울처럼 하면 있는 그대로 보고 알 수 있다. 또한 옳고 그름, 선악의 분별 이전의 고요한 자리에 들면 진실을 분별할 뿐 아니라, 그 모든 것을 포용할 수 있다. 한울님은 선악을 가리지 않는 일체가 하나이신 분이므로.

그렇게 깊게 생각하거나 고요한 마음을 생각할 때 13자 본 주문을 묵송 한다. 이러한 활발해지는 현송을 기운공부(見氣)라 하고, 고요한 한울의 본 자리를 공부하는 묵송을 성품공부(見性)라고 한다; "성품은 이치니 성리(성품과 이치)는 비고 고요하여 가없고 양도 없으며 움직임도 없고 고요함도 없는 원소일 뿐이요….(성심신삼단)" 예를 들어 밤에 푹 자고 하루 시작하는 아침엔 활발한 기운을 깨울 필요가 있다. 그러므로 현송으로 시작하는 것이 좋다. 우리 몸의 기운이 한울의 활활 발발한 기운과 하나 되어 충만하고 자유자재하면 "몸의 권능으로써 막힘없고 거리낌 없이 현 세계에서 모든 백성을 거두어 기르는 도"(성심신삼단)를 행할 수 있다.

그러나 활발한 것은 휴식이 있어야 다시 충전할 수 있고, 살아있는 생명은 원소로 돌아가는 죽음의 순환이 있어야 건강한 균형이 이루어진다. 이렇게 고요한 근원을 묵상하는 공부가 견성공부이다. 견성공부는 "성품의 권능으로써 비고 고요한 경지를 무궁히 하고 그 원소를 넓히고 채워 나지도 죽지도 않는"

(성심신 삼단) 도를 추구한다.

이렇듯 견기공부와 견성공부는 둘 다 한울님의 모습이고, 세상의 원리고, 우리가 해야 할 길이다. 간혹 한 쪽에 치우치는 공부가 되는 경우를 경계하셨다; "성품을 보는 사람은 기운을 보지 못하고, 기운을 보는 사람은 성품을 보지 못하여, 도에 어기어 마지않으니 아까워라."(성심신삼단)

견성공부는 사물과 우주의 본질을 깨닫고자 하는 공부다. 모든 존재는 무에서 시작되어 잠깐 형상을 나타내다가 다시 무로 돌아간다. 이 근본 이치를 공부하는 것이 견성공부로, 주문을 속으로 읽는 묵송 공부, 불가의 참선이 여기 해당된다.

천도교 수련하는 분들은 주로 현송하며 한울님 기와 하나 되는 강령공부를 많이 한다. 예전에 참선수행을 많이 하신 분이 종학대학원에 특강 오셔서, 천도교인들 눈빛이 너무 강하니 기운공부에 치우치지 말고 고요한 성품공부를 함께 하는 게 좋겠다는 이야기를 하는 것을 들은 적이 있다.

사실 기운공부를 많이 하신 분들은 눈빛이 반짝이고 강한 게 사실이다. 상대가 불편하고 위압적일 수 있다. 고요한 성품공부를 함께 해서 '유이불약(柔而不弱)' 부드러우나 약하지 않은 공부가 되어야 한다.

그러나 견성공부만하면 현실에서 아등바등 하는 것이 부질없어지고 세상을 등지기 쉽다. 또한 몸을 움직이는 기가 약해지고 몸이 쇠약해지기 쉽다. 때문에 몸과 현실을 움직이는 기운공부가 균형을 이루어야 하며, 주문을 소리 내어 읽는 현송이 이에 해당한다. 검무와 불가의 무술도 견성공부를 보완하기 위한 공부다. 반면에 견기 공부하는 사람은 나를 움직이고 세상을 바꾸는, 기운-힘을 얻고자 한다. 몸이 약하고 병든 사람이 기운을 바로 잡아 병을 고치고, 세상의 잘못된 사고와 불합리한 관습을 고쳐 개벽된 세상을 만들고자 함이다. 그러나 이 경우 우리의 몸도 세상도 영원한 것이 아님에도 이에 집착하기 쉽다. 현실에 집중하고 정성들이되(견기), 영원하지 않고 무로 돌아가는 큰 그림을 잊지 않는다면(견성) 집착하고 그로 인해 다투게 되는 일은 없을 것이다.

【견성공부 : 천도교 사후관】

삶은 좋은 일만 있지 않다. 무수히 희로애락을 넘나들며 생로병사를 거쳐 가는 게 삶이다. 삶이 있으면 죽음이 있게 마련이고 건강이 있으면 병도 있게 마련이다. 이 모두 당연하고 자연스런 삶의 모습이다. 그러나 건강한 삶은 당연히 여기고 즐기던 사람들도 질병의 고통과 죽음에 직면해선 왜 자신에게 이런 고통과 시련이 오는지 갈등하고 신을 원망하기도 한다. 이런 갈등 상황에서 생기는 의문과 질문이 '삶의 본질은 무엇인가' 하는 근본적인 질문이며, 그로부터 본질적인 진리에 대한 공부가 시작된다. 삶의 본질에 대한 의문에 답을 구하는 것, 이것이 견성공부이다. 편안한 삶에는 의문과 갈등이 생기지 않는다. 때문에 석가도 성 밖의 무수한 생로병사를 접하고 비로소 삶의 본질을 탐구하기 시작했고, 수운 최제우도 부모의 이른 죽음과 자신의 신분의 한계, 또한 당시 조선 민중의 고단함이 없었다면 도를 구하는 길에 나서서 동학을 창도하는 결과에 도달하지 못했을 것이다.

지금도 우리 주변엔 바르게 살며, 신심도 두텁고, 누구보다 복되게 오래 살아야 할 것 같은 사람이 크게 다치거나 요절하는 것을 볼 때가 있다. 그러한 삶의 예기치 않은, 기대를 저버리는 변화는 무엇 때문인가? 근본적으로 나는, 사람들은 무엇 때문에 태어나, 무엇을 위해 사는가? 이러한 삶과 죽음의 문제에 대한 의문과 해답 찾기가 종교의 시작이었을 것이다.

그러한 삶과 죽음의 근본적인 물음에 대해 여러 종교들의 해답에서 현재의 죽음 연구에 이르기까지 수많은 연구와 답이 시도되고 있다.

종교적 해답의 대표적인 것 중 하나가 윤회설이다. 누구나 살아가는 생애 동안, 자신이 만들고 쌓은 업에 따라 그 영이 맑아지기도 하고 타락하기도 한다. 맑아진 영은 우주의 근본 진리에 한층 다가가 다음 생을 좀 더 차원 높은 삶으로 살지만, 타락한 영은 다음 생이 현재보다 더 낮은 차원의 삶을 살게 된다. 꾸준한 수행과 덕행으로 영이 맑아져 마침내 우주의 진리에 하나 되는, 깨달은 사람은 이러한 윤회의 수레바퀴를 벗어나 해탈하여 그 영이 영원한 자유와 안식에 든다.

이러한 윤회설은 기본적으로는 개체영이 인과에 따라 윤회하는 것을 말한다. 그러나 수운 선생이 깨달은 시천주는 내유신령과 외유기화가 오직 하나의 한울 성령임을 밝힌 것이다. 내유신령도 태어날 때 한울 성령으로부터 받은 것이요, 또한 외유기화의 끊임없는 간섭과 감응이 함께하지 않으면 생명이 유지될 수 없기 때문이다. 그러므로 모든 우주의 생명-물건까지-은 오직 혼원한 하나의 기운일 뿐이다. 그 기운이 형상화되어 나타날 때 지역과 때와 모든 여건에 따라 다른 모습으로 나타날 뿐, 하나의 기운일 뿐이다.

> 같은 성령이지만, 헤아릴 수 없는 큰 덕의 묘한 법이 큰 하늘과 넓은 땅의 모든 (환경의)차이를 그대로 따라서, 하늘에는 솔개가 날고 못에는 고기가 뛰는 것으로 나타나느니라. (의암성사법설, 性靈出世說)

그러나 그러한 맑고 깨끗한 갓난아기의 내유신령은 보고 듣고 배우며 생기는 자의식에 가려지며, 외유기화와 하나이며 그와 소통하며 생명을 유지하고 있음을 점차 잊게 되니 이것이 개인의 습관심이요, 제이천심이고 각자위심이다. 그렇게 하나의 성령이면서 이를 잊고 살면 각자의 개체영(個體靈)이 되니 하나의 성령이나 둘이 된 것이다.

이런 각자위심으로 한울과 단절될수록 진리에서 멀어지는 생각과 행동이 이루어지고, 그것은 그대로 그 사람의 삶을 이루는 인과가 된다. 부모로부터 받은 인과에 더해 희로애락의 모든 삶의 모습이 그렇게 만들어진다. 반면에 습관 된 욕심과 자의식을 맑고 깨끗한 적자지심으로 회복하려는 수행을 꾸준히 이어가면, 한울님 외유기화의 감응을 조금씩 알고 느끼고, 거기에 하나 되는 생활을 하려 한다. 그러한 마음과 기운은 잘못된 인과를 고치고, 그로 인한 질병을 치유하며, 삶의 모습을 변화시킨다. 이를 운명 개척이라 한다.

한울님이 주신 적자지심을 온전히 회복하면 우주의 혼원지일기(渾元之一氣)와 하나 되니 이를 동귀일체라 한다. 살아생전에 마음공부의 수행과 덕을 실천하여 동귀일체가 되기도 하지만, 각각의 형체를 가지고 살던 모든 생명은 죽은 뒤에 형상이 없어지면 그 형상을 이루고 움직이던 영이 한울 성령으로 돌아가 하나 된다. 이것이 환원(還元)이고, 또 다른 동귀일체(同歸一體)다.

다만 생전에 개체의 각자위심을 깨우치지 못한 개체 의식은 죽은 뒤에도 혼원지일기와 하나 됨을 모르고 생전의 인연을 따라 산 사람(후손과 지인)의 생각에 작용하기도 한다. 개체영의 작용으로 생각되는 여러 가지 흉사를 피하기 위해 옛 사람들은 수많은 귀신들을 위하는 제사를 올리곤 했다. 이런 것을 음사(陰祀)라고 한다. 해월 선생은 이를 바로잡는 것은 대방가만이 할 수 있다고 하셨다; "세상 사람은 천령의 영함을 알지 못하고 또한 심령의 영함도 알지 못하고, 다만 잡신의 영함만을 아니 어찌 병이 아니겠는가. 성황이니 제석이니 성주니 토왕이니 산신이니 수신이니 석신이니 목신이니. 이러한 고질은 대방가의 수단이 아니면 실로 고치기 어려우니라."(심령지령)

하지만 이 모든 이치를 아는 천도교인 이라면 개체영도 깨우쳐 동귀일체하도록 할 수 있다. 모든 생명의 의식이 깨어나면 누구나 잘못된 것을 바로잡는 대방가가 될 수 있다. 깨닫지 못하고 죽은 이의 의식을 깨우쳐 한울과 하나 되도록 할 수 있는데, 이를 세령(洗靈)한다고 한다.

> 신이 곧 한울이요, 영이 곧 사람이니, 영은 신에서 유래하여 나온 것이니라. 그러므로 신은 영의 으뜸이니라. 신은 도로써 행하고 영은 성령으로써 나타나니, 신도 하나요 영도 하나요 그래서 사람과 한울이 하나이니라. 살아서 닦아 (그 사람의) 성령이 도에 합한 사람을 (아직 성령이 개인적 활동하므로) 작은 환원이라 이르고, 죽어서 화하여 영이 신에 돌아간 것을 (성령이 한울과 합하여 활동하므로) 큰 환원이라 이른다. 착하지 않은 사람이 (사는 동안) 잘못을 고치지 못하면 (한울에) 돌아가지 못한 성령이라고 하고, 잘못을 고치면 성령을

> 씻고 돌아갔다 이른다. 잘못을 고치지 못하고 죽으면 (한울에) 돌아가지 못한 영이라 하는데, (생전에 스스로 고치지 못한 영이) 한울에 돌아가면 (누군가의 도움으로) 영을 씻어 돌아갔다고 말한다. 영을 씻는다는 것은 (스스로 깨닫지 못하고 다른 사람의 도움을 받아야 하니) 죽어서나 살아서나 크게 부끄러운 것이니라."(천도교전, 還元)

각자위심으로 가득한 세상은 다툼과 모순이 가득할 수밖에 없다. 이를 개벽하는 것이 천도교의 진리다. 살아서나 죽어서나 모든 성령이 바른 마음, 하나의 한울성령으로 돌아갈 수 있도록 하는 것이 포덕이고 이것이 천도교의 사후관, 생사관이 된다.

수련하다 보면 수많은 잡념이 섞여 있는 현재의식에서 맑은 적자지심으로 들어가게 된다. 그러면 의식이 한울 성령과 연결되어 확장된다. 한울의 혼원지일기에는 중심의 고요한 자리도 있지만, 수많은 사람들의 의식이 만들어낸 좋거나 나쁜 기운들이 마구 섞여 있다. 나쁜 기운이 많으면 우주가 나쁜 쪽으로 가고, 좋은 기운이 많으면 우주의 혼원지일기가 좋은 쪽으로 간다. 이것이 수도자의 역할이다. 수련하며 우주의 잠재의식 속에 있는 나쁜 생각, 나쁜 기운을 꾸준히 지워 나간다. 그러면 우주의 공기가 맑아진다. 내가 나쁜 생각을 지우면 나와 관계없는 멀리 아프리카의 소년의 삶도 달라진다. 온 우주가 하나로 이어진 하나의 성령이기 때문이다.

> 천지 만물의 개벽은 공기로써 하고 인생 만사의 개벽은 정신으로써 하나니, 너의 정신이 곧 천지의 공기이니라. (의암성사법설, 人與物開闢說)

그래서 예부터 깨달은 사람이 나오면 인류 전체의 의식의 파동, 의식의 진동수가 한 차원 진화하며 변화한다고 하였다. 한 사람의 의식이 한울성령과 하나 되면(시천주) 한사람이 개벽되는 것을 넘어 온 우주의 기운이 그 사람만큼 맑아지고 나아가 그 사람의 영향(포덕)만큼 더 맑아진다.

이렇게 내가 형상을 가진 개체에 한정된 것이 아닌 한울로서의 본 모습을 찾고 깨달아야 한다. 그러면 삶과 죽음의 윤회를 해탈한다. 생사일여, 삶과 죽음의 경계가 없어져 하나가 된다. 희로애락을 겪지만, 거기에 물들지 않고 자유로워진다.

좋으면 좋고, 착하면 착하고, 노하면 노하고, 살면 살고, 죽으면 죽고, 모든 일과 모든 쓰임을 (사사로운)마음 없이 행하고 거리낌 없이 행하니 이것을 한울님의 공변된 도와 공변된 행이라 하느니라. (의암성사법설, 三心觀)

모든 삶의 고통이 희로애락과 생로병사를 극복하지 못해서 생긴다. 육신이 있는 동안 이를 겪지 않을 수는 없다. 그러나 거기 얽매이지 않고 자유로우면 삶이 무한히 확장된다. 이를 위해선 나의 육관으로 이루어지는 탐진치(貪瞋痴)의 습관 된 마음을 멈추어야 한다(止觀). 이를 멈추고 한울 성령으로 보아야 한다.

심령이 생각하는 것이요, 육관으로 생각하는 것이 아니니라. (수심정기)

이것이 관법(觀法)이고 마음공부다. 우리 몸은 시공간의 제약을 받는다. 그러나 한울 성령은 시공간의 제약이 없다. 우주가 시작될 때부터 끝날 때까지 오직 하나의 성령일 뿐이기 때문이다.

모든 운용의 맨 처음 시작은 나이니 나의 시작점이 곧 성품한울이 시작된 (우주만물의)근원이다. 성품한울의 근본은 천지가 갈리기 전에 시작되었으니 그러므로 이 모든 억억만년이 나로부터 시작되었고, 천지가 없어질 때까지 이 모든 억억만년이 또한 나에게 이르러 마무리 되는 것이니라. (무체법경, 性心辯)

수도자는 이러한 삶의 근본적인 의문을 물어야 한다. 이것이 수행을 이어가는 힘이 된다. 그러나 한울님은 흰 것을 구하면 흰 것으로 보이고 검은 것을 구하면 검은 것으로 보여 주신다.

> 마음이 흰 것을 구하고자 하면 흰 것으로 보이고, 붉은 것을 구하면 붉은 것으로 보이고, 푸른 것을 구하면 푸른 것으로 보이고, 노란 것을 구하면 노란 것으로 보이고, 검은 것을 구하면 검은 것으로 보이느니라. (무체법경, 신통고)

【천도교 수련과 의식의 고양】

그렇게 수도자의 의식 수준에 맞는 답이 나올 수밖에 없다. 그러므로 이치 공부를 병행해 가며 수행해야 한다. 어느 정도 이치가 통했으면, 뭔가 알려고 하기보다는 자의식의 생각을 비우고 한울님 그 본래의 마음에 닿기 위한 기도를 하도록 한다. 이것이 견성공부다.

모든 것이 내 마음과 내 성품에 있음을 알게 되면 어디서 구할 것이 아니라 스스로 수행하고 깨달아야 한다.

> "천도를 구하고자 하면 구하는 마음을 스스로 가져야 하니, 구하면 구할 것이나 구하기를 다하면 받을 것이 없느니라." 묻기를 "구하기를 다하여 받을 것이 없다 하면 어디서 구합니까?" 대답하시기를 "네가 구함을 묻는 것은 이는 네 마음이요, 내가 네 물음에 대답하는 것은 이는 내 마음이다. 내가 없고 네가 없으면 나와 너 사이에 어떻게 이 말이 있으리오. 무릇 하늘과 땅이 생긴 이래로 많은 중생의 움직임과 일체 선악이 다 사람 사람의 마음에 달린 것이다. 마음으로 인하여 나타나는 것이 내 성품과 내 마음이라. 이 본래의 마음을 제거하면 마침내 별다른 한울이 없는 것이요, 이곳을 떠나면 다시 구할 곳이

없으니, 내 성품을 내 마음에서 스스로 구하라." (의암성사법설, 後經 2)

수련의 과정에서 오는 깨달음의 체험은 의식을 한 차원 확장시키며 변화시킨다. 산 밑에서 보는 풍경과, 산속에서 보는 풍경과, 산꼭대기에서 보는 광경은 다를 수밖에 없다.

또한 한울님을 두려워하는 것은 선천 시대 이후 인간의 의식에 잠재된 오랜 관습이었다. 모르는 것은 두렵기 마련이다. 그러나 두려워하는 것은 인간의 의식을 저하시킨다. 정상적인 생각 작동을 못하게 한다. 그러므로 수운 선생도 처음 한울님을 만나셨을 때, '두려워하지 말라'는 말씀을 들은 것이다.

> 두려워하지 말고 두려워하지 말라. 세상 사람이 나를 상제라 이르거늘
> 너는 상제를 알지 못하느냐. (동경대전, 布德文)

한울님은 부모처럼 공경하되 친하게, 언제 어디서나 모시고, 묻고 답을 들을 수 있어야 한다.

> 주(主)라는 것은 존칭해서 부모와 더불어 같이 섬긴다는 것이요….
> (동경대전, 논학문)

실로 사람은 본래 한울로 태어난 것이다. 이를 잊고 고해 속에 살아가는 게 보통 사람들의 모습이라면 본래 한울사람으로의 본 모습을 찾아가는 게 수도하는 사람들의 목적이다.

> 너는 반드시 한울이 한울된 것이니 어찌 영성이 없겠느냐. 영은 반드시
> 영이 영된 것이니, 한울은 어디 있으며 영은 어디 있는가. 구하면 이것이요,
> 생각하면 이것이니, 항상 있어 둘이 아니니라. (의암성사법설, 法文)

또한 세상도 본래 무형의 한울 성령이 유형화되어 나타난 것이다.

우주는 원래 영(한울성령)의 표현인 것이니라.
(의암성사법설, 性靈出世說)

한울 본성으로 사는 사람들이 사는 세상이 한울세상이고 지상천국이다. 본성을 잊고 각자위심으로 아귀다툼하는 세상이 지옥이다. 각자위심의 세상을 지상천국으로 만드는 것이 개벽이고, 그게 도와 도를 하는 사람들의 역할이다. 한울은 무형이라 사람으로 형상화되어 있을 때 그 이치를 실현할 수 있기 때문이다.

마음은 본래 비어서 물건에 응하여도 자취가 없는 것이니라.
(동경대전, 嘆道儒心急)
사람은 (생명을 주는)한울을 떠날 수 없고 (무형한)한울은 사람을 떠나 실현할 수 없나니, 그러므로 사람의 모든 호흡, 모든 움직이고 머무는 것, 모든 입고 먹는 것이 다 서로 화하는 기틀입니다.
(해월신사법설, 天地父母)

라명재
◈ 증조부 때부터 동학-천도교를 신앙한 집에서 태어나 천도교에 자연스럽게 관심을 가지며 자랐다 ◈ 생명과 삶을 다시 살리는 길은 거창한 정치적 공약이나 구호가 아닌 일상의 삶속에 있다는 생각을 실천하고 확인하고 싶어 한다 ◈ 그러한 일상의 삶을 중시하는, 전통의 가치와 생명에 대한 가르침이 가득한 동학의 경전이 널리 읽히고 그로써

사람 살 만한 세상이 되기를 바라는 마음에서 공부하고 있다 ◈ 『천도교경전공부하기』를 펴내 증보판을 거듭해서 발행하고 있다 ◈ 지난해부터 새롭게 교단 내의 수행자들과 함께 "천도교수도공부모임"을 진행하고 있다

월남미술인 다시보기(4)

박항섭(朴恒燮, 1923-1979)

안태연

1979년 3월 29일, 개인전을 앞둔 어느 화가가 갑작스럽게 생을 마감했다. 슬하에 4남매를 둔 가정의 가장으로 평생 가난과 투쟁하면서도 동료들에게는 언제나 정을 듬뿍 나눠주었던 화가 박항섭의 죽음. 하지만 그가 이승을 떠나는 길은 전혀 외롭지 않았을 것이다. 유언에 따라 애청곡이었던 시벨리우스의 교향시 〈투오넬라의 백조〉가 흐르던 그의 빈소에는 수많은 동료가 모여 진심으로 애도를 표했고, 그렇게 그의 장례식은 한국 최초의 화우장(畵友葬)으로 치러졌으니 말이다. 그리고 44년이라는 긴 세월이 흘러 그도 이제 탄생 100주년을 맞이하였다.

그동안 세 차례에 걸쳐 유작전이 열리기는 했지만,[1] 어째서인지 근래 들어서는 본격적인 조명을 받지 못한 채 점차 잊힌 이름이 되어간 박항섭. 하지만 그는 스스로 "인생의 가치는 그의 생애를 총계하여 결산을 보았을 때 나올 것이고 중간의 이득, 손해는 문제가 되지 않는다.[2]"라고 일기에 적었듯이 자신의 삶과 예술이 언젠가 온전히 평가받을 수 있다는 믿음을 지니고 꿋꿋이 작업에 임했다. 그러한 뜻을 되새기기 위하여 필자는 이번 지면을 통해 미흡하게나마

---

1 박항섭의 유작전은 1981년 현대화랑, 1989년 호암갤러리, 2006년 갤러리현대 두가헌에서 열린 바 있다.

2 박항섭, 「예술과 시대의 회화적증언-고 박항섭의 유고일기 중에서」, 『공간』 1981년 2월호, p.70.

박항섭, 〈선사시대〉, 1969년, 캔버스에 유채, 72.5×53.5cm

박항섭의 전반적인 삶의 행적을 요약하고 대표작을 중심으로 분석하며 그가 일생에 걸쳐 추구한 예술적 신념이 무엇인지를 되돌아보고자 한다.

박항섭은 1923년 12월 26일 황해도 장연군 읍후리 132번지에서 태어났다. 현재 그의 1940년대 이전 작품은 남아 있지 않지만, 월남 이전에 작성한 간부이력서와 월남 이후 작성한 연보를 통해 당시의 행적을 파악할 수 있다.[3] 이 두 자료를 종합해서 정리하면 그는 1930년 장연공립보통학교에 입학하여 1936년 졸업한 뒤 해주공립고등보통학교로 진학, 중학교 2학년 때인 1937년에 미술부원이 되어 3-4학년 때인 1938-39년 조선일보에서 주최한 학생미전에 출품하여 연달아 입선했다. 다만 월남 이전 간부이력서에는 가정 사정으로 인해 졸업 시기를 앞두고 미술학교 지망을 단념했다고 적혀 있으나, 월남 이후 연보에는 1941년 3월 해주공립고등보통학교를 졸업한 뒤 4월에 일본 도쿄의 가와바타미술학교(川端画学校)에서 수학했다고 적혀 있어 혼선이 있는데, 현재로서는 어느 쪽이 맞는 기록인지를 파악하기에는 어려움이 있다. 다만 가와바타미술학교는 정식 미술학교가 아닌 사설 미술학원이었고, 제2차 세계대전의 격화로 문을 닫았으니 일단 수학했어도 그 기간은 극히 짧았을 것이다. 아무튼, 1943년 무렵 늑막염에 걸려 요양을 위해 고향의 과수원에서 지내던 그는 1945년 6월 15일 일본군에 징집당하여 평양에서 복무하는 신세가 되었으나, 다행히도 두 달 뒤인 8월 15일 광복을 맞이하여 무사히 고향으로 돌아왔다. 그리고 이때부터 그림에 대한 지향이 날로 높아져 황해도미술전과 8·15 중앙전람회 등에 출품하는 등 본격적인 작품 활동을 전개했고, 1947년 9월에는 소속되어 있던 미술동맹 황해도위원회의 서기장으로 피선되어 가족들과 함께 해주로 이주해 약 한 달 뒤인 10월 30일 해주구제국민학교 교사로

[3] 전자는 1949년 10월 10일에 작성된 것으로, 현재 미국 국립문서기록관리청에 사본이 보관되어 있다. 해당 자료에 대하여 알려주신 홍성후 선생님께 진심으로 감사드린다. 후자는 정확한 작성 시기를 알 수 없으나, 조도중이 집필한 「박항섭론-예술과 시대배경」(1982, 중앙대학교 대학원 석사논문)에 부록으로 실려 있다.

박항섭, 〈어족〉, 1964년, 캔버스에 유채, 81.5×106cm

재직 중이던 이효애(李孝愛)와 결혼했으며,[4] 1948년 9월에는 해주미술학교 강화 문제가 대두되자 동맹 파견으로 부임해 실기와 색채학을 가르쳤다.

하지만 1950년 6월 25일 한국전쟁이 발발하자 박항섭은 월남을 결심하였다. 원래 계획은 그해 12월 후퇴하는 국군을 따라 월남하는 것이었지만, 중공군이 해주를 포위하는 바람에 실패하여 한동안 지하에 숨어서 지내다 1952년 7월 23일 겨우 아내와 함께 월남에 성공, 8월 14일 인천을 거쳐 17일 대구에 도착하였다.[5] 그리고 1952년 11월 대구 미국공보관에서 박성환(朴成煥, 1919-2001), 신석필(申錫弼, 1920-2017)과 함께 3인전을 열었고,[6] 휴전 협정이 체결된 뒤 1953년 12월 한동안 중단되었던 대한민국미술전람회(약칭 국전)가 재개되자 출품을 시작해 1960년까지 총 4회 특선하여 1961년부터는 추천작가 자리에 올랐으며, 1957년에는 창작미술협회의 창립에 참여해 1961년까지 회원전에 출품하는 등 계속해서 활동을 전개하였다. 비록 어려웠던 생활 여건 탓인지 월남 직후에 해당하는 1950년대의 작품도 별로 남아 있지는 않지만, 다행히도 제4회 국전 특선작 〈포도원의 하루〉(1955, 한국은행 소장)와 제8회 국전 특선작 〈가을〉(1959, 리움미술관 소장) 등 중요작품 몇 점이 현존하여 초기의 조형적 모색을 알려준다. 흥미로운 점은 국전에서의 입/특선작 중 과수원을 배경으로 한 작품이 여럿이라는 점이다. 과수원은 그가 월남 이전부터 다룬 모티브로 국전 추천작가가 된 1961년 이후로도 종종 다루어졌다는 점에서 유독 각별한 의미를 지닌 모티브였음을 짐작할 수 있는데,[7] 일단 1950년대의 국전은 일제 강점기에 신행된 조선미술전람회(약칭 선전)와 유사

---

4 그녀는 남편이 세상을 떠난 뒤 남겨진 작품들을 팔지 않고 소중히 보존하였으며, 1994년에는 국립중앙도서관에 남편의 장서들을 기증하기도 했다.

5 대구에서의 피난 생활은 1954년 2월 서울로 이주할 때까지 이어졌다. (조도중, 「박항섭론-예술과 시대배경」(1982, 중앙대학교 대학원 석사논문), p.51.

6 참고로 박성환과 신석필은 박항섭과 마찬가지로 황해도 출신이며 해주미술학교에서 근무했다. 이들은 1967년 구상전 결성에도 함께하는 등 월남 이후에도 긴밀한 관계를 이어갔다.

7 일례로 1946년 제2회 황해도미술전에 박항섭이 출품한 작품은 〈유리 깎는 사람들〉과 〈과원(果園)〉이었다.

하게 향토적 주제와 정서를 앞세운 인물화 또는 풍경화가 대세를 이루었으므로 이러한 경향과 연관이 있다고 볼 수 있겠지만 그가 한때 고향의 과수원에서 요양했음을 생각하면 떠나온 고향에 대한 그리움의 상징으로도 해석할 수 있다. 특히 〈포도원의 하루〉에서 가로형의 수평적인 화면과 대비를 이루도록 과수원에서 일하는 인물들의 신체를 길쭉하게 수직적으로 늘이고, 양감 처리도 단순화하여 마치 고대의 벽화처럼 평면적인 느낌을 강조한 점은 그가 향토적인 주제를 어떻게 주관적으로 재구성할지에 관한 문제의식을 일찍이 지니고 있었음을 알려준다. 물론 사실적인 묘사를 통해서도 그러한 주제를 표현하는 것은 얼마든지 가능한 일이었지만,[8] 그는 "명암에 의한 모델링, 명암효과, 이것은 사진술에 맡겨라."[9]라고 주장하며 자신이 추구한 신념을 회화다운 개성으로 표현하고자 깊이 고뇌하였고, 이 과정에서 점차 새로운 화풍으로 나아갔다.

제9회 국전에서 특선한 〈마술사의 집〉(1960, 서울시립미술관 소장)은 그러한 전환기의 고뇌를 잘 보여주는 작품으로, 고대 문명의 사회상을 빌려 인간애에 대한 믿음을 은유했다. 여기서 붉은 두건을 쓴 마술사는 얼굴을 손으로 가린 채 통곡하는 인물과 이야기를 나누는 듯한데, 비록 배경이 된 집은 쭈그려 앉아야 할 만큼 좁고 누추한 곳이며 선반 위에 놓인 가재도구도 막자사발과 항아리 등 생활에 필요한 기본적인 것 정도가 전부임에도 마술사는 이에 전혀 내색하지 않는다. 즉, 그가 표현한 마술사는 초자연적인 힘을 과시하는 거만한 존재가 아니라 타인의 고통을 치유해 주기 위해 기꺼이 교감하는 순수한 존재이다. 그러한 면에서 이 작품이 고대 벽화의 형식을 채용했다는 점은 오랜 세월이 흘러도 인간의 정(情)이 지닌 아름다움은 변치 않음을 암시한다

8 참고로 박항섭은 〈대동강 철교를 건너는 평양 피난민〉(1969, 국방부 소장) 등 주문을 받아 그린 민족기록화 등에서는 철저히 사실적인 묘사를 앞세울 만큼 출중한 데셍 실력을 지니고 있었다.

9 박항섭, 「화가의 말」, 『박항섭』(1981, 현대화랑), 페이지 수 없음.

고 해석할 수 있겠다.

또한, 이 작품은 형식적인 면에서 인체의 변형과 더불어 두꺼운 마티에르의 강조가 본격화된다는 점에서도 주목할 만하다. 이러한 변화는 당시 한국 화단에서 점차 주류로 부상하던 서구의 추상 미술사조 앵포르멜(Informel)과도 무관하지 않아 보이는데, 제10회 국전에 출품된 〈동화〉(1961, 개인 소장)와 제15회 국전에 출품된 또 다른 〈동화〉(1966, 리움미술관 소장) 등에서 그는 프랑스의 앵포르멜 화가인 장 뒤뷔페나 장 포트리에의 작품과 유사하게 인체의 형상을 두꺼운 마티에르에 함몰시켜 화석화된 것처럼 표현했다. 다만 그가 일기에 "화면은 감정의 쓰레기통이 아니다. 감정은 정리되어야 하며 이 감정이 자연화하여 한 개의 생명체가 되어야 한다. 감정을 잘 요리할 수 있는 이지(理智)가 필요하다."[10]라고 적은 것을 보아 앵포르멜의 지나치게 감정 의존적인 면모, 예컨대 비이성적인 행위의 강조 등에는 그다지 공감하지 않았을 것으로 생각된다. 이는 그가 추상적인 표현을 수용하면서도 인간이나 자연 등의 모티브를 놓지 않았다는 점에서도 암시된다.

결과적으로 박항섭은 1967년 무렵부터 앵포르멜의 그림자에서 탈피하고자 새로운 화풍으로 나아갔다. 마침 이 해에 그는 동료들과 함께 "현대회화가 잃어버린 주제와 이미지의 촉발체로서의 형상의 복권을 의도"하며 "현실의 땅을 딛고 더 현실성과 밀착된 회화세계를 추구"하기 위한 목적으로 미술단체 구상전(具象展)의 창립에 참여하였다.[11] 비록 창립전 당시에는 "외국의 구체파(具體派)와 같은 철저한 미의식의 현대적인 진로를 구상전의 이름으로 그렇게 강하게 발언하고 있진 못하다."[12]라는 지적을 받기도 했으나, 지나치게 보수적인 사실적 경향 혹은 지나치게 진보적인 추상적 경향으로 양분된

[10] 박항섭, 「예술과 시대의 회화적증언-고 박항섭의 유고일기 중에서」, 『공간』 1981년 2월호, p.69.

[11] 「현실에 밀착된 그림을 추구, 「구상전」 창립전」, 『조선일보』 1967년 9월 28일.

[12] 구(龜), 「활기찬 의기 나타내지 못해 「구상전」」, 『경향신문』 1967년 10월 2일. 정황상 이 글의 필자는 미술평론가 이구열(李龜烈, 1932-2020)로 추정된다.

박항섭, 〈동화〉, 1966년, 캔버스에 유채, 130.5×90cm

화단에서 새로운 가능성을 찾고자 한 구상전에서 그는 핵심적인 역할을 하며 매년 회원전에 출품했다.[13]

1971년 제20회 국전에서 추천작가상 수상작으로 선정된 〈수중지대〉(1971, 국립현대미술관 소장)와 같은 해의 또 다른 〈수중지대〉(1971, 개인 소장)는 구상전 참여 이후 박항섭의 작품세계가 어떠한 변화를 맞이하였는지 잘 보여주는 중요한 작품이다.[14] 이 두 작품의 주제는 퍽 상징적인 의미를 함축하고 있는데, 그는 물속을 태아가 성장하는 양수와 연결 지었다고 생각된다. 그래서 전자에서 그려진 인간들은 마치 태어난 그대로의 순수함을 암시하는 듯 모두 나체인 상태로 자유롭게 유영하는 모습이다. 그리고 후자에서 그는 이전부터 즐겨 그린 물고기를 등장시켰지만, 이 물고기들은 이전에 그린 물고기들, 예를 들어 〈어족〉(1964, 개인 소장)에서처럼 광물질을 연상시키는 마티에르에 매몰된 비극적인 존재가 아니다. 이제 그는 물고기들에게 피와 살을 주어 마음껏 헤엄칠 수 있도록 했다. 즉, 그에게 물은 곧 생명을 부여하는 매개체였다.

여기에 기존의 메마른 분위기를 촉촉하게 일신시키기 위하여 유화 물감을 두껍게 바르는 대신 기름으로 묽게 희석해 맑고 투명한 발색을 살린 기법을 채택한 점은 그가 이제 앵포르멜의 둔탁함으로부터 자유로워졌음을 알려준다. 그리고 이 과정에서 선의 표현도 한결 자유로워진 만큼, 그는 명암 표현을 사실상 버리고 성격적인 선이 지닌 활기를 강조하고자 했다.[15] 〈행자〉(1972, 개인 소장), 〈기념비〉(1974, 개인 소장), 〈대어 돌아오다〉(1978, 개인 소장)

---

[13] 한때 창작미술협회에서 함께 활동했고 구상전의 창립에도 함께한 박창돈(朴昌敦, 1928-2022)은 박항섭을 "굵고 튼튼한 구상전의 기둥이던 형"으로 회고했다. (박창돈, 「항섭형! 두해가 지났읍니다」, 『화랑』 1981년 봄호, p.17.

[14] 이 작품은 『제20회 국전도록』(1972, 광명출판사)에 실린 도판과 현재의 모습을 비교해 보면 대대적인 수정이 이루어졌음을 알 수 있다. 『역대국전수상작품도록』(1977, 국립현대미술관)에는 수정 이후의 도판이 실려 있으므로 1972-77년 사이에 수정이 이루어졌을 것이다. 이처럼 박항섭은 과거에 발표했던 작품이라도 마음에 들지 않는 부분이 발견되면 종종 수정하였다.

[15] 박항섭, 「화가의 말」, 『박항섭』(1981, 현대화랑), 페이지 수 없음.

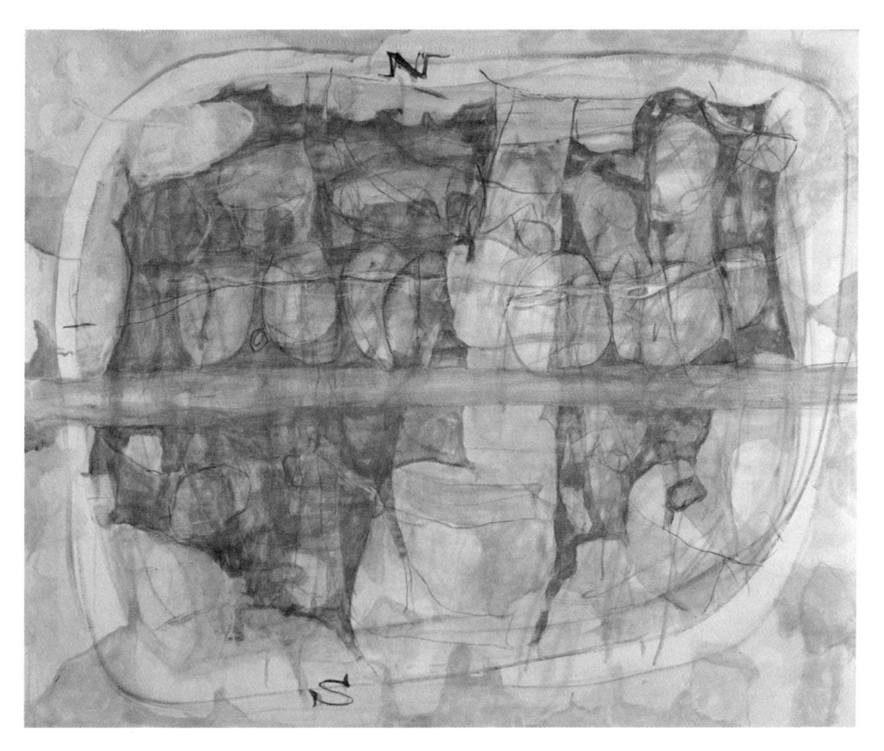

박항섭, 〈지구 환타지〉, 1979년, 캔버스에 유채, 130×162cm

박항섭, 〈서커스〉, 1978년, 캔버스에 유채, 117×91cm

등은 그러한 의도를 잘 보여주는 작품들로, 화면의 농담을 고려하여 세심하게 색채를 칠하고 섬세한 선묘를 리드미컬하게 구사하여 생동감을 연출하고 있다. 특히 〈서커스〉(1978, 개인 소장)를 비롯한 곡마단을 다룬 만년의 연작에서 그는 자신이 꿈꾼 이상향을 확고하게 보여준다.[16] 옹기종기 모인 사람들의 얼굴이 자전거 바퀴 위에 올라탄 말의 모습과 겹쳐지는 서커스의 한 장면은 단순한 구경거리가 아니라 싸움의 불씨조차 찾을 수 없는 교감의 마당이며, 이는 곧 전쟁에 의한 이산의 아픔을 체감한 그가 절실하게 염원한 이상향이라고 보아도 무방할 것이다. 세상을 떠나기 직전까지 손질하다 끝내 완성하지 못한 100호 크기의 대작 〈코리아 환타지〉(1979, 개인 소장)와 〈지구 환타지〉(1979, 개인 소장) 역시 그러한 꿈을 담은 인간군상이자 찬가였으리라.[17]

마지막으로, 그와 긴밀한 관계였던 시인 장호(章湖, 1929-1999)가 박항섭의 1주기를 추모하며 묘비에 쓴 비명(碑銘)을 여기에 덧붙인다.[18]

내 넉넉한 손으로 그려낸
사과와 물고기
싱싱하게 살아나
뭍과 바다에
음악으로 넘쳐라.

16 유족의 증언에 따르면, 박항섭은 서커스를 "흥미로운 소재"로 언급했다고 한다. (유족과의 서면 인터뷰, 2017년 4월 21일.)

17 이 두 작품은 1979년 4월 신세계미술관에서 열린 《유화 100호전》에 출품하기 위해 제작하기 시작한 것으로, 미완성으로 남았으나 해당 전시에는 그대로 출품되었다.

18 묘비는 구상전 화우들이 박항섭의 1주기에 맞춰 금촌 기독교공원묘지에 세웠다고 전해진다. (장호, 「박항섭 불망기」, 『박항섭』(1981, 현대화랑), 페이지 수 없음.)

※

국립현대미술관과 서울시립미술관의 소장품은 각 미술관의

공식 홈페이지에서 이미지를 확인하실 수 있습니다.

안태연

◈ 1997년 서울에서 태어났다 ◈ 중학생 시절 우연히 학교 도서관에서 접한 『한국근대회화선집』을 계기로 한국 근현대 미술에 관심을 가지게 되었다 ◈ 그리고 이 선집에 실린 작품들을 실제로 보고 싶다는 마음에 박물관과 미술관 등 이곳저곳을 다니며 생각을 메모하고자 글을 쓰기 시작했다 ◈ 그리고 지금은 여기서 한발 더 나아가 한국 근현대미술의 지평을 넓히는 데 조금이나마 보탬이 되었으면 하는 마음으로 글을 쓰고 있다 ◈ 특히 본격적으로 조명 받지 못했던 한국의 작고 미술가들을 발굴하고자 노력하는 중이다

다시 잇다

사회개조 팔대사상가

5. 모리스

이쿠다 조코·혼다 미사오
번역 조성환

【1. '희망과 환희에 살면서 일한다'】

> 해머스미스의 사회주의자들은 매주 켐스콧(Kelmscott)에 있는 모리스의 집에 모이는 것을 일과로 하였다. 이 모임에서 모리스는 종종 회장으로 일하였고, 때로는 연설도 하였다. 어느 날 밤, 그는 인생의 목적에 대해서 다음과 같이 결론지었다; "여러분, 우리가 바라는 평화는 희망과 환희에 살면서 일하는 것이다." 이 간단한 말에는 모리스 특유의 사상과 열정이 들어 있다.
>
> 모임 장소를 떠나면서 나는 친구와 함께 느릅나무 그늘에 잠시 멈춰 서서 템스 강을 바라보았다. 강은 조용히 바다로 흘러들어 가고 있었다. 옅은 안개가 강 건너편을 어슴푸레하게 만들고, 사라져 가는 작은 배, 가로놓인 다리, 언덕에 형성된 시가지는 온통 회색으로 감싸여 있다. 우리는 아무 말 없이 그것을 바라보고 있었다. 한밤의 이 평화는 모리스의 저 말과 뒤섞여서 우리 사상의 방향을 제시하였다.

이것은 전환기의 한 전형적인 인물로서 윌리엄 모리스를 논한 '오스카 트릭스'가 감격에 겨워 한 말이다. 런던에서 당시 모리스의 논의가 사람들을 얼마나 감동시켰는지 그 분위기를 이것으로 알 수 있다.

【2. 성장 과정부터 인생의 예술화까지】

미술가이자 시인이자 사회주의자인 윌리엄 모리스(William Morris, 1834-1896)는 런던에서 멀지 않은 에식스 주의 한 마을인 월텀스토에서 1834년 3월 24일에 태어났다. 그는 9형제 중의 장남으로, 아버지는 런던에서 쟁쟁한 사업가였다.

모리스의 소년시절은 행복했는데, 재능이 특별히 천재적이라고 할 정도는 아니었다. 그러나 이후에 나타나는 천재적 기질의 맹아는 충분히 보였다. 자연을 자랑하고 숲을 종횡무진하며, 새의 이름을 정확히 기억하곤 했다. 정열적이고 선량한 기질이었다. 전해지는 일화로, 그가 여덟 살 때에 한번 본 교회를 50년 후에 자세하게 그림으로 그릴 수 있었다고 한다. 이것으로 그가 고딕 미술을 특히 잘 이해하는 능력이 있었다고도 할 수 있는데, 어린 모차르트가 음악을 이해한 것에 비유될 수 있을 것이다. 그와 같은 예리한 천재성은 그의 생애를 통해서 하나하나 드러나고 있다.

모리스는 고딕 건축을 단지 아름다움과 로맨틱함과 이채로움의 차원에서 뿐만 아니라, 실로 고딕의 위대한 예술을 살아간 사회 전체에 대해서 열정과 애정을 가지고 있었다. 그가 보기에, 그 시대의 고딕 건축은 죽은 애인의 목소리처럼 매력적인 것이었다. 청년시절에 그는 여러 교회를 전전하며 건축 양식을 보고 다녔는데, 그 아름다움을 향유할 뿐만 아니라, 마치 살아 있는 사람을 대하듯이 정확하게 그 자태를 마음에 새겨 나갔다.

우리는 모리스가 중세기와 그 무렵의 예술에 경도된 것과 그것을 단지 죽은 과거로 생각하는 고고학자와는 중대한 차이가 있음을 알아야 한다. 모리스는 과거를 살아 있는 것으로 보고, 고딕 양식 속에서 자신이 창조하려는 신세계를 발견한 것이다.

모리스는 13세 때에 말보로 칼리지에 입학했는데, 이 학교는 창립한 지 얼마 안 되는 학교로, 모든 것에 관대하였다. 이 자유가 그에게는 오히려 다행이었다. 그는 도서관에 가거나 숲을 산보하거나 수공업 기술을 배우거나 하였다. 그중에서도 고딕에 대한 지식은 이 무렵에 얻게 된 선물이다. 그는 다시 옥스퍼드 칼리지 신학과에 들어갔다. 이 대학이 있는 옥스퍼드에는 오래된 아름다운 건축물 등이 남아 있어서 그를 기쁘게 하였다. 동시에 도시는 어떠해야 하는가, 과거의 보물이 어떻게 잘못 이용되고 있는가, 현재의 옥스퍼드가 얼마나 야만스럽고 불성실하며 현학적인가도 알게 해주었다. 1학기 때 그는 에드워드 번 존스(Edward Burne-Jones, 1833~1898)를 알게 되었다. 그는 이미 미술가로 촉망 받고 있었다. 시인 캐논 딕슨(Canon Dixon=Richard Watson Dixon, 1833.5-1900.1-역자 주)과도 교류하게 되었다.

이 신세계의 사람들과 사물과 사상 속에서 모리스는 좋은 감화를 받았다. 자신이 미래에 무엇을 해야 하는지에 대해서도 막연하게나마 알게 됐다. 당시에 영국에서는 이미 산업문명에 대한 비판적인 움직임이 일어나고 있었는데, 모리스는 그것을 누구보다도 일찍부터 알고 있었다.

모리스와 그 친구들은 세계가 커다란 전환기를 맞이하고 있음을 알았다. 그들은 사해동포(四海同胞) 사상을 가지고 있었고, 가난이 얼마나 두려운지를 확인하였다. 비록 자신들이 바라는 것이 무엇인지 막역하기는 했지만, 당장 무언가를 하고 싶다고 생각했다. 그래서 잡지를 발행하기로 하였다. 1855년에 딕슨이 먼저 모리스에게 제안했고 모두가 찬성했다. 캠브리지 사람들과 교류하고, 그 사람들도 집필하기 때문에 잡지의 이름은 '옥스퍼드 앤 캠브리지 매거진'이라고 붙였는데, 주로 옥스퍼드 사람들이 집필했다. 제1호가 1856년 1월 1일에 나와 월간으로 24호까지 발행되었다. 모리스는 그것을 위해서 자금도 분담하고 집필도 하였다. 거기에 모리스는 18편의 시와 이야기와 논문을 썼다. 기고자 중에 단테 가브리엘 로세티(Dante Gabriel Rossetti, 1828.5-1882.4)가 있었다. 로세티는 1년 전 연말에 번 존스가 만난 일도 있어서, 모리스의 시에 감동했던 사람이었다. 테니슨이나 라스킨도 이 잡지를 칭찬했는데, '진실한 잡지는 번창하지 않는다'는 라스킨의 예상대로 판매 부수는 극히 적었다.

모리스는 번 존스와 프랑스나 벨기에로 여행하고, 멋진 대성당을 보면서, 교회에 종사하는 일을 포기하고 미술에 종사할 결심을 하였다. 1856년에 그는 조지 에드먼드 스트리트(George Edmund Street, 1824-1881)라는 고딕 부흥에 열정적인 것으로 유명한 건축가에게 사사했다. 모든 예술 중에서 건축에 가장 흥미를 느끼고는 있었지만, 그는 당시의 사회 분위기에서 단순히 건축가라는 사실에 만족하지 않았다. 하지만 그는 이 사무소에서 많은 경험을 쌓았으며, 나중에는 건축사에서 신기원을 만든 필립 웹(Philip Speakman Webb, 1831~1915)과 친한 친구가 되었다. 모리스는 단순한 미술학도로 만족하지 않고 점토로 조형물을 빚거나 나무나 돌을 좋아하면서, 스스로의 교사가 되어 다양한 미술을 공부했다. 그는 매우 다재다능하였다. 그곳에서 그는 1년 정도 일했다.

모리스가 가장 강한 인격적 감화를 받은 사람은 그 무렵에 런던에서 만난 로세티였다. 로세티의 시나 회화가 뛰어나다는 사실은 새삼 말할 필요도 없지만, 인간적인 매력 또한 컸다. 모리스나 번 존스가 처음 대면할 무렵의 로세티는 전성기를 맞고 있었는데, 낭만적인 시인들이 시로 표현하고자 한 것을 그는 회화로 표현하였다. 프랑스에서 인상파 화가가 사물을 새롭게 표현하려고 시도하였을 때 로세티는 영국에서 마음의 새로운 형태, 정열의 아름다움을 그림으로 표현하고자 하였다.

모리스가 전(全) 세계에 기대한 참신한 맛을 로세티는 그림으로 잘 표현하였다. 모리스는 로세티에 심취하였고, 미술을 깊이 사랑하게 되었다. 로세티는 모든 사람이 화가이기를 바랐다. 특히 시인은 화가이지 않으면 안 된다는 논법으로, 모리스에게 그림 그리기를 권했다. 로세티의 말에 따라서 모리스도 그림을 그리게 되었는데, 그림 형식은 모리스에게 번거로운 것이었다. 여기에 모리스와 로세티의 차이가 있다. 로세티에게 있어서 미술은 항상 생활을 벗어난 고독한 봉사였는데, 모리스는 오히려 모든 생활을 미술화하고, 일상의 사물을 빛나고 아름답게 하는 미술이 되기를 희망하였다. 그래서 모리스는 건축가가 되는 것을 단념하였지만, 위대한 예술은 건축에 있다고 생각하였다. 처음에는 본능적으로, 나중에는 자각적으로 사랑한 것이 건축이었다. 우리가 장식이라고 부르는 것도 그에게는 장식 이상의 것이었다.[i] 모리스는 거기에서 작업을 한 미술가와 그것을 사용하는 사람들 쌍방의 안녕과 행복을 공감하곤 했다.

로세티는 미술은 예술가의 특수한 정서의 표현으로 회화와 같이 단독으로 하는 작업에서 주로 완전함과 강렬함을 볼 수 있다고 생각했지만, 모리스는 미술 작업은 미술가와 대중 간의 관계에서 완성되는 것으로 보았다. 그는 고딕 건축을 고상한 겸손을 보여주는 양식으로 여기며 사랑하였고, 르네상스 건축은 그의 사랑을 받지는 못했다. 후자에는 그를 불쾌하게 만드는 이기주의가 있었는데, 모리스는 그것이 근대 세계 특유의 이기적 병폐의 특징이라고도 생각했다. 모리스는 미술에 심히 경도되었지만, 스스로를 고고하게 혼자서 걸작을 제작하는 천재라고 생각하기보다는 한 사람의 직공이라고 여겼다. 그가 미켈란젤로나 벨라스케스(Diego Rodríguez de Silva y Velázquez, 1599.6-1660.8)의 위대함을 모르는 바는 아니었다. 그러나 그가 보기에 한 시대의 미술의 성취나 특성을 판단하기 위해서는 위대한 회화보다도, 오히려 그 무렵의 건축이나 컵이나 접시(같은 공예품-역자주)를 보아야 한다고 생각했다. 이 점에서 한때는 모리스가 절대적으로 복종했던 로세티도 모리스를 영원히는 지배하지 못한 것이다.

모리스는 번 존스와 함께 레드 라리온 스퀘어 17(과거에 로세티가 산 집)에 거주지를 정하고, 함께 작업했다. 모리스가 그 집을 장식하려고 할 때, 어느 상점에 가도 의자건 테이블이건 할 것 없이 너무나도 조악한 것들로 가득 차 있다는 사실을 발견했다. 이것은 그가 결벽해서가 아니다. 그에게 가구의 조

---

i 역주 : 윌리엄 모리스는 '근대 미술공예운동'의 선구자로서 "세상의 모든 것을 디자인했다"는 평을 듣는데, 가령 석류, 장미, 튤립 등의 모티브를 살린 벽지 문양의 디자인이 그로부터 유래하였다.

악함은, 동작의 조악함과 마찬가지로, 마음이 나쁜 상태를 보여주는 것으로, 만약에 자신의 가구가 조악하면 자신의 동작의 조악함처럼 책임을 느끼지 않으면 안 된다고 생각했다. 그 후에 모리스가 '시적 비부(詩的備附)' 작업을 시작한 것도 자연스런 일이었다. '다른 사람의 고안으로 만족할 수 없으면 직접 고안을 하자.' 그가 평생 계속해서 다양한 수공을 배운 것은 이러한 생각에서이다. 처음부터 그는 미술가에 그치지 않고 바람직한 세계를 만들고자 한 사람이었다. 그 개조는 의자에서 시작해서 사회에까지 이르렀다.

1857년 여름에 로세티는 옥스퍼드 유니온의 새로운 회당에 그림을 그려달라는 부탁을 받았다. 10장의 템페라(tempera, 계란에 안료를 개서 만든 물감으로 그리는 그림 기법-역자 주) 화(畵) 이외에 천정을 장식하는 것이었다. 로세티는 런던으로 돌아와서 모리스나 번 존스 이외의 여러 명의 화가들을 데리고 옥스퍼드로 돌아왔다. 그들 대부분은 벽화에 대해 아무것도 몰랐고, 로세티의 지시에 따르는 사람들이었다. 새로운 벽은 습했는데, 색을 잘 받는 방법은 강구되지 않았다. 그러나 누구도 걱정하지 않았다. 물론 모리스도 캔버스보다 벽에 그리기를 바랐는데, 옥스퍼드에 미리 와 있었던 관계로 일찌감치 그림을 그리기 시작했다. 그는 제일 먼저 작업에 착수해서 가장 일찍 끝마쳤다. 그리고 천정 장식 일에 매달렸다. 로세티는 그에게서 군계일학과도 같은 대작이 나올 것을 기대하였다. 모리스는 11월에 천정의 장식을 끝냈는데, 그때까지도 로세티의 〈산글래르의 랜슬롯의 환상〉은 아직 끝나지 않았다. 추측컨대 그의 작품 중에서도 굴지의 걸작이었을 터인데, 그것은 물론이고 다른 그림도 벽화의 보존성을 고려하는 지식이 없었기 때문에 얼마 지나지 않아 손상되고 말았다. 레오나르드의 〈최후의 만찬〉보다도 조금밖에 남아 있지 않았다. 천정은 1875년에 모리스가 수리했다.

이 모험의 실패는 모리스로 하여금 미술이 성행한 시대의 과학과 조직에 대해 현대가 얼마나 무지하고 미숙한지를 생각하게 했다. 로세트의 천재적인 재능도, 다른 조수들도, 벽화의 기술에 대해 아무런 지식도 없었기 때문에 대

작업이 실패로 돌아가고 말았다. 모리스는 이 일로 모든 미술은 기술로서, 실행하기 전에 적절한 수법을 잘 배우지 않으면 안 된다는 사실을 알았다. 같이 실패를 한 동료들 사이에서 모리스는 어떤 기술이든 닥치는 대로 체득하고 있었다. 그런 일에 통달해 있는 모습이 로세티를 경탄하게 만들었다.

다른 한편, 옥스퍼드 유니온에서의 일은 모리스에게 미술 전성기에 협력의 쾌감을 맛보게 하였다. 원한이나 경쟁이 없는 유쾌한 일을 생각할 수 있게 하였다.

모리스의 첫 시집 『기네비아의 방어와 다른 시』가 1858년에 출판되었다. 이 무렵 모리스는 그의 생애에 있어서 유별나게 행복한 시기를 보냈다. 하지만 그는 톨스토이와 마찬가지로 외적인 순탄에 만족하지 않고, 분투의 생활에 들어갔다.

모리스는 옥스퍼드에서 그림을 그리던 무렵에 제인 버든(Jane Burden, 1839~1914)과 알게 되었고, 시집이 출판된 지 얼마 지나지 않아 약혼했다. 그녀의 빼어난 아름다움은 로세티나 모리스가 그림으로 그리고 싶다고 생각한 장소에서 새삼스럽게 알게 된 것이었다. 1859년 4월, 두 사람은 옥스퍼드에서 결혼하고 런던의 교외에 있는 과수원과 목장의 일부를 구매하여, 친구 건축가 필립 웹에게 부탁하여 이상적인 집('레드하우스'-역자주)을 지었다. 모리스는 집의 가구가 모두 시처럼 표현되지 않으면 안 된다고 생각하였고, 그것을 자기 집에서 먼저 시작하였다. 만약에 이것이 그의 집에만 한정되었다면 대단한 일이 아니었겠지만, 사회 전체로 퍼져나가는 일종의 저항의 시작점이 되었다.

필립 웹이 지은 이 집은 당시의 일반적인 건축가들처럼 눈이 휘둥그레지는 아름다움을 목적으로 하지 않는, 지극히 평범한 것이었다. 붉은 벽돌로 벽을 쌓고 붉은 기와로 지붕을 덮은 2층 건물이었다. 사과와 벚나무 그늘에 숨어 있듯이 지어져 있다. 정원도 집의 일부로서 주의를 기울여 조성되었다. 모리스는 원예에 대해서도 조예가 깊었다. 집에 구비된 가구는 그 당시 가게에서는 마음에 든 것이 없었기 때문에, 자신이 고안하거나 친구의 손을 빌려서 만들어

배치했다. 이것이 나중에 상회(商會)를 세우는 바탕이 되었다. 누가 최초로 언급했는지는 알 수 없지만, 어쨌든 모리스가 희망하고 있었던 것이 실현되었다. 왜냐하면 매독스 브라운, 존 반스, 로세티, 필립 웹, 그 외 여러 명이 함께 미술 상회[2]를 창립했기 때문이다. 그곳에서 파는 것들은 색유리, 모자이크, 벽지 디자인, 미술적 가구와 같은 전반적인 실내 장식물을 포함하고 있었다. 그는 질서와 우아함을 사랑하는 마음에 불타서, 인생에 아름다움이 필요함을 통감하고 있었다. 미술과 노동을 결합하여 일상에서 사용하는 사물을 미적인 것으로 만드는 것이 이 상회의 목적이었다. 다양한 변화는 있었지만 어쨌든 공예미술에 일대 혁명을 일으킨 뒤 1875년에 해산하고, 그 후에는 모리스만이 그 일에 종사(Moris & Co.)했다. 현장에서 얻은 경험이 모리스에게는 학문의 과정이었다. 이 시기에 모리스는 과거 칼리지 시절에 배태된 수도원적 동포 관념은 영원히 포기하게 되었고, 대신 사회주의적 경향이 분명해졌다.

모리스가 마지막에 지었던 제작소는 멜톤 아베에 있었다. 런던으로부터 멀리 떨어진 템스 유역으로, 자연의 혜택이 풍부한 땅이었다. 그곳의 풍경은 인간과 자연의 사랑의 조화를 보여주는 것이었다. 거기에는 공장의 매연이 없고 기계 소리도 없으며 먼지도 증오도 없었다. 건물 안의 사람들은 베를 짜거나 직물을 염색하거나 창문을 만들거나 하였다.

디자인실에는 모리스가 있었다. 미완성 스케치나 번 존스의 대담한 도안이 실내에 흩어져 있었다. 그는 키가 크지는 않지만 건강해 보였고 활기가 넘쳤다. 정말로 노동과 인생의 모든 것을 사랑하는 인격을 거기에서 볼 수 있었다. 그는 손으로 하는 모든 미술에 정말로 열심히 몰두했다. 조각, 베짜기, 색자수를 배웠고, 색유리, 기와, 직물의 염색도 배웠다. 그가 익힌 기술의 종류는 실제로 놀랄 만하였다. '어떻게 그렇게 많은 기술들을 익힐 수 있었는가'라고 사람들이 물으면, '밤에는 글을 쓰고 낮에는 가게에서 일했기 때문'이라고 간단하게

2 역주 : 모리스-마샬-포크너-회사(Morris Marshall and Faulkner Company)

대답했다.

30년 동안 그는 미술이 보통의 노동이 될 것을 요구하고 실제로 그렇게 하였다. 그는 먼저 인생의 단순함을 주장했다. 인생의 단순함으로부터 당연히 아름다움과 예술적 창조의 동경이 일어난 것이다. 아름다움과 미술을 각자가 종사하는 노동의 일부로 삼음으로써만 만족할 수 있다고 주장했다.

노동은 생활을 위해서 하는 어떤 것이 아니라 우리의 생활 그 자체라고 그는 말한다. 그렇다면 노동의 보수는? '창조하는 것이 보수이고 신이 주신 임금이다. 노동에는 즐거움이 없으면 안 된다. 노동자는 자신이 공부한 것에 마음을 집중하는 것, 손이 마음과 영혼에 따르는 것이 필요하다. 이때에만 노동은 신성하고 인간의 생활로서의 의의가 있다. 건축은 마음의 표현이다. 건축에 의미를 표현해야 비로소 노동자가 독립된 마음의 주인이 된다. 우리는 기계로부터 탈피하여 인간성을 되찾지 않으면 안 된다. 살아 있는 영혼이 기계에 억눌리게 하는 사상에 우리는 반대하지 않으면 안 된다. 19세기의 기계의 위대한 발달은 우리의 고된 노동을 줄여 주겠지만, 다른 한편으로 오히려 무거운 짐을 부과하지는 않은가? 그 놀랄 만한 발명은 사람의 노동을 최소화하는 데 이용되어야 할 터인데, 오히려 단순히 소유자를 부유하게 하기 위해서 사용되고 있지는 않은가?'

이러한 맥락에서 보면 모리스는 이상적인 미래의 사상을 중세기의 노동 전통으로까지 거슬러 올라가서 생각했다. 그 시대의 직공은 자신의 일에 자부심을 갖고 있었다. 그리고 사람들은 모두 미술에 종사하였다. 사회적 관계에서는 왕과 농민과 같은 식으로 동등하지는 않지만, 당시의 미술은 자유롭고 민주적이었다. 이 상태에서 물질세계는 정신의 지배하에 있었는데, 고딕 시대가 지나고 르네상스 시대가 되면 미술은 민중에서 멀어지고 소수자의 소유가 되었다.

모리스는 이 상태를 탈피하여 참된 미술이 일어나야 한다고 생각했다. 그는 시인이기 전에 먼저 한 인간이었다. 시를 쓰기 전에 시처럼 살기 위해서 심신과 두뇌를 연마했다. 그의 생활에서 참된 미술이 생겨났다. 그의 모든 일이 단순하고 즐거웠다. 그 자신이 모범을 보이면서, 세계가 상실한 인간성을 회복하고, 지고의 생활인 노동으로 되돌아갈 것을 외쳤다.

모리스의 대표 작품인 『지상낙원』(The Earthly Paradise)은 『기네비아의 방어』 이후 10년 뒤에 출간됐다. 또 이 무렵에 서사시 『제이슨의 삶과 죽음』(The Life and Death of Jason)이 발표되었다.

친구와 함께 아이슬란드를 여행하고 그와 함께 아이슬란드의 옛날이야기를 번역했다. 1878년에 『시가드의 이야기』와 『북방의 사랑 이야기』가 나왔다. 미술이나 사회주의에 관한 강연집 『길가의 시』(Poems by the Way)와 『희망의 여행』(Pilgrims of Hope)도 이어서 나왔다. 사회주의적 경향 하에서는 『존 볼의 꿈』(The Dream of John Ball), 『무하유향(無何有鄕)의 소식』(News from Nowhere), 그의 후기 작품을 형상화하는 팸플릿이 나왔다.

【3. 사회주의자로서의 공적】

모리스는 정치적 당파에 대해서 도학자 식의 모멸감을 품지는 않았다. 그러나 그들의 태도, 그들이 일으키는 소동은 번잡한 것이라고 생각했다. 그는 천성적으로 공적 집회나 정치적 논쟁을 선호하지 않았다. 오히려 그는 그러한 행태를 증오하고 있었다. 그는 공적인 활동에 종사하기보다 어떤 특수한 일에 강하게 이끌리는 것이 보통이었다. 그를 공적인 활동의 세계로 인도한 최초의 사건은 전혀 정치적인 것은 아니었다. 그러나 그 활동의 결과는 중대하였다. 그것의 직접적인 결과만은 아니지만, 그를 공적 생활로 인도하고, 대중에게 호소함으로써 어떤 일을 할 수 있음을 느끼게 하였다.

그가 살던 켐스콧의 근처인 버포드에 리치필드 성당이 있었는데, 그것을 수리한 결과가 너무 수준 이하여서 모리스는 분개했다. 그것이 1876년의 일이다. 이듬해 봄, 츠우스베리 아베도 조악하게 리모델링되었다는 소식을 듣자, 모리스는 미술가의 입장에서 분연히 일어나서 『애니세암』 지에 오래된 건축물이 얼마나 존경받아야 하는지를 외쳤다. 그리고 스스로 '고건축 보호 협회'(Society for the Protection of Ancient Buildings)[3]를 창립하고, 예술적으로 역사적으로 가치 있는 건축물을 함부로 조야하게 현대식으로 고치지 않고, 가능한 한 옛날 모습을 손상시키지 않고 예술적으로 수선할 것을 주장했다. 이와 같이 인간 생활을 풍부하게 하는 과거의 미술에 대한 모리스의 이해는, 그의 실제적인 사회 활동의 출발점이 되었고, 이것이 그를 다른 모든 사회주의자와 구분 짓는 특징이다.

모리스가 최초로 정치 문제에 종사한 것은 1876년으로, 어떤 외교적인 문제에 관여한 것이 계기가 되었다. 모리스는 그 문제에 관련된 정치가와 행동을 함께하며 〈동구문제협회〉(Eastern Question Association) 결성에 참여하게 되었다. 그 협회 참여자들은 불가리아의 시민 봉기를 보수 정부가 너무나 냉정하게 대하는 것을 보고 분기한 것이다. 러시아는 봉기에 대하여 폭력적인 억압을 계속하는 터키 정부의 행위를 저지하고자 하였다. 영국 정부는 러시아의 남하를 우려하여, 오히려 터키를 돕고 있었다. 그러나 모리스는 러시아인이 터키와 충돌하는 것은 서구의 한결같은 희망이라는 전제 하에, "이 전쟁 이후 우리는 터키와 무엇을 도모할 수 있을까?"라고 물으며, 정부의 잘못을 꼬집었다. 그리고 '우리를 전쟁으로 이끄는 자는 평화와 이성과 정의에 질린 바보들, 즉 우리를 대표하고 있는 토리당'이라고 비난하였다.

그는 한 걸음 더 나아가서, 영국의 부유한 계급에 만연해 있는 자유와 진보에 대한 증오를 지적하고, 그들이야말로 영국의 올바른 희망을 방해하고, 무책임한 자본으로 손발을 속박하고 침묵하게 하는 자들이라고 통렬하게 비판

[3] 역주 : 고건축보호협회는 지금도 존속하면서 환경과 생태 문제에 활발히 기여하고 있다. 모리스가 조직한 협회 중 가장 성공적인 정치적 활동으로 평가된다.

했다.

그래서 많은 자유당 사람들이 동유럽 문제를 평범한 정치적 수단에 의해 결정되어야 하는 외교문제의 하나로만 인식하였을 때, 모리스는 그것을 훨씬 큰 사회문제로 생각했다. 그는 사회적으로 중류 계급에 속했는데, 오랫동안 그러한 계급적 배경과는 별개의 삶을 살았다. 중류계급의 희망이나 공포, 소유 관념이나 가치관 같은 것을 가지고 있지 않았다는 말이다. 그 자신이 노동자여서, 선전자로서보다도 노동자라는 점을 편하게 생각하였다. 함께 일을 하지만 때때로 자신의 뜻을 관철시켰는데, 그것은 자신이 사회적으로 우수한 자이기 때문이 아니라 그들의 보호자라는 입장에서였다. "순수한 민주주의가 얼마나 전적으로 옳은지를 갈수록 느낀다"라고 그는 말하곤 했다. 이로써 그의 입장의 대강이 알려졌다.

모리스는 자유당과도 다른 생각을 가지고 있었지만, 굳이 정치 진영을 논하자면 자유당에 속하였고, 1881년까지는 '국민자유동맹(National Liberal League)'의 회계원이었다. 이 동맹은 과격한 노동자의 모임이었는데, 모리스는 그 선명하지 못한 태도를 불만족스럽게 생각한 적도 적지 않았다. 그는 어디까지나 이상주의자로, 명징한 마음으로 모든 것을 꿰뚫어보았다. 1881년부터 1882년까지는 실제 운동보다도 사회문제에 대해 연구하는 시기였다. 그리고 그것에 관한 평론도 발표했다.

그는 정치가들과 행동하기에는 너무나 혁명적이었다. 혁명적 의견이 행동에 아무런 변화도 가져오지 않고 그대로 남는 것은 지극히 쉬운 일이다. 모리스는 그것을 감당하기 어려워서 잠시 정치를 떠났다.

당시에 혁명은 주로 그의 마음속에 있었다. 그러나 그것은 초기의 그리스도교 이론이 기대한 천년왕국(millennium, 그리스도가 탄생한 지 천년 뒤에 이 세계를 통치한다는 사상) 이상의 것은 아니었다.

모리스는 자유당과 혁명적 사회주의자의 구별을 명료하게 할 필요성을 느꼈다. 자유당은 그를 만족시키지 못했다. 그는 자유당도 보수당도 모두 정치적 기관에 지나지 않고, 그들에게는 한 나라의 경제 상태를 개변시킬 능력이 없다고 생각했다. 제멋대로의 유희에 취해 있는 정치적 동료들과는 결별하지 않으면 안 된다고 느꼈다. 정치적 자유와 평등만 생각한다면 자유당 정도로도 만족할 수 있을 것이다. 그러나 그것은 경제적 평등에 이르는 수단으로서만 의미가 있는 것이라고 모리스는 생각했다. 부자는 단순한 정치적 변동이 그들의 경제력을 파괴하지 않으리라고 생각하기 때문에, 헌법이 어떤 형태를 취하든 아무렇지 않았다. 모리스는 부자의 경제력이 파괴되기를 바랐다. 그리고 그것을 위해서는 혁명을 마다하지 않았다. 그는 계급전쟁에서 빈자(貧者)가 누구와 싸워야 하는가를 분명히 자각시키고자 하였다.

1883년에 그는 '민주동맹'(democratic federation)의 일원이 되었다. 그가 사회주의자임을 한층 분명히 한 것이다. 그는 마르크스의 저서를 읽곤 했다. 그리고 인간이 집단적 행동을 통해 바라는 것을 획득할 수 있다는 신념을 가졌다. 이후 그는 민주동맹의 실행위원으로서, 사회주의자의 노래를 만들고 강연도 했다. 이 동맹은 얼마 지나지 않아 '사회민주연맹'(social democratic federation)으로 개칭했다. 그리고 기관지로서 주간 신문 《정의》(Justice)가 발행되었다. 이 동맹의 한 파트의 책임자로 하인드먼(Hyndman, Henry Mayers, 1842~1921)이 있었다. 하인드먼은 마르크스 숭배자로, 이 동맹도 마르크스주의자 조직으로 만들고 싶어 했다. 그러나 내각도 아닌 이 동맹에서는 그 어떤 의견의 일치를 필요로 하지 않는다는 것이 모리스의 생각이었다. 이 동맹은 결국 하인드먼 파와 모리스 파로 나뉘었다. 나중에 모리스는 그곳을 나와서 '사회주의자 동맹'(socialist league)을 만들었다. 그 기관지로 『콘몬페르』가 나왔다.

모리스는 입버릇처럼 "우리는 먼저 사회주의자를 만들지 않으면 안 된다"고 말했다. 그는 어중간한 태도를 싫어했다. 그리고 소수자의 힘은 미약하다는 것을 알았다. 그는 열심히 사회주의에 대해 강연하고 평론을 썼다.

그는 이 동맹에서도 의회파와 비의회파, 즉 집산(集産)주의자와 무정부주의자의 암투에 번뇌하였다. 그는 그 어느 쪽에도 가담할 수 없었다. 진정한 무정부주의자는 그중에 몇 명 없을 것이다. 그리고 사회주의자가 의회에 가서 무엇을 해야 할지 모르는 의회파가 많았다. 마지막에 의회파가 이 '동맹'을 탈퇴한 후에는 무정부주의자와 모리스만 남았다.

무정부주의자가 하는 일은 극단적이었다. 《커먼웰》(commonweal, 자신이 편집장을 맡은 사회주의 동맹 기관지)의 태도가 미온하다고 생각하고, 좀 더 혁명적인 기관지를 만드는 것, 그리고 피와 우레를 무의미하게 즐기는 것이 그들의 바람이었다. 마침내 모리스는 커먼웰주의를 사양하고, 조용히 자신의 길을 가기로 하였다.

그 과정에서 조직적 활동에 환멸을 느낀 모리스는 사회주의를 실질적으로 실행할 수 있는 권외에 있고 싶어 하였다. 그러나 그의 경험은 그 자신을 불쾌하게 하지 않았을 뿐만 아니라, 다른 사회주의자들을 불쾌하게 하지 않았다. 그는 항상 사회주의자로서 최상의 일을 했다. 그는 변함없이 거리의 한 구석에서 연설도 했다. 그리고 근면하였다. 모리스에게는 지금 당장 세계를 구제하지 않으면 안 된다고 하는, 그런 열광은 없었다. 그러나 조용한 믿음을 갖고 있었다. 그리고 사회운동을 하는 많은 사람들을 냉정하게 객관화하는 여유를 가지고 있었다. 한편 현대사회의 근본악을 뒤집는다고 일컬어지는 선구자는 원래 어떤 사람인가? 모리스는 '그 사람들은 그들의 동료보다도 노동생활에 성공하지 않은 소수의 노동자, 성공의 기회를 많이 갖지 못한 사람, 정치로부터 배제된 자, 우원(迂遠)한 미술가나 문학자'라고 생각했다.

집단적 조직 활동에서 이런 무능한 사람들이 섞여 들어오는 것은 어느 시대 어느 나라에도 피할 수 없는 현상이겠지만, 그중에서도 마지막의 '우원한 미술가'에는 암암리에 모리스 자신도 포함시키고 있었던 것은 역설이다. 사회운동에서의 그의 재능은 예술가로서의 재능만큼 자유로움과 철저함을 갖지 못했다.

모리스는 '동맹'을 떠난 사람들과 함께 '해머 스미스 사회주의'를 조직했다. 거기에는 매일 강연이 열렸는데, 스티브니야츠크나 시드니 웹, 버나드 숀과 같은 명사들도 강연을 했다.

1893년 선언서를 발표하기 위해서 '사회주의 대회'가 만들어졌는데, 당시 영국의 사회주의자 단체 대부분이 가맹했다. 예를 들면 '사회민주적 동맹', '페비앙협회', '해머스미스 사회주의자회' 등이다. 선언서는 모리스가 썼다. 그러나 이 대회의 행동도 그 결과는 탐탁지 않았다.

모리스가 건강을 해치기 시작한 것은 1891년 봄 무렵이었다. 그는 통풍에 걸린 데다 신장도 나빠졌다. 그러나 강연을 멈추지 않았다. '고건축 보호 협회'를 위해서 일하고 산문체의 이야기도 썼다.

1895년에는 불면증에 시달렸다. 잠이 안 올 때에는 일어나서 작품을 쓰거나 하였다. 이듬해 1월에 '고건축 보호 협회' 집회에 나갔다. 그와 함께 돌아온 친구가, 계절도 가장 나쁜 시기이고 하니 건강에 주의하라고 말하자, 모리스는 "무슨, 1년 중에 가장 좋은 시기야. 나이도 들었지만 그것은 당연한 일이다"고 대답하였다. 그 후 모리스는 점점 쇠약해져 갔다. 그리고 의사의 권유로 노르웨이로 건너갔다. 그러나 이 항해는 불행한 선택이었다. 8월 18일에 켐스콧의 고즈넉함이 그리워져서 귀가 길에 올랐다. 모리스는 너무나 병약해 있었다. 그리고 마침내 켐스콧의 집을 두 번 다시 보지 못했다.

만년에 모리스는 감수성이 예민해졌다. 번 존스 부인이 빈민의 궁상을 말하자 눈물을 참지 못하고 훌쩍거리기도 했다. 또한 친구가 음악을 연주하자 감격에 겨워 한 구절을 듣고는 참지 못하고 눈물을 흘렸다고 한다. 그의 질병은 보통사람의 열배 이상의 일을 한 결과였다. 이렇게 해서 1896년 10월 3일에 모리스는 영면했다.

유해는 켐스콧으로 옮겨져 10월 6일에 매장되었다. 모리스는 실로 죽음 직전까지 사회를 생각하고 사회를 위해 전 생애를 바친 사람이었다.

【4. 대표작 『에코토피아 뉴스(Ecotopia News, 無何有鄕の消息』】

윌리엄 모리스의 작품 중에 사회적 경향을 띠고, 가장 널리 읽히는 것은 『존 볼의 꿈』과 『에코토피아 뉴스』의 두 개의 교문(教文, 비전을 담은 글-역자 주) 이야기이다. 『로방의 시』, 『희망의 여행』 등의 시도 다가올 신세계의 민주적 관념을 형상한 것으로, "예술의 목적은 민중이다"는 주장 하에 창작된 것이다. 『에코토피아 뉴스』는 꿈 이야기에 의탁한 모리스의 이상향의 묘사이다. 거기에는 새로운 동포 관념의 정수를 제시하고, 아름다운 자연의 환희 속에서 즐거운 노동을 하며 사는 사람들을 묘사하고 있다. 시인은 오래된 중세의 모습을 그리지 않고, 새롭게 창조된 영국을 그리고 있다. 템스 강 가의 지상낙원을 선명하게 꿈꾸고 있다. 『에코토피아 뉴스』는 모리스의 사회사상이 가장 잘 나타나 있기 때문에, 먼저 이 이야기의 줄거리를 말하고, 그다음에 그의 사상체계를 제시하기로 하자.

이 이야기는 "나는 런던의 해머 스미스라는 집에서 눈이 떠졌다."라는 말로 시작된다.

> "지금 눈에 보이는 것들은 이 얼마나 신비한 광경인가. 어젯밤에 잠 들 때는 막 겨울이 시작되었는데, 오늘 아침 풍경은 나무들의 녹음, 빛의 색깔 모두 초여름의 모습을 띠고 있다. 게다가 어젯밤, 달빛으로 본 템스 강은 태양에 빛나며 여전히 풍요롭게 흐르고 있지 않은가? 나는 이 이상한 상황을 명료하게 인식하기 위해서 배를 저어 나가서 수영을 한번 하려고 생각했다. 강가를 걸어가면 때때로 뱃사공이 있어서, 나에게 간단한 목례를 하고 배를 강가에 대는데, 나는 내게 다가오는 배에 곧장 뛰어 올랐다. 강 한가운데에 이르러 물속에 뛰어들어 한바탕 수영을 하자, 눈도 마음도 명료해졌다. 뱃사공의 말은 수준이 높고 조금도 뱃사공답지 않았다. 특히 놀란 것은 풍채인데, 실로 온화하고 골격도 늠름하여 조야하지 않고, 복장은 고풍스런 옷을 개량한 듯한, 우아함에

넘치는 단순한 것이었다. 아무리 보아도 멋진 신사가 소일 삼아 배를 젓고 있는 것으로밖에 보이지 않는다.

게다가 템스 강 가의 전망도 크게 달라져 있는 것 같았다. 한밤에 마법으로 사라진 것처럼 기계공장도 굴뚝도 사라져서, 철교는 예쁘고 튼튼한 석조로 바뀌어 있다. 저 다리는 언제 생겼는지 뱃사공에게 물어보자, 2003년에 개통식이 있었다고 대답했다. 나는 그 숫자를 듣자 더욱 불가사의해서 놀랐는데, 겉으로는 아무렇지도 않은 듯이 강기슭에 예쁜 집들이 늘어서 있는 양쪽 강기슭을 번갈아가며 보았다. 대개는 붉은 벽돌이고 지붕은 기와를 사용한 자그마한 집이다. 너무나도 살기가 좋아 보인다. 집 앞에서 강기슭까지 화원이 이어지고, 집 뒤에는 서늘한 숲이 있다.

나는 작은 배를 강기슭에 대고, 뱃삯을 지불하려고 주머니를 뒤져서 은화를 한 움큼 뱃사공 앞에 내놓았다. 뱃사공은 이상하다는 듯이 은화를 바라보았다. 돈을 받는 이유를 알지 못하는 것이다.

그는 "일한 보수로 돈을 받는 것이 옛날에 있었던 것 같은데, 그런 귀찮은 관습은 지금은 없어졌습니다. 배를 젓는 것은 나의 일입니다. 그 때문에 대가를 받는 것은 우스꽝스럽습니다. 그리고 모두에게 그렇게 많은 기념품을 받으면 놓아둘 곳이 없어서 곤란합니다."라고 대답했다. 그리고 나의 화폐를 어딘가 박물관에 기부하면 좋겠다고 하였다. 게다가 나를 멀리서 온 친구라고 생각한다면서 "이 신세계를 내가 안내하겠습니다. 친구 중에 베를 짜는 사람이 있는데, 잠시 다른 일을 하고 싶다고 하니까 그 사람에게 뱃일을 맡겨 봅시다."라고 말하고는 친구가 살고 있는 집 앞으로 가서 은으로 된 피리를 주머니에서 꺼내서 불었다. 그러자 집안에서 한 젊은이가 나왔다. 그 젊은이는 로버트라고 불렸고, 뱃사공이던 젊은이는 직크라고 했다. 로버트는 함께 아침을 먹자고 우리를 집안으로 안내했다. 식당은 지극히 느낌이 좋고, 세 사람의 젊은 여성이 있었다. 여성의 복장은 단순하고 손님들의 모습은 쾌활하게 빛나고 있었다. 세 사람 모두 조금도 사양하지 않고, 오랜 여행에서 돌아온 형제를 환영하는 듯이 우리에게 악수를 청했다. 그리고 한 사람은 화원에서 장미 꽃다발을 만들어 왔다. 한 사람은 양배추 잎에 아름다운 딸기를 담아 왔다. 재료는 간단하지만 요리는 훌륭했다. 특히 빵은 최고였다. 내 나이를 묻기에 56세라고 대답하자 모두 놀라면서 "불행한 사람들과 교류하면 너무 일찍 늙는군요"라고 말해서 얼굴이 빨개졌다. 반대로 부인 중에서 아름다운 한 사람에게 20세쯤 되냐고 묻자 놀랍게도 42세라고 하였다. 얼굴이나 양팔의 매끄러움 등 어디를 보아도 20세 정도로밖에 보이지 않았다.

로버트와 여성의 양해를 구한 후 직크와 함께 해머스미스의 대로로 나갔다. 과거의 번화한 모습은 조금도 찾아볼 수 없고, 큰 길 양편으로 목장과 아름다운 밭이 펼쳐져 있었다. 집들은 14세기 풍의 건물이고, 길을 가는 사람들은 모두 유쾌한 듯 보였고, 특히 여성은 놀랄 정도로 예뻤다.

그러고 나서 켐스콧의 숲으로 나가자, 여름에 이 근처에 모여서 숲 속에서 야영 생활을 하는 6~7세에서 16~17세까지의 많은 어린이들이 즐겁게 놀고 있었다. 나뭇가지에 천막을 치고, 그 옆에 불을 피우고, 불 위에 도자기 냄비를 늘어뜨리고 있는 모습이 보인다. 이 사회에는 학교가 없다. 절대 자유의 교육이다. 남자 아이도 여자 아이도 수영하거나 말을 타거나 한다. 요리를 하는가 하면 풀베기도, 목공도 한다. 읽고 쓰기도 스스로 한다.

눈에 띄는 커다란 건물은 '웨스트민스터 사원'이었다. "저것은 지금 무엇으로 쓰고 있나?"라고 묻자, "100년 전에 대청소를 할 때에 저 야만스런 기념물이나 악당의 조약돌 등을 모두 제거하고, 지금은 예쁜 곳이 되었다"고 대답했다. 그리고 국회의사당은 비료창고로 사용되고 있었다.

이 사회에는 물건을 사고파는 일이 없다. 내가 감자 잎을 하나 사면 예쁘게 자수한 포장지나 일본 세공예품과 비슷한 멋진 파이프까지 덤으로 준다. 내가 깜빡 하고 "얼마입니까?"라고 물으면, 직크가 웃으면서 내 어깨를 두드렸고, 그제야 나는 입을 다물었다. 소녀는 내 말을 이해하지 못하고 단지 조용히 있었다. 나는 "감사합니다"라고 말하고, 파이프를 주머니에 넣고 나왔는데,

왠지 경찰에 끌려가지 않을까 조바심이 났다.

이 사회에서는 노동은 유희이기 때문에 나태는 더 이상 찾아볼 수 없다. 나태란 '옛날에 무리하게 사람들을 내몰아서 노동을 시킨 결과 나태라는 유전병이 생겼다'는 식으로, 옛날이야기가 되어 버렸다. 또한 이 사회에는 감옥이 없고, 공장도 많은 사람들이 모여서 하는 것이 편리하다고 하는 수공업을 하기 위해서 모두가 모이는 곳으로, 그 안은 청결하고 일하는 것도 유쾌하다고 들었다.

도중에 도로 수리를 하고 있는 젊은이들을 만났는데, 마치 대학 근처에서 보트를 젓는 사람들과 같은 모습이다. 옆에는 과일을 넣은 바구니 같은 것을 두고 일하고 있다. 5~6명의 젊은 여성이 재미있다는 듯이 그 일하는 모습을 보고 있다. 일하는 사람들은 활발하고 여성들도 담소를 하거나 하면서, 조금의 고단함도 없는 것 같다. 일은 모두 놀이와 같다.

우리는 박물관으로 갔다. 거기에는 직크의 조부(祖父)인 105세의 하몬드 노인이 살고 있다. 거기서 직크는 클라라라는 젊은 여성을 만났다. 예전에 직크는 이 여성과 결혼해서 두 명의 자녀를 두었지만, 클라라가 새로 사랑하는 사람이 생겼기 때문에 이혼을 한 것이었다. 그런데 1년 정도 지나서 클라라가 하몬드 노인에게 와서, 직크는 어떻게 지내는지 물었다고 한다. 두 사람은 아무래도 원래 상태로 돌아갈 것 같다. 지난 200년 동안 남녀 관계도 완전히 자유로워져서, 과거의 타산적인 연애는 사라지고, 생활, 지위, 또는 아이 낳기를 위해서 억지로 결혼하지 않고, 순수한 사랑으로 결혼을 결정하게 되었다는 것이다. 여성의 지위도 남자와 마찬가지로 존중받고, 아이를 가진 여성은 그녀의 모성을 모두로부터 존중받았다. 사회가 이런 식으로 자유롭게 된 결과, 사람의 얼굴-특히 여성의 얼굴이 부드럽고 세련되게 빛나 보인다.

하몬드 노인은 소리 높여 옛날 교육을 비판하였다. "옛날 교육은 생계 수단을 얻기 위해서 약간의 지식을 외우게 했기 때문에, 어린이의 성격이나 체질에 상관없이 일정한 나이가 되면 학교에 입학해서 학과 수업을 일률적으로 이수하도록 강요받았다. 심신의 발육을 무시한 교육은 마치 사람을 절구 속에서 가는 것과 같은 것으로, 아무런 흠결이 없이 나올 수가 없는 구조이다. 단지 대단히 반항심이 강한 자만이 개성을 상실하지 않게 된다. 그 나쁜 교육도 모두 가난의 결과로, 19세기의 가난한 사회에서는 진정한 교육이 불가능했던 것도 무리가 아니다"라고 결론지었다.

노인에게 대도시 런던의 변천을 묻자, "옛날에는 이 넓은 도시의 대부분이 이른바 빈민굴로, 그 빈민굴은 죄도 없는 남녀의 고뇌의 장소로, 낳아서는 괴롭히다 죽이고 낳아서는 괴롭히다 죽이는 인간 쓰레기장이었는데, 지금은 가난이 없는 즐거운 인간의 주거가 되었다"고 대답한다. 또한 "모든 일에 중앙집권이라는 것이 사라져서, 옛날에는 전원에서 도시로 사람들이 유입되었는데, 지금은 반대로 도시에서 전원으로 사람들이 스며들어, 다수의 시골 사람들이 소수의 도시 사람들을 감화하고, 모두가 소박한 시골 사람이 되었다"고 한다.

계속해서 노인은 "전쟁이라는 것도 사람을 웃게 만드는 옛 이야기가 되었다. 소수의 사람들이 부를 독점하여 인간의 자연스런 욕망을 보통 사람은 누리지 못하는 일이 사라진 즐거운 사회에는 범죄자도 없고, 법정도 필요 없게 되었다. 그 외에 성적 충동 때문에 일어나는 범죄가 있지만, 잘 생각해 보면 그 사람의 죄라기보다는 사회 그 자체의 결함이 원인이 된 것이다. 우리는 모두 친구 사이로 살고 있기 때문에 법률이 필요 없다. 만약에 일시적으로 난폭한 자가 있어도 병이나 광기가 아닌 한 곧바로 뉘우치고, 그것이 자연의 형벌이기 때문에 특별히 법률을 정할 필요도 없다." 이렇게 노인은 장광설을 늘어놓았다.

노인은 "지금 세계에서는 인종과 인종의 싸움이 있을 리가 없고, 하나의 작은 사회에 의견이 다른 정당이 생길 일도 없으며, 모든 일은 다수결로 정해진다"고 하였다.

내가 다시 "노동에 보수가 없는데 사람들을 충분히 일하게 할 수 있습니까?"라고 묻자, 노인은 "노동의 보수는 우리의 생활이다. 노동의 결과로 거기에서 생기는 그 무엇이 신이 주시는 임금이다. 만약에 자신이 물건을 만들어서 유쾌함을 얻고, 따로 보수를 받고 싶다고 생각한다면, 아이를 낳아서 대금청구서를 청구하게 될지도 모른다"고 대답했다. "또한 지금은 누구라도 일을 즐긴다. '혹시 이 즐거운 일이 없어지지는 않을까'라고 걱정할 정도이다. 한마디로, 무리하게 일을 강요하는 것이 사라져서, 누구라도 자신이 가장 잘 하는 일을 하는 자유를 얻게 된 것이다. 19세기에는 물품 제조 기술이 비약적으로 진보했지만, 조금이라도 일손을 줄이고, 조금이라도 많은 물품을 만드는 것만 연구하고, 생산비를 절감하기 위해서는 수단과 방법을 가리지 않았다. 노동자의 행복도 건강도 의식주도 여가도 오락도 교육도 생명도, 모두 이 생산비 감소라는 저울에 올릴 때에는 모래 한 알의 무게도 되지 않았다. 게다가 그렇게 해서 생산한 물품은 대개 무용한 것 투성이였다. 새로운 기계의 발명이 반드시 사람의 노력을 줄인 것만은 아니었고, 한편으로 사람의 노력이 줄어들면서 다른 한편으로 낭비가 늘어나는 원인도 되었다. 19세기는 정교한 기계에 의해 무익하고 열등한 물품을 무수하게 제조하였다."

매매를 어떻게 하는지 노인에게 묻자, 노인은 이렇게 답했다; "지금은 매매라는 것이 없고, 자신이 필요한 물건을 만드는 것처럼, 남도 필요한 물건을 만든다. 그리고 손으로 만들기 귀찮은 물품은 모두 큰 기계의 힘으로 만들고, 유쾌한 일만을 수공업으로 한다. 그래서 우울한 일은 하나도 없고, 누구나 자신에게 적합한 일을 찾고, 모두가 각자의 일을 즐긴다. 이것이 몇 대에 걸쳐 이어지는 사이에 숙련도도 대단히 높아져서, 조금밖에 일하지 않았다고 생각한 사이에 벌써 남아돌 만큼의 물품이 만들어진다. 아까 일이 없어지는 것을 걱정하는 사람이 있다고 말한 것도 이러한 맥락에서이다."

다음날, 직크와 클라라와 나는 템스 강에서 배를 띄웠다. 직크가 노를 저었다. 클라라는 나를 공원에 데리고 가겠다고 말했는데, 직크는 "지금은 이 템스 강변이 공원이 아닌가? 이곳의 공원을 본다 한들 별게 없다. 그것보다는 별장에서 점심을 먹자."고 했다. 우리는 강변에 보트를 매어두고 상륙한 뒤

근처의 별장의 손님실에 들어갔다. 오찬 뒤에 우리는 다시 보트를 타고 템스 강을 거슬러 올라갔다. 석양이 지고 달이 뜰 무렵, 우리는 상륙해서 천막을 칠 만한 장소를 물색했다. 그때 한 노인이 나타나서 자기 집에 와서 자지 않겠느냐고 말했다. 집 주위는 꿈같이 아름다운 화원이었고, 집안의 등불 아래에 아름다운 딸이 앉아 있었다. 그 이름은 엘렌이었다. 노인은 불평투성이로, 우리가 저녁 식탁을 둘러싸고 앉자 먹을 것에 대한 불평에서 시작해서, 이것저것 시절이 나빠진 것을 탄식했다. 번번이 옛날 사회의 아름다움을 말하고, 지금의 도덕가나 역사가가 지나치게 옛날 사회의 해독을 과장한다고 하였다. 그러자 딸 엘렌에게 "아버지는 그렇게 말씀하시지만, 아버지와 같이 태평한 사람이 옛날 사회에 있었으면 분명 굶어죽었을 거예요"라고 타박을 했다.

이튿날 아침 일찍 창문을 내다보자, 사람들은 일찍부터 마른 풀을 수확하느라 분주하게 일하고 있다. 대부분은 젊은 여성으로, 부랴부랴 하지만 즐거운 듯이 일하고 있다. 마치 유희라도 하고 있는 것 같다.

7시에 세 사람은 다시 배를 타고 상류로 나아갔다. 이번에는 내가 노를 잡고 저어갔다. 얼마 지나지 않아 상륙해서 한낮의 더위를 피해 휴식을 취했다. 저녁 달빛이 환할 무렵에 다시 강에다 배를 띄우고, 함께 직크의 친구를 방문했다. 그곳에서 근처에 사랑을 위해 살인을 한 사람이 있다는 이야기를 들었다. 한 사람의 아름다운 처녀를 두고 두 사람의 젊은이가 경쟁하고 결투를 하였는데, 패배한 자가 연적을 도끼로 내리친 것이다. 그 후 그 남자도 자신을 반성하며 깊게 죄를 뉘우치고, 지금은 자살하고 싶다고 말하고 있다고 한다.

직크는 이야기를 다 듣고 "아무래도 방법이 없네요. 죽은 사람을 되살릴 수도 없고, 죽인 사람에게 악의가 있는 것도 아니고, 게다가 또 한 사람이 죽는다 한들 아무런 도움도 안 되잖아요?"라고 하였다.

하몬드 노인의 이야기 중에도 있었듯이, 뉘우침이 곧 속죄여서, 그 외에 형벌의 필요는 없는 것이다. 이 사회의 사람들에게는 법정도 감옥도 없다.

이튿날 아침에 다시 강에다 배를 띄우고 노를 저어 가는데 5~6명의

아가씨들이 강변에 펼쳐진 초원에 나란히 서서, 우리를 손짓하여 부르고 있었다. 그들은 건초를 수확하는 도중에 여기에 와서 목욕을 한 것이다. 그들은 우리에게 함께 식사를 하지 않겠느냐고 권했다. 그러던 중 젊은 남자 두 명을 태우고 건축에 쓸 돌을 가지러 가는 한 척의 작은 배가 나타나자, 아가씨들은 젊은이들의 배에 동승해서 갔다. 클라라의 제안으로 우리는 건축 중인 그 집을 보러 갔다. 집은 거의 완성되었는데, 한 무리의 남녀가 그 내부의 벽과 천정을 칠하면서 꽃이나 무늬를 조각하고 있었다. 하나같이 비범한 미술적인 솜씨를 지니고 있는 것처럼 빼어나게, 아주 유쾌하게 협력하면서 일을 하고 있었다.

그 집을 나와 우리는 다시 배를 타고 가다가 월링포드에 상륙했다. 그곳도 옛 빈민굴의 더러움은 흔적도 없이 , 아담하고 예쁜 도시가 되었다. 거기에서 하먼드 노인과 함께 좋은 옛 취향을 가진 어떤 노인을 만났다.

노인은 기계 시대가 일변해서 새로운 수공 시대로 이동한 것에 대해서 말했다. 필요한 유익한 기계는 보존되고 있지만, 기계는 도저히 미술적인 일을 할 수 없기 때문에, 차츰 기계의 쓰임은 줄어들고 수공의 쓰임이 늘어났다고 한다. 식후에 노인은 옛날과 지금의 공예품을 비교해 놓은 진열장으로 우리를 안내했다. 노예와 기계로 제조한 옛날의 조야한 물품과 자유인의 자유로운 디자인에 의해 제작된 지금의 우아한 물품은 도저히 비교가 되지 않았다.

다시 강물에 배를 띄우고 노를 저어 올라가는데 하늘은 높고 강은 넓어, 그림과 같은 전망이 펼쳐졌다. 그런데 그때 강 하류 쪽에서 한 척의 작은 배가 뒤를 쫓아온다. 자세히 보니 불평 노인의 딸인 엘렌이 타고 있다. 긴 수로를 급하게 저어 와서, 약간 상기된 얼굴이 옥처럼 아름다웠다. 나는 딕크와 클라라가 제안한 대로 엘렌의 배에 옮겨 타고 노를 잡았다. 두 척이 나란히 노를 저어 올라갔다. 엘렌은 이번에 아버지와 함께 북방으로 여행을 가는데 우리도 같이 가지 않겠냐고 물었다. 나는 미인으로부터 같이 가자는 부탁을 받고, 나잇값도 못한 채 청춘의 피가 끓는 것을 느꼈다.

다음날 점심 무렵, 두 척의 배는 목적지에 도착했다. 딕크와 클라라는 강가에 기다리고 있던 대여섯 명의 친구에게 둘러싸여 오랜만에 인사를 나누고 있었다. 나는 엘렌과 함께 모르는 길을 먼저 나섰다. 그러자 녹음이 울창한 풍광 좋은 곳에, 고풍스런 쑥지붕의 집이 한 채 서 있었다. 주변의 수려한 자연과 이 건물이 아름다운 조화를 이루고 있었다. 엘렌은 기쁜 듯이 쑥지붕의 벽에 기댄 채 황홀하게 미소 짓고 있다. 엘렌과 함께 쑥지붕 안에 들어가자, 집 안에는 아무도 없었다. 이 무렵은 모두 밖에 나가서 야영 생활을 하기 때문이다. 직크와 클라라가 우리를 부르러 왔다. 엘렌은 클라라와 함께 마중 나가고, 나는 직크와 함께 오찬에 앞서 목욕을 하려고 나섰다.

목욕 후에 근처를 산보하다 보니 화려한 천막이 몇 개 쳐져 있고, 그 근처의 잔디 위에 4~50 명 정도 남녀가 서거나 앉거나 누워 있었다. 그것은 건초를 수확하는 광경이었다. 사람들은 자연의 일부로 자연에 동화되어 유쾌하게 일을 하거나 쉬거나 하고 있는 것이다.

오찬은 회당에서 열렸다. 회당은 소박한 건물인데, 식탁에 앉은 남녀는 모두 쾌활하고 건강한 얼굴을 하고 있다. 아름답고 유쾌한 얼굴이야말로 그 무엇보다 좋은 장식이었다. 나는 회당 입구에서 이 광경을 지켜보고 있었고, 클라라와 엘렌은 이미 식탁에 앉아서 미소를 지으며 이웃들과 이야기를 하고 있다. 그리고 내 쪽을 보려고도 하지 않는다. 나는 직크가 안내해 주리라 생각하고 뒤돌아보았는데, 직크는 미소만 짓고 있을 뿐 혼자서 자리로 갔다. 클라라와 엘렌은 내 쪽을 한번 쳐다보더니 무심한 표정으로 다시 앞사람과의 대화를 계속 이어갔다.

나는 참을 수 없어서 회당을 뛰쳐나왔는데, 갑자기 검은 구름이 발밑에서 솟아나서 멍한 나를 감쌌다.

눈을 뜨자 나는 하먼드의 집의 침대에 있었다."

미래 이상향의 꿈 이야기는 이것으로 끝난다.

모리스의 간단한 전기와 중심사상을 이 이상향의 묘사와 조응해서 보면,

얼마나 미묘하게 그의 체험이 이 꿈 이야기에 직조되어 있는지를 알 수 있다.

【5. 중심사상】

심미적 견지에서 사회운동에 이르는 윌리엄 모리스의 경로는 독자에게 지극히 흥미롭다. 모리스의 다채로운 경력을 통틀어 그 정점을 보여주는 것은 그의 사회운동이다. 예술은 그 근원에서, 본질에서, 결과에서 사회적인 것이다. 시를 짓고 벽지를 디자인하고, 책을 인쇄하고, 사회개조를 생각한 것은 모리스가 여러 시기를 거치며 해 온 일이다.

예술가는 이상주의자이다. 그는 어떤 형태로든 어떤 이상적인 모습을 제시하고 있다. 혹자는 책에다, 혹자는 캔버스에다, 혹자는 사회 그 자체에다…. 매개하는 것은 각각 다르지만 내용에는 차이가 없다.

빅토르 위고, 에밀 졸라, 퍼시비시 셸리, 장 프랑수아 밀레, 존 러스킨, 톨스토이는 그런 예증이다. 사회개조의 경향을 띠지 않는 대문호는 있을 수 없다. 모리스는 사회주의자가 됨으로써 그의 시의 활력을 증명하고, 혼의 완성을 꾀할 수 있었다.

그는 일종의 숙명론자였지만, 그 숙명의 인식은 인생의 가치를 증대시키는 그 자체였다. 그는 인생은 그 자체를 위해 살 만한 가치가 있고, 친구를 사랑하고, 환희와 노동과 자유를 위해 살아야 한다는 것을 알았다. 그는 미술이 인생에 없어서는 안 된다는 사실을 깊게 자각했다. 넓은 의미에서 미술에서 의미하는 아름다움은 사람들이 제멋대로 선택해서 버리거나 취하거나 하는 인생의 우연한 일이 아니고, 없어서는 안 되는 것임을 모리스는 역설했다. 그런 생각 속에서, 자본주의 제도의 중압 하에서 말라 죽어가는 미술을 보고, 그는 사회주의자가 되었다. 그는 미술과 노동의 결합을 요구하였고, 그로 인해 민중이 '생활의 즐거움'을 되찾기를 바랐다. 세계는 노동의 자유를 얻으려고 번

민한다. 존 러스킨(John Ruskin, 1819-1900)은 말한다; "노동이 없는 인생은 죄악이다. 미술이 없는 노동은 야만이다." 오늘날의 세계는 미술의 본능이 부여되어 인간화된 노동을 요구한다. 그렇다면 오늘날 단순한 물질의 노예로 전락한 경제의 참된 가치는 미술과 노동의 일치에 있을 것이다.

오랫동안 이와 같은 문제의식이 모리스의 가슴에 있었다. 인생과 아름다움에 대한 정열에 휩싸여 그는 모든 사람을 자신의 동료로 삼고 싶어 했다. 하지만 그의 앞에는 한없이 거대하고 추한 대도시 런던이 있었다. 강기슭에 있는 그의 집 근처에는 금전만을 목표로 하고 인류를 생각하지 않는 이기적인 상업주의가 있었다. 그는 분노의 마음에 불타 "인간에 대한 비도(非道)"를 비판하고, 사랑의 마음에 불타서 우애의 신조를 설파했다. 그의 입장은 혁명적이었다.

모리스는 절규한다; "나는 소수를 위한 미술을 원하지 않는다. 소수를 위한 교육, 소수를 위한 자유도 원하지 않는다. 미술이 소수의 예외의 사람 사이에서 근근이 존재하기보다는, 잠시 모든 미술을 세계로부터 절멸시킬 것을 원한다. 즉 보리가 구두쇠의 창고에 저장되어 썩기보다는, 그것이 대지에 쏟아져서 어둠 속에서 살아 있기를 바란다."

모리스가 특히 강조한 것은 예술의 민중화이다. 모리스의 민중적 성향은 그 시원이 아주 오래되었다. 이미 서술했듯이, 청년시절에 프랑스나 벨기에서 지내면서 고딕의 대 건축에 감동하고, 라스킨의 논의에 공명하는 바가 많았던 것을 보면 알 수 있다. 라스킨은 당시의 미술에 저항했을 뿐만 아니라, 르네상스의 모든 미술, 그 미술에 표현된 사상에 반대한 『베니스의 돌』(The Stones of Venice)은 모리스가 옥스퍼드로 간 첫해에 출판되었다. 그 책을 보면서 모리스는 자신이 고딕을 사랑하고, 르네상스 건축을 싫어하는 이유를 분명히 알았다. 라스킨은 고딕 양식에서는 각각의 노동자가 자기 자신을 표현할 기회를 얻었는데, 르네상스 후의 모든 건축에서 노동자는 건축가의 심부름꾼에 지나지 않았다고 지적했다. 다시 말해서 고딕에서는 르네상스와 같은 존대(尊大)

한 완성은 없었고, 열심히 하는 생명과 그 자체의 성장이 있었다. 마치 인간의 각각의 권리를 인정하는 국가와 같은 것이다. 물론 그 속에서도 노동자는 자기 재능에 따라서 다른 일을 하고 있지만, 각자의 의지의 표현을 하고 있는 것은 아니다. 모리스에게 이와 같은 사상이 담긴 라스킨의 책은 복음이었다. 그의 미술에 대한 견지가 여기에서 용솟음쳐 나왔다. 그는 르네상스 미술을 개인적 취미의 차원에서 부당하게 비판한 것이 아니라, 서구사회가 르네상스를 계기로 나쁜 방향으로 전환되었다고 생각한 것이다. 그는 르네상스 시대에 위대한 예술가가 있음을 물론 알고 있었지만, 그들 작품에 부수되어 따라오는 병폐도 파악하고 있었다. 그는 나폴레옹의 전승을 찬양하는 것을 거부하는 것과 같이 미켈란젤로의 개선가에 현혹되는 것도 거부하였다.

그러한 견지에서 그는 사회도 소수의 우월자만 있는 상태를 선호하지 않았다. 서로가 존중하지 않는 사회는 좋은 사회가 아니다. 항상 다른 사람을 능가하려는 자들이 모인 사회는 불안하다. 각자가 그 천분(天分)에 응해서, 자신의 완성을 기뻐해야 한다. 중세기의 대성당을 보라. 그것은 소수의 천재의 결정이 아니라, 무명의 노동자의 힘의 총합이다. 모리스는 건전한 사회는 중세기 미술의 대성당을 보는 것처럼, 각자의 힘의 총합이지 않으면 안 된다고 생각하였다.

모리스는 이 협력 사회에서 각자가 존중받고, 생활 그 자체가 노동이며, 노동의 본질이 인간에게 짐이 되는 것이 아니라 쾌락이 되어야 한다는 것을 알았다. 그리고 귀족적 나태가 치욕으로 간주되지 않고, 노동이 고통에 인접해 있는 현대의 병폐가 어디에서 왔는지를 꿰뚫어보았다.

'미술과 사회주의'(Art and Socialism)라는 강연에서는 인간이 상업의 노예로 일하는 것에서 해방되지 않으면 안 된다고 외쳤다. 현대의 미술은 저열한 취미보다 수요에 대한 노예적 공급의 산물이다. 노예적 노동에는 인간이 기뻐하는 마음의 표현은 없다. 미술은 인간의 노동의 위안이어야 하는데, 오늘날의 대부분의 사람들이 이런 위안을 갖지 못하는 것에 대해서는 전율해야 한다. 빈자의 불평은 노동 조건에 의해 완화되는 것이 아니라, 좀 더 근본적으로 상업제도의 구조 자체의 문제에 대해서 자각하고 반항하지 않으면 안 된다. 이 병폐의 근원이 무엇인가를 자본가 자신도 알지 않으면 안 된다. 이것이 모리스의 주장이다.

예컨대 대도시의 주택 창문에 진열된 물품을 보라. 거기에는 우리가 원하는 아무런 우아한 미술품도 없다. 모두 조악한 물품뿐이다. 노동자의 유쾌한 마음의 표현을 거기에서 볼 수 없다. 단지 돈을 벌고자 하는 자본가의 열악한 마음을 볼 뿐이다. 조악한 물품은 인간의 노예적 노동의 상징이다. 모리스는 이 쓰레기의 나열에 대해서 그 이면에 무수하게 낭비된 노동자의 막대한 노력을 보고, 인도적 분개를 느끼지 않을 수 없었다.

모리스는 『금권 정치 하의 미술』(Art under Plutocracy)에서 자본주의가 미술을 타락시켰다고 하였다. 자본의 영향을 받지 않은 중세기의 미술의 번성은 그의 선망의 대상이었다. 이익을 목적으로 하여, 노동자의 의지도 심미도 처음부터 유린한 제작품에 우수한 것이 있을 리가 없다. 자유로운 사람의 자유로운 노동, 거기에 미술이 살고 즐거움이 산다. 모리스는 자본가의 중개가 없는, 제작자와 고객의 올바른 관계가 생기기를 바랐다. 좋은 제작을 하려는 욕망과 그것을 얻으려는 욕망, 이 두 가지가 합치되는 것은 우리의 생활에 바람직한 것이다. 그런데 자본가가 그것을 방해하고 있다고 본 것이다.

19세기의 기계의 발달이 지향하는 것이 있다. 그것은 인간의 노력을 절약하기 위한 발명인데, 당연한 일이지만 반드시 기계가 선용되는 것은 아니다. 눈부신 속도로 조악한 것이 끊임없이 제작되고 있다. 인간은 기계 아래에 짓눌리고, 노동에는 여전히 기쁨이 동반되지 않는다. 기계는 인생을 아름답고 풍부하게 하지 않고, 단지 자본가의 주머니를 늘리기 위해서 존재하고 있는 것처럼 보인다. 인생에서 무엇이 진정으로 가치 있는 것인지, 부는 어떻게 활용되어야 하는지, 부자도 빈자도 너무나 무지(無智)한 것 같다. 모리스는 자신의 체험에서 생긴 믿음을 토대로 해서, 사람들에게 행복한 노동이 무엇인지를 설파해

나갔다.

모리스는 인생을 협력의 세계로 보았다. 각자가 일을 좀 더 열심히 하려는 것은 경쟁을 위해서가 아니다. 건전한 사회는 경쟁을 초월한 각자의 노력에 기댄다. 경쟁을 진보의 수단으로 생각하는 것은 아직 야만인의 경지를 벗어나지 못한 것이라고 하였다. 모리스는 협력의 장을 노동에서 찾았고, 사람들이 쓸데없이 주인에게 굴종해서는 안 된다고 생각했다. 중세기의 미술을 보고, 자신이 자유로운 노동을 성취한 것을 보면서, 각자가 그 노동을 향유할 수 있음을 절감했다. 사람에 대한 정복욕은 나쁜 것이다. 인생을 더욱 비참하게 한다. 노예노동 사회는 축복할 만하다. 그는 노동자의 창조력을 중시하고, 노동자의 신성함을 보았다.

모리스는 새로운 도덕의 세계를 만들었다. 즉 그에게 있어서 아름다움과 추함은 선과 악의 다른 말이었다. 아름다움의 그늘에서는 인간의 쾌락적 노동의 용솟음이 느껴지고, 추함의 그늘에서는 학대받은 인간의 노예적 노동이 느껴지기 때문이다.

모리스가 보기에 현대사회에서는 사람들이 자신의 재능을 무시하도록 강요받고 있다. 자신의 장점을 발휘하지 못하게 하는 상황이 되고 있다. 모리스는 사람들이 자신의 일에서 만족을 느끼고, 인생 그 자체가 쾌락이 됨으로써 견고한 사회가 만들어진다고 생각했다.

모리스는 중세기의 미술과 낭만을 사랑했다. 그러나 단순히 고고학적인 습성이나 환상에의 동경에 휩쓸린 것이 아니라, 자유와 평등의 실현을 위한 것이었다. 그는 집이나 실내의 아름다움에 고심했다. 그러나 많은 사람들처럼 단지 향락적 경향에서가 아니었다. 그는 자연을 가장 사랑하고, 집 밖의 대기를 만끽하는 것을 기뻐했다. 『에코토피아 뉴스』에는 그 얼마나 넘쳐나는 자연미가 있는가! 그는 사람들에게 미술과 아름다움에 눈과 마음을 여는 열쇠를 주었다. 그리고 도시가 목장의 신선함과 산악의 기쁨을 간직한 상태에서 만들어지지 않으면 안 된다고 믿었다. 미술과 자연은 떼려야 뗄 수 없고, 미술은 자연의 표현이다. 새 시대 정신은 대지 위에서 사랑의 환희를 얻는 것이다. 인간은 자연에서 심신의 양식을 얻어야 한다고 역설한 점에서 모리스는 카펜터와 공통점도 있다.

윌리엄 모리스는 다방면에서 재능을 발휘한 사람이었다. 게다가 가만히 생각해 보면 거기에 혼연한 종합과 통일이 있다. 미술가에서 인생의 예술화에 이르기까지 그는 할 수 있는 온힘을 다해서 철저히 하였다.

【연구서적】

윌리엄 모리스의 전집은 메이 모리스(Miss May Moris)가 편찬한 24권이 가장 완전하고, 메이 모리스의 서문이 달려 있다.

평전을 쓴 사람들은 다음과 같다. 홀브룩 잭슨(Holbrook Jackson), 알머 발란스(Aylmer Vallance), 에드워드 노이에스(Edward Noyes), 존 드링크워터(John Drinkwater), 클루톤 브록(Clutton Brock), 맥카이(Mackai). 이 중에서 마지막 맥카이의 평전은 사실의 세밀함과 비평의 정확함을 지닌 가장 대표적인 평전으로 여겨지고 있다.

참고서로는 번 존스 부인(Lady Burne-Johnes)의 『에드워드 번 존스의 추억』(Memorials of Edward Burn-Johns)에서 모리스가 점출(點出)되어 성격이 약동하고 있다.

이 외에도 오스카 러벨 트릭스(Osacak Lovell Triggs)의 “The Changing Order”에서는 모리스를 “과도기의 한 전형”으로 논하고 있다.

조성환
◈ 한국철학과 인류세철학 연구자. 지난 6월부터
한국연구재단의 지원을 받아서 동서비교철학의 관점에서
에너지철학을 연구하고 있다 ◈ 9월에는 일본의
동경대학에서 열린 '존엄학 심포지움'에서 <동학의
인간관>을 주제로 강연을 하였고, 10월에는 일본의
동양대학에서 열리는 심포지움에서 <김지하의 개벽사상>을
발표할 예정이다 ◈ 11월에는 미국의 샌프란시스코에서
열리는 아시아비교철학회(SACP)에서 <인류세의
기학(氣學)>을 주제로 발표할 예정이다. 신간으로《한국의
철학자들》과《어떤 지구를 상상할 것인가》(공저)가 있다

맹종(盲從)으로부터 타협(妥協)에 타협으로부터 자주(自主)에

개벽 제13호, 1921년 07월 01일

【자연 상태에서 인위적 제도가 도입되기까지】

세상에 가련한 사람이 어찌 한계가 있으랴 마는 자기가 나아갈 길을 자기 스스로의 총명(聰明)으로써 판단치 못하고 자기 이외 다른 사람의 도움을 빌려서 비로소 좌우를 결정하는 자처럼 더 가련한 자는 없을 것이며, 세상에 못생긴 사람인들 또한 한도가 있으랴마는 자기가 하던 주장을 나중까지 지키지 못하고 본의 아닌 타협에 백기(白旗)를 드는 자처럼 더 못생긴 자는 없을 것이라. 이것은 우리가 어느 때보다도 길가에 막대를 두드리는 맹인(盲人)을 대할 때에 가장 심절(深切)한 애련을 느끼며, 체면 없이 쭈그러지는 화해자(和諧者)의 일방(一方)을 대할 때에 가장 더러운 침을 뱉고 싶은 것으로 보아도 그 생각이 거의 그렇다.

그러나 가만히 실제 세상을 돌아보면 어떠한가. 자기의 등불로써 자기의 앞길을 비추며 나아가는 자가 몇이며, 또한 자기의 주장으로써 자기의 생명을 옹호하며 살아가는 자가 몇이냐? 시든 인습(因習)에 피가 마르고, 몹쓸 폭풍에 깃(羽)이 상하여 한갓 시대의 파편이 되고 마는 것이 우리 겨레의 대다수가 아닌가.

우리 인간 역사의 설명에 의하면 인간사회의 그 처음에는 오늘날과 같이 사람의 힘으로써 사람의 행복을 더 늘리려 하는 문화적, 인위적 운동이 없었고 다만 사람 사람은 자기의 본능 가진 그대로 살았다. 즉 지혜로나 힘으로나 아무 인공을 더하지 아니한 선천적인 본능 그대로 행세하였다. 그래서 다행히 선천적으로 받은 본질이 훌륭한 사람은 그 마을의 추장(酋長)이 되며 혹은 그 민족의 추대자가 되어 지극한 부귀영광을 누렸고, 그렇지 못한 자는 그의 수족이 되며 그의 신민(臣民)이 되며 혹은 그의 노예가 되어 그의 영광을 선망함으로써 자족하였으며, 그의 지위를 높여주기에 분주하였을 뿐이다.

그런데 사람의 본질은 단순한 것이 아니요 여러 가지 방면으로써 이뤄진 것인 동시에 선천적 지혜의 면으로 우월한 자는 이상가(思想家)나 발명가(發明家)가 되고, 정서의 면으로 우월한 자는 문학가나 미술가가 되고, 힘과 용기가 많은 자는 장사(壯士)가 되고, 절검력(節儉力)이 많은 자는 부호(富豪)가 되고, 그 외에 각 방면으로 다 같이 우월한 자는 다른 우수자(優秀者)의 위에서는 영웅이나 성인(聖人)이 되었다. 그래서 그 여러 우수자들은 자기의 우수함을 그렇지 못한 다중(多衆)에게 과장하고, 또 자기의 우수와 다수의 희생로부터 생긴 노획품을 현세, 내세(來世)에까지 안전히 향유할 방법으로써 그중의 1인인 영웅 혹은 성인을 추대하여 통치자(統治者)라는 이름하에 최고 권력을 부여하여 모든 민중에게 그 자리의 불가침을 선언하고, 그 이외의 다른 우수자들은 그 대가로 자기 지위의 보장을 요구하여 이로부터 그 계급은 상부상옹(相扶相擁)하여 엄연히 민중의 머리 위에 군림하는 자가 되었다.

그런데 3, 4세의 유아의 취급에는 왜놈 사탕 몇 알이면 그만이요, 혹 그로써 여의치 아니할 시는 꽥 소리 한마디면 다시 문제가 없으나, 같은 아이일지라도 12, 3세만 되면 사탕알이나 '꽥' 소리만으로 그를 지배할 수가 없고, 적어도 무슨 이론에 기초한 교훈이나 힘 있는 위혁(威嚇: 위협과 꾸짖음)을 필요로 하는 것과 같이, 인류의 생활도 그 생활 연대가 점점 오래되며 일반민중의 의식이 점차 명료하게 됨과 함께 적게나마 종래의 생활양식에 대하여 의심, 아니 다소의 반항심을 품게 되었다. 즉 왜사탕 알이나 꽥 소리 같은 예에는 머리를 숙이지 않게 되었다.

누구보다도 먼저 이를 본 우수계급(지배계급)에서는 곧 이에 대비할 대책을 수립할 때, 사방의 민중을 막는 데는 무엇보다도 조직적 힘의 부식(扶植)이 필요하다 하여, 이에 사상가나 문학가는 자기에게 있는 지혜, 정력(情力)을 기울여 윤리제도의 설정과 현재 조직의 하송(賀頌: 칭송, 찬양)을 담당하였으며, 장사(壯士)와 부호는 자기의 체력, 금력을 내놓아 군대의 양성과 경찰제도의 조직을 담당하였다. 그래서 윤리도덕으로써 민중(民衆)의 내부의 변동을 대비하고, 군대와 경찰로써 민중의 외부에 나타나는 반행(反行)을 벌하게 되었다. 이와 같이 내외로 민중의 행로의 기선(機先)을 제압하는 여러 가지 제도의 설치에는 상당한 고심과 상당한 시일을 거쳐 대체의 완성을 고하였다.

새로운 세계의 서광이 저 한쪽으로부터 비쳐 오는 금일에 앉아서 낡은 세계의 제도를, 아니 그 제도의 수립에 나타난 고심의 흔적을 조사하고 연구하는 일은 매우 흥미 있는 일인 동시에 또한 우리의 많은 참고가 될 것이다. 여기에 그 모두를 말할 수 없으나 추상적(抽象的)으로라도 그 대개를 말하면 이러하다.

【왕권신수설의 성립과 지배계급의 책동】

당시의 그들은 자기의 현재 지위(地位)를 자기 또는 자기 후대에도 소유케 하려면 자기가 아닌 일반민중에게 먼저 현재 체제의 신성불가침(神聖不可侵)을 가르치는 것이 가장 필요함을 간파하고 그 전제로써 먼저 이 우주는 그 자체가 일종의 기성품(既成品)이라고 선언하였다.

즉 '먼 옛적에 전지전능한 조물주가 있어서 이 우주를 창조하였으며 그 창조의 주인공인 하늘은 의연히 이 세상의 막후에 숨어서 모든 것과 모든 일을 섭리(攝理)하며 있는바, 우리는 오직 그의 섭리를 받을 뿐이며, 그가 지어 놓은 현상(現狀)을 옹호할 뿐이요 우리의 사사로운 지혜와 의견으로써 그것을 어떻게 할 수 없는 것'이라 하였다.

어뿐만 아니라 이에 대하여 만일 이의를 제기하면 이는 (신성)모독의 극단이라 하였다. 그런데 과거로부터 현재에 걸친 기성의 모든 문물제도는 일찍이 조물주의 계시에 의하여, 혹은 조물주의 비의(秘意)를 받아 세상에 나타난 천재(天才=先王 或은 聖賢)의 뜻에 의하여 마련된 것인바, 오늘날의 누구라도 어떻게 할 수 없는 것이라 하였다.

이와 같이 인간 처세의 제1의(第一義)를 몽롱한 조물주의 비의(秘意)에 두고 제2의를 먼저 출현한 천재(天才, 優秀階級)의 뜻 또는 그 뜻으로 이루어진 규범(規範: 법과 제도)에, 두어 일반민중의 행로를 막고자 한 것이 당시 지도계급의 책략이었다. 제일의를 한층 철저히 선전키 위하여 제왕가(帝王家)에서는 '그 왕권(王權)은 인민(人民)이 주어서 얻은 것이 아니요 하늘임금[天帝]의 명교(命教)에 의하여 받은 것'이라 하여 왕위(王位)에 나아갈 때는 인민에게 선서(宣誓)하는 것과 같은 일이 없고, 사직종묘(社稷宗廟)에 고하여 신의(神意)의 드리움을 감축(感祝)하였으며 그 신의를 한층 왕가에 가까이 붙이기 위하여 그 위호(位號)를 천자(天子) 혹은 천왕(天王)이라 하며, 그의 글을 천조(天詔), 그의 얼굴을 천안(天顔), 기타 모두 이에 준하였다.

'가장 지혜로운 어리석은 이(最賢의 愚者)'라는 명칭이 있는 영궁과 '제임스 1세(1603-1625)가 주장한 왕권신수설(王權神授說)은 바로 이러한 뜻을 구체화하였나니, 그의 저서 「군주정체의 새로운 뜻」 중 한 구절에 말하기를 "왕의 통치권은 신이 준 것이요, 인민이 바친 것은 아니다. 세습군주의 정치는 하느님[上帝]이 좋아하는 것이요, 장자계승의 법은 신명(神命)으로 규정된 것이라. 그러므로 정통인 군주의 권리는 인위로써 빼앗지 못할 것이요 국왕의 행위를 비방하는 것은 신의 행위를 비방하는 것인 바, 이는 당연히 신성모독[瀆神]의 죄를 범하는 것이라." 하였다. 어찌 특별히 영국뿐이리오. 프랑스의 루이 14세는 "짐이 곧 국가"라는 선언을 실제로 나타냈으며 우리 동양의 역대 제왕을 생각하면 모두가 다 그러한 셈이다.

예를 들어 중국 고대왕가의 문헌이라 할 만한 『서전(書傳)』을 펼치면, 이와 같은 의미의 문구나 생각을 페이지마다 발견할 수 있을 것이다. 그리고 이러한 생각을 철학적으로 일반에게 철저하게 하기 위해서는 사상가나 종교가를 인용하여 "너의 개인에 있어서는 너의 몸 각자 속에 하느님[天帝]께서 일찍이 부여하신 천성(天性)이란 그것이 있으니 그것을 잘 닦으며 그것에 잘 따라서 조금도 서로 어김이 없게 하며, 또 네 일생의 부귀빈천은 미리부터 하느님이 금을 그어준 운명의 주재(主宰)에 관계되었으니, 너희는 공순히 그 명에 순종하여, 빈천(貧賤)할지라도 원차함이 없으며, 부귀할지라도 교만하거나 오만하지 아니하여, 삼가 현상(現狀=현상태)을 초월(超越)함이 없게 하라." 하였다.

즉 일반 인민(人民)에게는 자기의 운명을 점지한 신의 존재를 믿어서, 되어가는 대로의 경로에 만족할 것을 갸르친 동시에, 자기 운명의 신을 호지(護持)하는 각자의 신념은 나아가 왕가(王家), 아니 우수계급의 수호신을 호지하는 신념이 되게 하였다. 다시 말하면 일반 민중은 먼저 자기 자신의 말과 행동이 모두 신의 섭리에 관계한 것을 믿었으므로 왕가나 기타 우수계급의 말과 행동하는 바도 또한 신의 섭리에 속한 것으로 인하였으며, 신의 섭리에 속한 것이라 인식하였으므로 거기에 스스로 안주하고 다시 새로운 기세(氣勢)를 짓고자 아니하였으며, 그래서 구박(驅迫)과 고통이 어떻게 극도에 달할지라도 다만 자기 팔자의 기박(奇薄)함을 슬퍼하고 탄식하거나 그렇지 않으면 '아아, 하느님아 어떤 사람이 이렇게 사는가'를 괴롭게 울부짖고 스스로 쓰러지고 말 뿐이었다. 이것은 자기가 잘살고 못 사는 원인이 자기에게도 있지 아니하고 남에게도 있지 아니하고 오직 얼굴도 없고 자취도 없고 아무것도 없고 그저 까닭없이 훌륭한 신(神)의 손에 있다고 믿던 민중(民衆)으로서는 그리 하는 수밖에, 즉 자기의 목이나 터져 가며 울고, 자기의 가슴이나 깨어지도록 뚜드리는 이외에 다른 도리가 없었을 것이다.

【신(神), 그 없는 것의 이름 뒤에 숨은 자들】

여기에서 한 가지 생각되는 것은 저 신(神)이란 이가 만일 불행하여 혹 형체(形體)를 가졌을 것 같았으면 그 형체는 벌써 파멸되고 말았을 것이며, 혹 심정(心情)을 가졌다 하면 그 심정은 벌써 민사(悶死: 민시 고민하다가 죽음)되고 말았을 것이다. 왜 그런가 하면 일반 민중의 기세(氣勢)가 어떻게나 약하다 할지라도 때로 끓어오르는 격분(激忿)이 극단에 이르면] 그 신의 형체를 그대로 둘 리가 없었을 것이요, 하늘님의 심정이 얼마만큼 넓다 할지라도 가끔 희생되는 원혼의 울부짖음이 구천(九天)에 사무칠 때는 그 심정이 그대로 침착하고 편안하였을 수 없었음으로써이다. 생각 보라. 1649년 혁명민중의 판결로 인하여 왕권신수(王權神授)의 주장을 그대로 상속한 영국왕 찰스 1세가 왕궁 앞뜰에서 사형의 집행을 당할 그 현장에 그 왕권--아니 그 폭력을 준 어떤 형체를 갖춘 자가 있었다 하면, 그가 신(神)이란 이유로 머리가 성할 리 있으며, 또한 40만의 진나라 병사가 한꺼번에 장평(長平)에 묻히고[1] 2천만의 장정이 간뇌(肝腦)를 들어낼(歐洲大戰: 1차 세계대전) 때에 그(神)가 불행히 심정을 가졌다 하면, 신이란 이유로 그 심정이 완전하였을 리 있을까? 우리 사람 중에는 40만, 2천만의 생명은 그만두고 자기 한 자녀의 원통한 죽음을 보고도 피

---

1 長平大戰 : 기원전 3세기 중반인 기원전 260년 전국시대 막바지에 벌어진 최대의 전투이자 진나라가 조나라를 박살낸 전투. 기록상으로 조나라 병사 약 40만 명이 참수당하고 묻혔다. 구덩이 '갱'자를 썼기에 일반적으로는 생매장으로 해석되지만, 《사기》 〈백기왕전열전〉은 백기가 조나라 포로를 갱살(阬殺)했다고 한 다음 모두 참수했다고 서술한다.[3] 즉 생매장이 아니라 죽여서 묻은 것이다. 후술하듯이 진나라 특유의 군공수작제 때문에라도 참수하지 않았다는 것은 조금 무리가 있다. 수치는 고대 기록 특유의 과장일 가능성이 있어 기록을 그대로 신뢰하긴 어렵지만, 이 전투에서 조나라군이 심대한 타격을 입고 국력을 상실한 것은 역사적 사실이다. 당시 진나라의 제도는 '목 하나를 베어오면 일계급 승진'이어서, 이미 장평대전 이전에도 한(韓)나라의 15만 병사를 참수한 사건, 한나라와 위나라의 연합군 24만 명을 참수한 사건 등 무자비하고 잔혹하기로 악명을 떨쳤다.

를 토하며 혹은 실성까지 하지 않는가. 가만히 생각하면 무형무색무적(無形無色無跡), 즉 사이비(似而非)한 신이라는 일대 몽롱체를 손님으로 맞아들여 자기-아니 일반 민중의 배후에 숨겨 놓고 무소부지(無所不至: 이르지 않는 데가 없음)의 권위를 자행하다가 이익이면 자기가 향유(享有)하고 책임이면 그 몽롱체(朦朧體=神)에게 돌려서 온 세상의 눈으로도, 온 세상의 입으로도 능히 그 어떠한가를 말할 수 없게 한 당시 우수계급의 고안은 실로 온 세상의 묘책의 끝판왕이라 하겠다. 그러나 그들은 자기가 솔선하여 그 괴뢰(傀儡: 꼭두각시)의 노예가 되었으며, 나아가서는 온 세상의 사람을 몰아서 책임 모르는 불구자를 만들고 말았도다. 그리고 그들은 다시 제2의(第二義)를 일반 민중에게 철저하게 하기 위하여 먼저 과거는 일체(一切)로 존중할 것임을 선언하였다. 그의 근본 뜻은 또한 몽롱체인 신에게 직속(直屬)케 하였으니, 우선 특수한 사람을 칭양(稱揚: 칭찬하여 드높임)하여 천재(天才) 혹은 천민(天民)이라 하며, 또는 말하기를 "하늘의 뜻을 받아서 임금이 되었다"[繼天立極], "하늘이 나에게 덕을 주었다"[天生德於余], "하늘이 나에게 재주를 주셨다"[天生我才], "하늘이 내신 성인"[天縱之聖] 등의 말을 항상 하여 자기들은 일종 하늘의 선민이므로 가히 남범(濫犯: 함부로 해침)치 못할 것이란 뜻을 알렸으며, 단지 하늘 자신의 기성품이요, 하늘이 만든 우주의 만유만사(萬有萬事)가 또한 기성의 규범 내에서 운용되는 것임을 말하는 동시에, 과거에 일찍이 나타난 위인이나 또는 정치는 하늘이 정한 기성 범위 내의 최선을 완수한 사람이며 또는 정치인 것을 말하여, 이제는 어떠한 후진이 생긴다 할지라도 그 이상의 사람이 되거나 그 이상의 정치를 행할 여유가 없으며 또 어떻게 시대가 옮겨 나아간다 할지라도 일찍이 지내온 과거 이상의 새로운 사실을 개전할 여지가 없고 다만 동일한 현상(現狀)을 반복함에 불과할 것이라 하였다. 예를 들어 말하면 요순(堯舜) 이후에 있어서는 요순으로써 정치의 최고 전범(典範: 전형과 모범)을 삼았으며, 공자 이후에 있어서는 공자를 성인(聖人)의 최후로 인식하였다. 그래서 '일치일난(一治一亂)과 일성일쇠(一盛一衰)는 이 세상에서는 언제든지 반복할 일이요, 빈부귀천(貧富貴賤)은 운명의 결과인 이 사람으로서는 언제든지 면치 못할 것'이라 하였다. 다만 우리 인간으로서 할 바 일은 과거의 전륜(轉輪)을 모두 보아서 그 바퀴 뒤에 나타난 모든 천재(天才)를 동경하며 숭배하며 그 천재가 남겨 놓은 사언행(事言行)을 그대로 조술(祖述: 선인의 뜻을 본받아 밝힘)하며 봉행(奉行)하여 안심입명(安心立命)을 채찍질함에 있다 하였다.

그리하여 과거의 전부(사람과 교훈)를 절대로 인정하며, 따라서 현재에서 과거로 화(化)하는 사자(死者)를, 그다음 과거와 인연이 가장 가까운 노인을, 또 그다음은 과거의 계승으로 말미암아 일반 사람 이상의 특권을 가진 사람 -즉 여자로서는 남자를, 어린아이로서는 어른을, 자식으로서는 부형(父兄)을, 신민으로서는 군주를, 빈천자로서는 부귀자를, 노예로서는 주인을 잘 위하며 잘 존경하는데 인간의 의의가 있으며 광영(光榮)이 있다 하였다. 우선 우리가 잘 아는 종래의 윤리로 보면 군위신강(君爲臣綱), 부위자강(父爲子綱), 부위처강(夫爲妻綱)이라는 3강을 선언하여 신자처(臣·子·妻)로서는 군부부(君·父·夫)에게 절대로 계속(係屬)할 것을 명(命)하였으며, 더욱이 장유유서(長幼有序)를 말하여 어린이는 어른에게 복종할 것을 강요하고 부부유별(夫婦有別)을 말하여, 여자의 대외간섭을 단절하는 등 인습(因習)의 주인공인 유권자(有權者)를 제외한 이외의 아래 있는 계급은 종속적 생활을 영위하는 이외에 다른 도리가 없도록 하였으며, 그리고 또 예제(禮制)를 만들며 음악[樂]을 만든다 하여 모든 과거를 현재 사회에 그대로 운반하였으니, 우선 장제례(葬祭禮) 하나로 본다 할지라도 송사(送死)를 양생(養生)과 같이 중시하여 어떤 사람이 죽으면 그의 직계혈속은 물론이요 친척까지 두고두고 곡(哭)하며 또 그 상복을 입게 하며, 일반 의식을 굉대(宏大)히 하여, 될 수 있는 대로 많은 사람으로 하여금 그의 죽음을 생각케 하며, 이것으로도 부족하여 몇 대를 두고 그를 제사지내게 하며, 또 그 백골(白骨)을 위하여 명당을 구하고 그 분묘는 어떤 사람의 눈에라도 띌 만큼 두두룩하게 하고, 또 거기에 비를 세워서 대대의 후손으로 하여금 그의 죽음 생각케 한 제도를 답습하는 등 한 사람의 죽음을 만인의 뇌리에 그림자를 새기게 하였으며, 이러한 예(禮)의 실행을 보장키 위해서는 예의 실천을 인생 처세의 제1의로 알게 하여, 말하기를 "사람이 예가 없으면 금수와 무엇이 다른가" 하며 또 말하기를 "예를 먼저하고 배움을 뒤로 하라"고 하여 일반 민중으로 하여금 그 예도(禮道) 밖으로 한 걸음도 탈출을 못하게 하였으며, 그리고 악(樂; 音樂)이란 그것도 또한 과거의 규범을 노래하는 것이 그 주된 정신이었다. 이와 같이 온 세상을 과거 예배(禮拜)의 사원(寺院)으로 만들어 버리고 오히려 이에 대한 민중의 탈출을 염려하여 선왕의 법복(法服)이나 법언(法言)이나 법행(法行)이 아니거든 입지도 말고 말하지도 말고 행치도 말라는 총괄적 불문법(不文法)을 선포하고, 다시 법률로써 조언자(造言者)를 벌주며 출판집회(出版集會)의 자유를 뺏고, 일면으로 충신, 효자, 절부(節婦)의 미명으로써 수구(守舊)에 충실하였다는 표상(表賞)을 행하며, 다시 학교를 설치하여 기성 문물(文物)의 성신(聖神)을 노래하고 인습도덕의 철리(哲理)를 변해(辨解: 변명하고 해명함)하는 적극적 수단을 취한 등 생각하면 물샐 틈도 없는 그물망을 설치하여 나날이 탄생하는 억천만의 새 사람으로 하여금 이미 드러난 천재의 뜻 또는 그의 정한 규범에 사는 가련한 무리가 되게 하였다. 여하간 다수 민중을 과거에 마취케 충실케 하고 그 위에 떠받쳐 마음 놓고 자기의 지위를 유지하고 나아가 자기의 권위를 자행할 권력을 얻은 일부 유권자(有權者)의 획책(劃策)은 실로 그 요령(要領)을 득(得)하였다 하겠다.

일괄하여 말하면 과거 어느 때까지의 다수 민중은 정말 같은 거짓말인 신(神)의 뜻에 살았고, 일찍 나타난 천재의 의사와 또는 그가 제정한 문물(文物)에 살았을 뿐이요, 자기의 정신과 자기의 사상에는 살지 못하였으며, 그리하여 그들의 평생에 활동이 있었다 하면 그 활동은 자기 자신을 위하였다 하는 것보다 차라리 자기 이외의 유권자(有權者, 過去)를 위하였다 하는 것이 정당하게 되었다. 물론 얼마간 자기에 대한 의식이 명료치 못한 고대의 민중이라

할지라도 처음부터 그리되기를 긍락(肯樂; 긍정하고 즐거워함)한 것은 아니었겠지마는 우수계급이 그렇지 아니하지 못하게 지어놓는 사방의 형세는 스스로 그러하게 되었을 것이며 다시 그것은 관습이 되고 양심(良心)이 되어 나중에는 민중 각자가 그 제도를 노래하며 그 윤리를 옹호하게까지 된 것이다. 즉 무조건으로 맹종(盲從)하게 된 것이다.(이상은 주로 동양의 고대를 표준하여 말한 것이다)

【맹종으로부터 타협으로 나아가다】

그러나 사실대로 말하면 인간[이란 그 본래가 남에게 맹종하게 된 것이 아니다. 각자가 가진 그 눈은 적어도 자기의 앞에 닥치는 모든 것은 자기 스스로 보아 판단하라는 뜻을 보인 것이다. 순서대로 말하면 우리가 깃들어 사는 이 우주는 옛사람이 생각하는 것과 혹은 주장하는 것과 같이 어떤 조물주(造物主)가 있어서 문득 창조하여 놓은 기성품이 아니요, 지금도 나날이 만들어져 가는 중에 있는 하나의 큰 미성품(未成品)이다. 따라서 우리 사람이란 것도 이 큰 미성품 중의 하나인 진화체(進化體)이다.(이것은 기자의 억지가 아니요, 천문학과 진화학이 가장 강조하여 설명하는 것이 그러하다.) 그러므로 조물주나 주재신(主宰神)이 따로 있을 리가 없는 것이다. 다만 우리 일반 민중이 인정하는 신이란 것은 위에서 기술한 것과 같이 우수계급이 자기의 지위를 영원에 옹호키 위하는 술책으로써 임시변통한 일종의 가조물(假造物)이며, 또는 소수의 현명한 사람이 자기의 불완전을 번민하던 나머지 자기의 상상으로 뭉쳐 놓은 완전의 상징(象徵)일 뿐이며, 다수의 어리석은 자가 자연계의 광대숭엄(廣大崇嚴)을 크게 놀라워한 나머지 '옳아!' 하며 함부로 추정한 '이름'일 뿐이라. 바꾸어 말하면 조물주라 하는 것은 실재가 아니라 상징이며(심한 자에게는 幻想까지 될 것이다), 본체(本體)가 아니라 전설(傳說)의 권화(權化; 임시로 모습을 바꾸어 나타난 것)일 뿐이라. 그러므로 우리가 조물주를 믿는다 하면 믿는 그만큼 옛사람의 술책에 빠졌다는 것이며, 그만큼 자기 생활이 철저치 못하다 하는 것을 고백할 뿐이다. 이와 같이 이 우주의 만유(萬有)는 하나의 주재자의 뜻으로서 생겨난 기성품이 아니요 희미하거나 명료하거나 각각 자기의 의식의 법칙에 의하여 진전하는 중에 있는 미성품이므로, 이 세상에는 절대 불변의 현상이란 것이 없으며 다만 그때그때의 현상은 시간의 추이와 함께 새 생명[新生命], 새 사실[新事實] 중에 포괄되어 갈 뿐이라. 이는 우리 사람에게 있어서도 또한 그러하니 우러러 볼 뿐 미치지 못할 영웅과 성인이 따로 있는 것이 아니며, 신성불가침의 윤리제도가 정해져 있는 것도 아니요, 다 같이 진화하는 도중에 있는 애쓰는 한 무리이며, 모두 다 재간 닿는 데까지는 변화할 수 있는 것뿐이라. 그런데 옛날의 우수계급에서는 다행히 은혜를 받아서 얻은 자기의 천재를 영원에 자랑케 하며 무리하게 노획한 자기의 소유를 천추만대에까지 향유하려는 생각으로 억지로 이 우주 속 인간이 기성품임을 선언하여 인류 진화의 앞길을 절단코자 하였다. 만약에 그네의 처음 생각이 옳게 되어 일반 민중의 정도 향상이 즉 자기 품위의 향상임을 깨닫고 안심입명(安心立命) 대신에 분투노력(奮鬪努力)을 가르치며, 과거 추억 대신에 미래상상(未來像想)을 행하게 하였으면, 금일 인문(人文)의 진보가 과연 어떠하였을까. 처음부터는 말도 말고 중간에서 겨우 그 전도를 조금 벗어난 구미(歐米) 여러 나라 오늘날 같은 문명(文明)을 이루었고 똑같이 그러지 못한 동양문명(東洋文明)은 지금의 위축에 이르지 아니하였는가.

만일 이 우주나 인간이 일찍이 생명을 잃은 사체(死體)라고 생각한다면 모르거니와 적어도 발랄한 생명의 한 조건을 가진 무엇이라 하면 스스로 정해진 운명에 편안할 수 없는 것이며, 기성에 만족할 수 없는 것이라. 왜 그러냐 하면 생(生)이란 것은 그 자체가 충동적(衝動的)이며 예술적(藝術的)이며, 그의 앞은 언제든지 미지수(未知數)이기 때문이라. 그래서 그는 항상 과거와 현재와 기타의 일체 시체(尸體)를 계단으로 디디고 힘차게 나아가는 것이다. 바꾸어 말하면 과거와 현재는 생(生)의 성장으로부터 떨어져 나오는 일종의 비듬이며 헛 껍데기일 뿐이라. 그러므로 생의 제1의는 과거를 과거로써 장례 지내고 현재까지를 교묘하게 살육하는 데 있는 것이다. 옛날의 철학자는 일찍이 이를 주창(主唱)하였으니 독일의 '니체'는 말하기를 "산다 하는 것은 무엇을 말하는 것이냐? 죽은 것(過去)을 또는 죽어 가고자 하는 것을 끊임없이 자기의 곁으로부터 떼어 버리고자 하는 그것이며, 내게 있어서나 또는 남에게 있어서나 약하고 옳지 못한 모든 것에 대하야 잔인 또 무자비한 그것이며, 죽은 자, 불쌍한 자, 늙은 자에 대한 불경건(不敬虔)한 그것을 이름이니라." 하였으며 영국의 카펜더는 말하기를 "인생(人生)은 표현이다. 따라서 생명이라 하는 것은 내부로부터 외면으로 향하는 운동이다. 즉 일종의 전개이며 발전이다. 그러므로 자기의 취미와 감정을 위하여 자기의 존재와 인격을 위하여 지위를 얻고 자유를 얻고 조화적 확장을 얻고자 하는 것은 즉 살고자 하는 일이요 다만 부화뇌동하며 복종하여 따르며 국한됨과 같은 것은 즉 죽음에 나아가는 일이다. 요컨대 우리 사람은 자아를 외부에 창조하여 창조한 그것이 내부의 세계와 서로 호응하기에 이르면 그것이 곧 위대한 행복이며 생명의 충실이니라." 하였다.

이러한 생각 밑에서 과거의 인간을 돌이켜 생각하면 어떠한가. 그들에게 과연 발랄한 삶이 있었는가. 열렬한 뜻이 있었는가. 그들의 각 감각적 인상(印象) 속에 숨었다는 사랑을 보면 언제부터 울려 먹고 남은 태고(太古)의 사랑의 한 조각, 그들의 머릿속에 들어 있다는 지식을 보면 창백색 가득히 띤 인습과 전설과 기타의 환상과 선입견, 그들이 자랑하던 정조란 것을 보면 자기를 위압하는 자에 대한 노예적 충성을 다함, 또 그 나머지는 비이성과 무식과 공포, 한마디로 말하면 그들의 모든 생활은 과거 시체의 옹호와 또는 과거에 뿌리박고 선 특수계급의 옹호에 불과한 것뿐이다. 그들에게서 만일 이 두 가지를 발취(拔取)한다 하면 그는 곧 영(零)이다. 그러므로 그들이 살았다 하는 것은 엄격한 의미에 있어 겨우 존재(存在)한 것뿐이며 억지로 살았다 하면 맹종적으로 산 것이다.

그런데 행진지 불행인지 일반 민중이 이것을 깨닫는 때가 왔다. 즉 종래의 생활방식을 일체(一切)로 변혁하지 않고는 살 수 없다는 방대한 자각이 일반 민중의 머리 위에 떠오르는 때가 왔다. 그리 된 원인은 (1) 생활의 연대가 오래되어 가며 일반의 셈수가 스스로 늘어가는 것 (2) 우수계급에서는 더 좀 자기의 사령(使令: 명령)에 만족한 영리한 민중을 만들기 위하여 자기의 지식을 어느 정도까지 일반과 나누는 방책으로 다소 보통적 교육을 행한 것 (3) 일부 선각자의 선전 운동 등이라 할 것이다. 그런데 이 자각은 늘 특수계급의 조직적 세력이 잠깐 감소되는 때이나 그렇지 않으면 세상에 큰 변동이 생기는 등의 시기를 타고 사실로써 출현되었나니 이것이 저 서양에 있어서는 먼저 사상상으로 발단하여 가지고 일찍이 15세기에 문예부흥이란 형식으로 나타나 우선 일반 민중을 신(神)의 노예로부터 구출하였으며 다시 16세기에는 종교 개혁으로 나타나 일반 민중을 교회의 노예로부터 구출하였으며 18세기에는 유명한 프랑스의 혁명으로 나타나 일반 민중을 거의 정치상의 노예로부터 구출하였으며 20세기의 오늘날에는 러시아의 혁명으로 나타나 일반 민중을 경제적 불평등으로부터 구출하는 중이다. 이로부터 일반 민중은 종래의 맹종적 생활로부터 벗어나서 타협적 새 생활에 들기 시작하였다. 즉 문예부흥으로 인하여 먼저 정신상으로 타협을 행하였으며, 종교개혁으로 인하여 비로소 사회의 의절과 타협을 행하였으며, 프랑스혁명으로 인하여 다시 정치상 타협을 행하였으며, 러시아혁명으로 인하여 경제상 타협을 행하고저 한다.(이 말은 勞農政府의 그 주의가 곧 경제상 均等을 가져온다 하는 것보다 그 주의의 침입을 염려하여 각 민족은 스스로 노자(勞資)의 조화를 행하는 금일이라 하는 것이다) 이제 그 타협이 어떠한가를 보이기 위하여 프랑스 혁명 중에 제정된 〈신헌법, 1790년 6월)〉 중 몇 구절을 기록하면

1. 국회는 일원(一院)으로 하여, 국가의 전권(全權)을 잡게 하고, 국왕은 다만 이 국회의 정지권(停止權)을 소유함(人民 對 國王 妥協)

2. 성직자와 귀족의 특권을 폐지하며 문벌(門閥)과 관직에 부속한 권리를 정지하고 훈작(勳爵)을 삭제하며 성직자나 관리나 다 같이 공선(公選)에 의하여 취직케 함 (平民階級 對 特殊階級 妥協)
3. 언론, 집회, 출판, 종교는 모두 자유로 함 (인민 대 국가 타협)

위는 다만 정치상의 타협을 일례로 보인 것뿐이다. 요컨대 15세기경부터 금일에 이르는 사이는 타협 만능시대라. 즉 과거와 현재가 타협하며 국왕과 인민이 타협하며 부귀자와 빈천자가 타협하며 국가와 국가가 타협하며 민족과 민족이 타협하며 남자와 여자가 타협하며 어른과 어린이가 타협하며 다시 정신상으로는 영(靈)과 육(肉)이 타협하며 신(神)과 인간이 타협하며 현재와 미래가 타협하는 오늘날이다. 그런데 그중에 가장 문제 되는 것은 사상상으로 현재와 미래의 타협과, 경제상으로 부자와 빈자의 타협이며, 가장 가련한 타협은 타협의 주인 되는 한쪽의 불충실로 말미암아 생기는 복종적 타협이다. 그러면 어떻게 하여야 복종적 타협이 하루라도 빨리 대등적 타협으로 승급(昇級)하며, 또 현재 대 미래, 빈자 대 부자의 타협을 완전히 성립케 할까 하는 것은 누구나 다 같이 세 번 생각할 바라. 현재 사상계의 거성(巨星)이라는 러셀 씨는 이에 대하여 말하기를 "이의 대책으로는 우리의 고려 안에서 현대에서 구할 수 있는 가장 진보한 과학과 가장 현명한 이상을 응용하는 것이 제일 필요하며, 또는 우리가 실현코자 하는 각종의 목적을 방해키 위하여 진(陣)을 벌여 놓은, 일견 불가항력일 것같이 보이는 여러 세력이 날뛰는 그림자를 보고 경계(驚悸; 잘 놀람)한 나머지 용기를 잃어버리는 것과 같은 일이 없도록 십분 경계하는 것이 필요하며, 다음의 목적에 도달하기 위해서는--정치적 또는 사회적 세력이란 것은 여론의 후원을 기다리지 아니하면 유력하게 되지 못하는 것과 대체로 나쁜 일이 여론의 후원을 얻는 것은 다만 민중이 배우지 못한 결과에 있는 것--등의 일을 명기(銘記)하는 것이 긴요(緊要)하다. 참말이지 우리의 새 운동을 증오하는 반대의 여러 세력이 할 수 있는 대로의 궤변을 떠드는 오늘에 있어서는 진리를 일반 민중에게 보급시키며 감정에 의하는 것이 아니요 실증(實証)에 의하여 의견을 세우는 습관을 보급케 하는 것과 같은 것은 꽤 어려운 일이다. 그러나 얼마간 곤란하다 할지라도 세계 장래의 희망은 전혀 이리하며 못함에 달려 있다할 것이다." 하였다.

【타협에서 자주(自主)로】

그러면 타협은 인간 행위로서 극치이겠는가. 타협만 되면 그만이겠는가. 타협은 얼마간 대등 조건하에 생긴 것이라 할지라도 그것은 일종의 조정(調停)에 불과한 것이다. 그런데 조정은 일의 진행의 수단이요 목적이 아니다. 타협은 우선 평범을 낳으며 평범은 타락을 낳는 것인 동시에 타협의 끝은 세상의 타락에 도달하는 외에 아무것도 없을 것이다. 그러므로 타협은 다시 자주(自主)로 옮기지 아니하지 못할 것이니 자주를 전단(前段)으로 삼지 아니한 타협은 다시 한쪽의 맹종으로 돌아갈 위험이 있으며 그 이상의 진보는 물론 없을 것이기 때문이라. 아아, 비슷한 것을 보고 다시 비류 없는 것을 보며, 균등을 얻고 다시 균등하지 않음을 생산하여 비슷한 것이 비슷하지 않은 것과, 균등이 불균등과 타협하는 곳에 그 법칙을 끊임없이 반복하는 곳에 우주의 생명이 있으며 인간의 생명이 있도다.

'러스킨'[2]의 유명한 경구(警句)가 있으니, 말하기를 "우리는 무엇을 가질지

[2] cf. 위키백과. 존 러스킨(영어: John Ruskin, 1819년 2월 8일 - 1900년 1월 20일)은 빅토리아 시대 영국의 중요한 예술 평론가이자 후원가, 소묘 화가, 수채화가, 저명한 사회운동가이자 독지가이다. 그는 지질학부터 건축, 신화, 조류학, 문학, 교육, 원예와 경제학에 이르는 다양한 주제의 글을 썼다. 런던 출생으로 어려서부터 터너의 그림에 깊은 관심을 가지고 있었다. 킹스 칼리지 런던에서 문학을 공부하다가 옥스퍼드 대학교로 가서 학사와 석사 학위를 받았다. 그의 관심은 예술을 비롯하여 문학, 자연과학(지질학과 조류학), 정치학, 경제학, 사회학 등 다방면에 걸쳐 있었으며, 작가이자 화가로서도 많은 작품을 남겼다. 뛰어난 재능으로 당대 예술평단의 일인자로 명성을 떨치던 중, 어두운 사회경제적 모순을 목도하고 불혹의 나이에 사회사상가로 변모한다. 그는 점차 사회 비평에 눈을 돌려 인간 정신의 개조에 의한 사회 개량을 주장하고, 미술 방면에서 거의 최고의 권위를 차지하였으며, 후에는 경제 및 도덕 방면에서 존경받았다. 후에 간디, 톨스토이, 버나드 쇼 등은 러스킨을 두고 '당대 최고의 사회개혁자'라고 평하기도 했다. 주요 저서로 〈근대화가론〉, 〈베네치아의 돌〉 등의

라도 오히려 그 이상의 무엇을 가지고 싶으며, 또 우리는 어디를 갈지라도 '좀 더 다른 곳을 가 보았으면….' 하나니 이것이 인간의 목적이니라."고.

최후로 한마디[一言]를 발(發)하노니 "오늘 우리 조선 형제들이 하는 모든 것은 맹종이냐 타협이냐 또한 자주냐? 그리고 누구에게라도 미혹되지 아니할 만한 과거나 현재에 대한 철저한 판단을 가졌는가."

【해제】

인간의 역사를 '원시공산제'와 같은 본능에 충실하여 지배와 피지배, 상징문화 등이 없이 살아가던 시대로부터 정치적, 종교적 천재가 등장하면서 성인이나 영웅이 지배권을 행사하게 된 고대-중세를 거쳐, 타협, 즉 민주적 권력 배분이나 주권재민의 시대인 현재(근대)로 이행하는 것으로 설명하고, 우리 인간은 여기에 만족하지 않고, 자주의 시대로 나아가야 한다는 점을 강조하고 있다. 김기전은 당시의 최고의 문명 상태가 '의회민주주의' '성직자 계급의 특권 폐지' 그리고 '언론집회결사의 자유'라고 진단하고, 그러나 이것이 인류의 최종 목적지가 아니라, '자주'의 문명으로 나아갈 준비를 하지 않으면 안 된다고 역설한다. 그러나 '자주'란 곧 조선의 '독립' 같은 것을 전제로 하기에, 이에 대해서는 강렬하지만 지극히 짧게만 언급하였다. 오늘날의 관점으로 보면, '빅히스토리적'인 인간 역사의 일별을 통해, 당대 〈개벽〉 독자의 인지를 계발하고, 노예상태(식민지 치하)의 비합리성, 야만성을 자각케 하여 조선 독립 운동의 동력을 마련하는 데에도 목적이 있었던 듯하다.

그러나 이 글에서 가장 두드러지는 것은 '신(神)'이 '허위'일뿐이며, 지배계급이 그 지배적 기득권을 옹위할 수 있도록 우수계급(지식인, 철학자, 성직자)

예술비평서, 〈나중에 온 이 사람에게도〉를 비롯한 경제학 저술, 〈참깨와 백합〉, 〈티끌의 윤리학〉 등의 대중강연집이 있다.

이 만들어낸 대상이라고 극구 주장하는 것이다. 김기전은 당대 천도교의 중요한 청년 지도자였으며, 후일에는 천도교의 수련(修煉)에 용맹정진하였던 인물이다. 그가 (비교적 젊은 시절이기는 하지만) 이 시기에 '무신론'의 입장을 강력하게 피력하고 있는 이 글은 '동학-천도교'의 정체성을 새롭게 인식하는 데 중요한 사료가 된다.

김기전은 인류 역사를 거시적으로 살펴서, 인류는 '자연 상태'에서 '맹종(盲從)의 시대'를 거쳐 '타협' 즉 민주적인 시대에 도달해 있으나, 이것에 만족하거나 머물러 있어서는 도로 퇴보할 수밖에 없으므로 '자주(自主)의 시대'로 나아가야 한다고 주장한다. 그로부터 100년이 지난 오늘의 대한민국에서는 자주는커녕 종속을 자처하고, 나아가 국민들에게는 맹종(盲從)을 강요하는, 그것이 진리라고 생강짜를 부리는 사람들이 국가권력을 장악하고 있다. 인류사적으로도 수치스러운 시대이고 처지이다. '개벽'이 필요한 이유이다.

또한 이 글에서는 '니체'의 '역(力)만능주의'가 두드러지게 인용되고 있다. 니체는 산다는 것은 "죽은 것(過去)을 또는 죽어 가고자 하는 것을 끊임없이 자기의 곁으로부터 떼어 버리고자 하는" 것이며, "약하고 옳지 못한 모든 것에 대하야 잔인 또 무자비한 그것이며, 죽은 자, 불쌍한 자, 늙은 자에 대한 불경건(不敬虔)한 그것"을 말한다는 것이다. 김기전은 이 글 외에도 '니체'의 역만능주의에 관한 글을 다수 소개하는데, 이는 당대 조선인의 상태를 나약한 것으로 파악하고, 그것을 탈피하여 힘을 기름으로써, 자주독립과 문명개화를 달성코자 하는 마음이 반영되어 있는 것이다. 그렇다 하더라도, '죽은자, 불쌍한 자, 늙은 자'에 대한 경건함을 거두어 들이고 '잔인 또 무자비'하게 대해야 한다고 역설하는 것은, 오늘날 '세대 갈등'이나 '사회적 갈등'에서 힘에 의한 권력의 쟁취만이 궁극적인 타협(화해)를 이룰 수 있게 된다는 현실론을 떠올리게 한다. 1920년대, 〈개벽〉을 이끌어 간 주축 중의 주축인 김기전에게서 모든 비합리적(朦朧體)인 요소를 거부하는 철저한 근대인의 모습을 목격하는 것은 신선한 발견이다. 다만, 그런 그가 훗날 천도교 역사상 기념비적인 '용맹정신

수련'의 주인공이기도 했다는 점도 함께 기억해 두어야 할 일이다.

박길수

◈ 도서출판 모시는사람들 대표이며, 개벽라키비움의 코디네이터이다 ◈ 개벽라키비움은 '다시 개벽'을 세상 사람들, 지구공동체와 공유, 공감, 공동(共動)키 위하여 도서관, 아카이브, 뮤지엄 수준의 활동을 지향한다 ◈ 현재 학습 모임으로 '천도교회월보 강독' '개벽강독' '도담다담' '해월문집연구' '근대고전 강독' 등의 모임을 꾸리고 있으며, 동학-천도교에 관한 자료 수집 및 재간행을 통해, 『다시개벽』의 역량을 구축하는 데 힘을 기울이고 있다 ◈ 또 다시개벽을 플랫폼으로 하여, 새로운 개벽 세대와의 접촉점을 모색하고, 대안적 학문과 세계를 모색하는 그룹과의 콜라보레이션을 통한 출판, 강연 등도 진행하고 있다

책을 만드는 사람들

발행인 박길수
편집인 조성환
편집장 홍박승진
편집위원 김남희 성민교 안마노 우석영 이원진 조성환 홍박승진
편집자문위원 가타오카 류 김용휘 김인환 박맹수 박치완
방민호 손유경 안상수 이우진 차은정
편집 소경희 조영준
아트디렉터 안마노
마케팅 관리 위현정

다시개벽 제12호

발행일 2023년 9월 30일
등록번호 종로 바00222
등록일자 2020.07.28
펴낸이 박길수
펴낸곳 도서출판 모시는사람들
서울시 종로구 삼일대로 457 (경운동 수운회관) 1207호
인쇄 피오디북 (031.955.8100)
배본 문화유통북스 (031.937.6100)